U0651104

本书受国家社科重大项目“大语言视域中修辞与词汇、语法互动研究”（20&ZD298）及中央财经大学新兴交叉学科建设项目“语言与图像信息的认知转化”（020859919004）资助。

九州文库

汉语常用动词语义功能研究

基于语义地图模型

庄卉洁 著

九州出版社
JIUZHOUPRESS

图书在版编目（CIP）数据

汉语常用动词语义功能研究：基于语义地图模型 / 庄卉洁著．-- 北京：九州出版社，2022．4

ISBN 978-7-5225-0910-5

Ⅰ．①汉… Ⅱ．①庄… Ⅲ．①汉语—动词—语义学—研究 Ⅳ．①H146．2

中国版本图书馆 CIP 数据核字（2022）第 066517 号

汉语常用动词语义功能研究：基于语义地图模型

作　　者　庄卉洁　著
责任编辑　沧　桑
出版发行　九州出版社
地　　址　北京市西城区阜外大街甲 35 号（100037）
发行电话　（010）68992190/3/5/6
网　　址　www. jiuzhoupress. com
印　　刷　唐山才智印刷有限公司
开　　本　710 毫米×1000 毫米　16 开
印　　张　17
字　　数　287 千字
版　　次　2022 年 4 月第 1 版
印　　次　2022 年 4 月第 1 次印刷
书　　号　ISBN 978-7-5225-0910-5
定　　价　95. 00 元

前　言

本书采用语义地图模型的方法研究了汉语“连接”义、“代替”义、“跟随”义、“遗失”义四组常用词的历时演变与共时地域特点，通过比较，分别从方言或历时角度绘制了四组词的语义地图，并分析了这四组词的历时演变情况和动因。

学者们常常将词义的演变归结于认知和语用，但这往往是语言学家的一种假设推理，还需要确证。语义地图是一种实证的方法，它直观地展现了不同语言或同一语言在不同时期的语义功能上的相似性与多样性，从深层次上体现了不同历史时期人类的思维认知演变与不同地域、民族的人类思维认知的相似与不同。在对“连接”义、“代替”义、“跟随”义、“遗失”义四组词历时与共时语义考察的基础上，本书利用共同功能节点的联系，对四组词的概念空间进行整合，构建了一个更广泛的汉语概念空间。

在对四组词的语义功能历时演变情况进行分析后，本书得到以下结论和发现：

（1）词汇语义功能的历时演变是有先有后的，这就可以在语义功能节点之间建立有方向性的连线。词能够按不同的特征聚合在一起形成不同的概念场，概念场之间存在交叉重叠，现实语言中很少有完全独立封闭的概念场，词义的发展变化多通过隐喻的方式，同时也有词源义的制约和家族性的影响。

（2）方言间的词汇差异，很大程度上体现了词汇发展演变的不同历史层次；通语词汇进入方言后的进一步发展除了会受其本来特点的影响，还可能根据方言的地域文化特征走上独特的演变道路。综合起来造成词汇语义差别的根本原因可以从人类认知方式、概念空间、家族性特征、句法位置、宾语特点、通语及方言具体社会文化习俗等方面综合考虑。

(3) 同一词汇在不同的方言语义地图中可能会出现功能节点的不连续性，这就无法展现出词汇语义功能的内在连续性和逻辑性。这种语义地图上的不连续性与历时演变具有密切联系，因此如果在方言语义地图中出现这样的功能节点不连接的情况，应该尽可能地去通过历史性的语义考察，来深入分析其中的原因。

目　录
CONTENTS

第一章

绪　论

第一节　研究背景与对象

一、研究背景

（一）汉语常用词历时演变研究

词汇历时演变的原因一直以来是常用词研究中的重中之重，但这方面研究一直比较薄弱，不能满足常用词研究的需要。徐通锵先生（1990）曾指出，百年来，语言演变原因的研究，从盲目说、不可知论到沿流模铸说、目的论、经济原则、变异说，取得了一些进展，但总体而言，步履艰难，进展缓慢，与它在语言研究中的地位不相适应。这个问题如果不能不断地取得实质性的进展，势必影响语言研究的广度和深度。这段话也适用于常用词历时演变的原因的研究现状。常用词历时演变研究应深入挖掘词汇演变的原因。总的来说，常用词的演变原因是个复杂的问题，涉及语言内部各要素以及外部环境等多方面因素的影响。汪维辉（2000）指出，常用词新旧更替的原因是多方面的，而非单一的。就不同词而言，原因也各不相同。从大的方面说，导致常用词发生新旧更替的不外乎内部和外部两个原因。常用词历时演变研究已不满足于动词历时演变平面描写，而是更加注重解释其演变的原因。

常用词历时演变研究理论性成果较少。常用词历时替换有什么规律？常用词演变有哪些类型？旧词被新词所取代的原因是什么？这些问题还有待进一步深入研究。一些学者已经开始重视对常用词演变规律的探寻，而不单单满足于动词历时演变平面描写，他们更加重视解释演变的原因。但理论性研究还很薄弱，专门性的论述仍旧不多，本书的研究也会更加注意对词汇演变机制和规律的探讨。

上述分别是语义地图和汉语常用词历时演变研究的现状。基于此，笔者认为有必要将语义地图方法与汉语常用词历时演变研究相结合，本书采用语义地图的研究方法研究相关概念场内常用词的历时语义功能的变化，期望能够通过绘制语义地图，以新的视角挖掘词汇语义演变的路径，进而概括词汇兴替的规律和原因。

（二）语义地图

语义地图模型（Semantic Map Model）简称“语义地图”，“是近年来语言类型学和认知语义学广泛使用的一种重要的语义分析方法，也是跨语言研究多功能语素特别是多功能语法语素最重要的方法”①。Haspelmath 指出语义地图是一种用于描述和阐释多功能语法词素模型的方法，这种模型并不意味着要进行同义或多义分析。② 张敏（2015）指出，语义地图模型的着眼点是“语义”，重点研究的是不同语法意义之间的内在关联，这些关联可通过对表意功能相互交叉、部分叠合的不同语法形式的比较而窥知，无论这些形式是来自同一语言还是不同语言。当然，语义地图模型本质上仍是一种跨语言比较的工具。

语义地图理论作为语义类型学最新的研究成果之一，目标在于通过对同一概念跨语言的比较来揭示人类语言的共性。它在分析多功能语法形式，揭示语义演变的过程和路径方面具有重要作用。从当前研究成果可以看出汉语语义地图的研究多集中在方言类型学的研究上，历时语义地图方面的成果较少。这是因为历时语义地图是由不同时期的共时语义地图拼接而成的，历时语义地图的绘制难度远远大于共时语义地图，而且在不同时期语义地图拼合过程中要特别重视各共时语义地图在时间轴上的连缀关系。Haspelmath（1997）指出概念空间和语义地图的优势不仅在于能对语言共时蕴含的共性做出描写，而且还能对多功能语素的演化路径做出预测。吴福祥（2011）指出，在研究多功能语素时，应将共时和历时结合起来，分析不同功能之间的联系和演化过程。语义地图模型在语义历时和共时结合研究中具有重要作用，它可以部分地预测多功能语素的演化路径。

张敏指出：“汉语发展史上每一个有足够文献资料的横截面都可视为一个自

---

① 吴福祥. 多功能语素与语义图模型［J］. 语言研究，2011，31（01）：29.

② HASPELMATH M. The geometry of grammatical meaning：semantic maps and cross-linguistic comparison［M］//TOMASELLO M. The new psychology of language（Vol. 2）. New York：Erlbaum，2003：203.

足的语言系统，根据其多功能语法形式的兼用模式，在我们从当前话语中归纳出来的概念空间之上，可分别勾画出相应的语义地图，这样的语义地图可展现古代某个时期、某个地域的汉语变体的个性，将它们按时间顺序叠置起来，则可清楚地看出演变的脉络。这样的研究在历史语法学界尚未尝试过，它必将为我们带来新的思考角度。”①

（三）研究对象

本书的研究对象分别来自“连接”义、“代替”义、“跟随”义、“遗失”义四个不同的概念场中的常用词，这四个概念场中的词汇都有从动词语法化为介词、连词或副词的经历，也有着重叠交合的语义功能，期望能通过语义地图方法从类型学角度深入挖掘它们语法化的一些共性因素。在选词过程中我们遵循两条标准，一是从古至今都常用；二是具有常用词演变研究价值。主要目的是从共时和历时两个角度绘制语义地图，对常用词的历时语义功能演变进行对比研究。具体研究的方法与对象如图 1-1 所示：

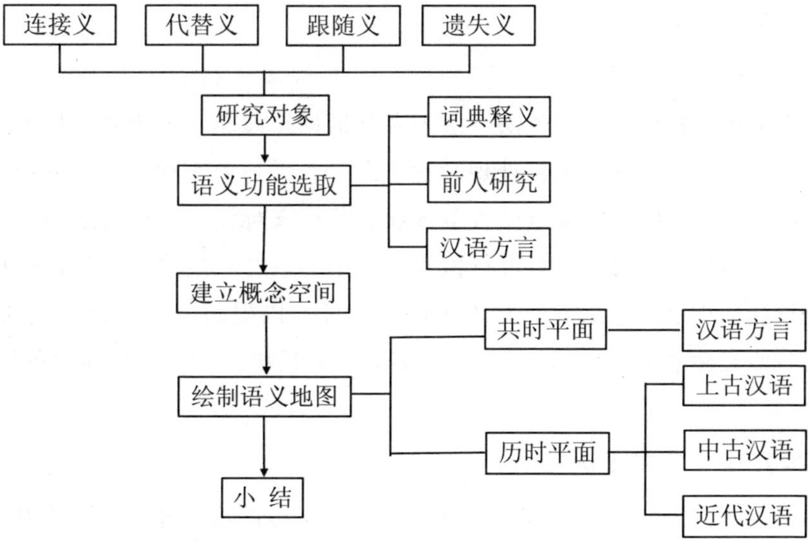

图 1-1 语义地图研究的方法与对象

① 张敏.“语义地图模型”：原理、操作及在汉语多功能语法形式研究中的运用［M］//李小凡，张敏，郭锐，等. 汉语多功能语法形式的语义地图研究. 北京：商务印书馆，2015：32.

首先，基于对现代汉语不同方言的比较来确定不同的语义功能，然后依据方言语料，遵从邻接性要求，将概念上具有关联的语义功能连接起来，构建词汇语义的概念空间。进而绘制共时语义地图，验证已构建的概念空间是否正确。

其次，对汉语史各个时期表达这些概念所使用的词汇及其语义演变更替的基本事实进行考察，根据词汇在不同时期的语义功能的关联模式，在概念空间内勾画出相应的连续区域，绘制不同时期的语义地图。

最后，对词汇语义功能的现象进行分析与阐释，厘清各概念场常用词汇的演变脉络，揭示出多义词的各语义功能在语义组合关系和各功能关联模式上的共性特征和特性类型，总结词汇语义演变的原因和语法化的规律。

第二节　研究方法及相关说明

一、研究方法

（一）语料库方法

本书采用语料库的基本方法，由于古汉语词汇以单音词为主，且古汉语语料分词困难，我们在进行语料处理时暂不分词，进行单字检索。在进行语义标注时，根据概念空间功能节点设置备选项进行语义标注，采用自编词汇语义功能处理软件对相应古汉语语料进行检索，利用上下文语境或组合关系的相关性自动类聚相似用法，然后再进行人为语义标注，以提高语料分析处理的效率。根据实际语义标注情况对概念空间进行修正，最后统计词频。具体过程如图 1-2 所示。

（二）语义地图方法

语义地图方法以 Croft（2003）提出的“语义地图连续性假说”为基础，强调任何语言中相关语义功能的变化类型都应该反映在概念空间的一个连续区域里，因此我们能在概念空间上勾画出任意一个语言的语义地图，然后对不同语言的语义功能进行比较，概括出人类语言演变的共性模式。本书将语义地图应用于汉语历时词汇语义研究，具体把古汉语分为上古、中古、近代三个时期，分别建立不同时期的语义地图，然后将三个时期的语义地图叠加在一起，考察词汇历时语义变化的路径，探析词汇历时演变的原因及规律。

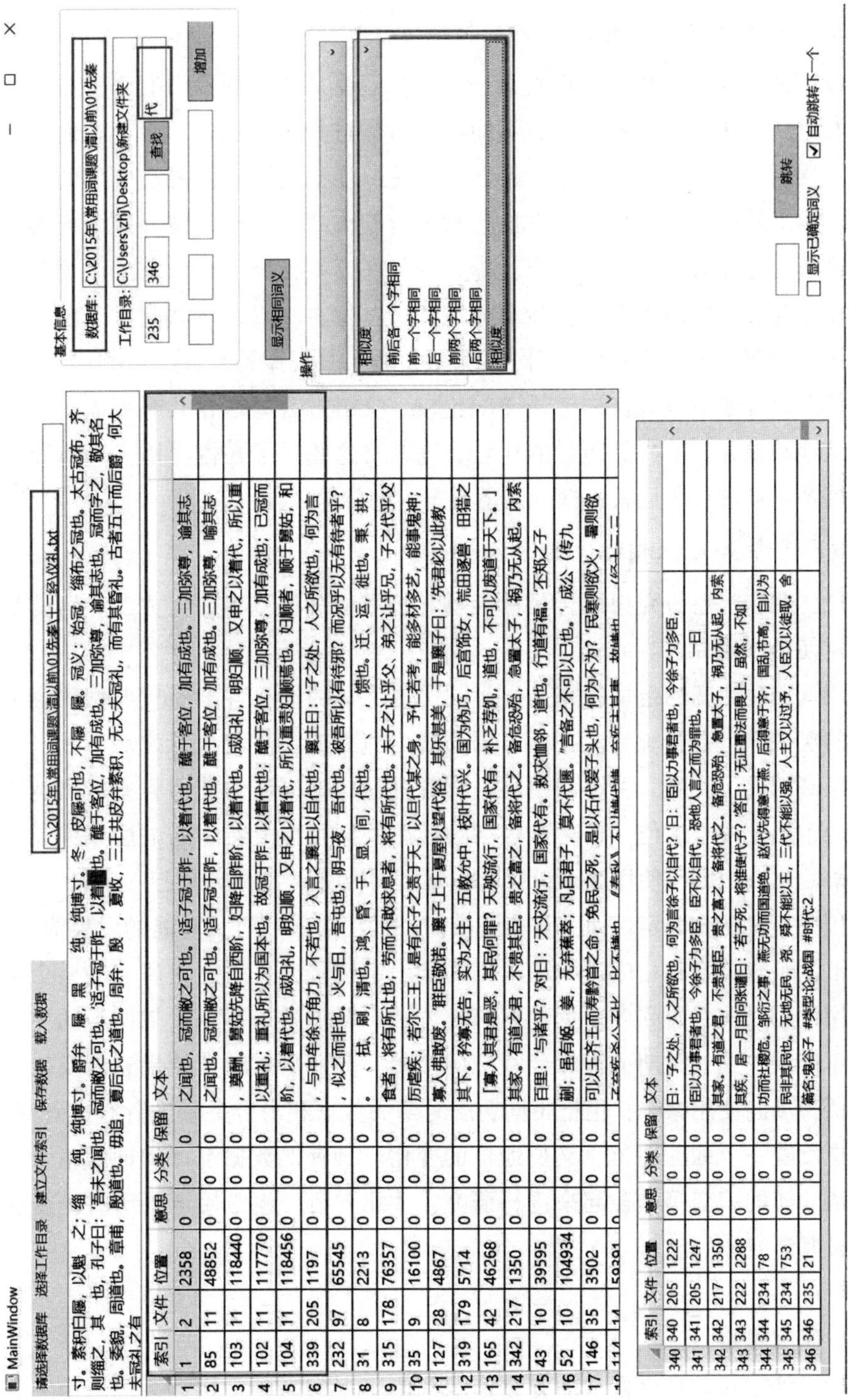

图1-2 古汉语语料处理过程

（三）历时比较与共时比较相结合的方法

比较法是语言学最基础的研究方法之一，主要是把几种不同的语言放在一起加以共时比较或把同一种语言的不同历史时期进行历时比较，探寻它们之间在语音、词汇、语法上的对应关系和异同，进一步挖掘语言发展、变化的轨迹和原因。本书采用历时比较与共时比较相结合的方法，对汉语同一概念场的具体词汇进行历时和共时的比较研究。李如龙（2001）指出，在研究汉语词汇发展及其规律时应采用纵横综合比较研究的模式，把古今汉语串联起来，比较古今共同语及方言，这对研究汉语词汇的发展过程及其规律具有重要作用。

现代汉语普通话及方言词汇语义的比较，汉语方言词汇在共时平面上存在的语义共性和差异，主要是历时的比较，笔者对这些词汇在古汉语不同阶段的语义发展及特点进行了比较，探寻汉语各方言的特异之处。

（四）定量和定性相结合的方法

定量研究和定性研究相结合是社会科学领域的一种基本研究方法。语言学中也经常使用该研究法。

常用词历时演变的定量研究是指对同一语义场的词在各个时代典型的语料中出现的次数进行数据统计。在对各语义场内所有成员进行统计之后，抽出使用频率最高的成员。研究汉语常用词的学者普遍认为词汇的使用频率越高越能代表它的常用及核心地位。同时这些高频使用的词再加上特定的语法条件就非常容易语法化，因此，使用频率可以看作常用词历时演变的动因之一。

常用词历时演变的定性研究是指考察同一词汇形式的语义功能的发展演变，分析词汇的组合关系和相应的句法语用功能。定性研究是对定量研究的一个补充，常用词历时演变研究多采用数据统计方法，但仅某一时期文献词汇的使用数量并不能反映这一时期词汇时代特征的全貌。词汇数据统计结果只能反映一个词在语义场的使用频率，但把不同历史时期的数据和组合关系进行对比研究，就能深层反映一个词的地位、义位地位的变化。只有把数据统计和词的组合关系、语法功能的演变等结合起来进行研究，才能弄清一组常用词的历时演变更替过程及其演变原因。

二、研究思路

采用统计学和计算语言学的方法选取汉语史上的高频常用词，运用历史和方言的多义性材料，在类型学对比的基础上，以词汇在不同时期使用的频率为权重，绘制图像，标示语义邻近性关系。对跨语言材料做层次类聚分析，通过树状图呈现各语义场概念的亲疏远近关系，结合语义图和类聚分析勾勒词义演变和功能扩展的路径，比较汉语常用词在历史和共时方言中的语义引申机制。

在选定研究对象后，首先根据方言材料和词典释义选择语义功能节点，在构建概念空间时依次按照方言实际用法、语法化和语义演变的路径来建立各功能节点的联系，分别绘制不同方言的语义地图。然后通过语料库方法对汉语史每一分期内具有代表性的文献语料进行词汇检索和语义标注，统计归纳各概念场词汇在上古、中古、近代汉语时期的语义功能及出现频率，同时根据历史语义出现的时间，在概念空间的功能节点增加具有时间先后关系的箭头，并根据得出的结果分别绘制出不同时期某一词汇的语义地图，最后再将绘制出的语义地图模型进行共时和历时的比较，厘清所选四组常用动词的演变脉络，尝试对其语义演变的原因和语法化的规律做出分析与阐释。

三、语料选取

常用动词历时演变研究选择的语料应涉及汉语各个重要时期，以确保语料有足够的覆盖面。同时要选择合适的版本，文献的版本是重要基础问题之一，选择不当将会影响相关的统计数据。一般时间、地域和体裁不同，文献中的用词特色也就不同。在常用动词的更替过程中，由于口语和书面语的脱离，文人避俗就雅的心理，旧词不会立即消亡，而是在相当长的时间内与新词共存并用，随着量变的积累，最终达到质变。

本书将研究的时代分为：上古汉语、中古汉语、近代汉语三个时期。其中上古汉语时期是指先秦及西汉；中古汉语时期是指东汉至隋代；近代汉语时期是指唐代、五代以后至清末。[①] 各时期选取的文献语料兼顾书面语与口语材料，尽可能反映汉语各个时代的通语面貌。根据口语性、典型性、年代著者三项标准，每个时期选取的作品如下：

（1）上古汉语选取的语料有：《诗经》《周礼》《周易》《左传》《公羊传》《谷梁传》《吕氏春秋》《国语》《睡虎地秦墓竹简》《商君书》《尚书》《礼记》《仪礼》《六韬》《孔子家语》《庄子》《老子》《孟子》《墨子》《韩非子》《慎

① 学界对于汉语史分期有过多次讨论，至今意见不一，如：王力、吕叔湘、太田辰夫、蒋绍愚、周祖谟、王云路等先生均有过相关论述，本书汉语史分期依据王云路、方一新先生（1992：7）的分期。

子》《管子》《荀子》《素问》《灵枢》《马王堆汉墓帛书》《淮南子》《史记》《说苑》《新书》《新序》《新语》《战国策》《春秋繁露》《韩诗外传》

（2）中古时期选取的语料有：《太平经》《新论》《汉书》《论衡》《释名》《风俗通义》《地道经》《道行般若经》《修行本起经》《中本起经》《成具光明定意经》《三国志》《世说新语》《南齐书》《后汉书》《宋书》《魏书》《抱朴子》《搜神记》《齐民要术》

（3）近代汉语期选取的语料有：唐宋时期《敦煌变文集》《王梵志诗》《祖堂集》《唐律疏议》《北史》《南史》《北齐书》《隋书》《云笈七签》《朱子语类》《五灯会元》《刘知远诸宫调》《大宋宣和遗事》《张协状元》；元明清时期《全相平话五种》《元刊杂剧三十种》《老乞大谚解》《朴通事谚解》《水浒传》《西游记》《金瓶梅》《三遂平妖传》《醒世姻缘传》《儒林外史》《红楼梦》《歧路灯》《儿女英雄传》《刘知远诸宫调》《品花宝鉴》

电子语料参考：

汉语史部分电子语料来源：一是，中国台湾“中研院”古汉语语料库，分别包括：“中研院”上古汉语标记语料库 、“中研院”中古汉语标记语料库、“中研院”近代汉语标记语料库。该语料库是应汉语史研究需求而构建的，目前已含盖上古汉语（先秦至西汉），中古汉语（东汉、魏晋南北朝），近代汉语（唐五代以后）的大部分重要语料，并已开放使用，提供在线检索；二是朱氏语料库，由中国人民大学文学院朱冠明教授收集整理，其中部分文献的电子版由张美兰教授提供。

现代汉语语料来源：《现代汉语词典》（第 7 版）、李荣主编的《现代汉语方言大词典》、学界已有的方言研究成果以及笔者的调查。

四、研究意义和创新点

（一）研究意义

本书的研究意义主要有以下几个方面：

采用语义地图对常用词个案语言事实的描写分析，丰富了汉语常用词演变的历史面貌，为常用词历时演变研究提供了新的研究视角。词汇演变轨迹描述得越清晰，个案研究就能越充分，这样更有利于探索词汇演变的共性和规律。通过新词的衍生和成员的相应衍化所反映的词义演变趋势，有助于揭示汉语词义演变的一些规律。语义地图是一种新的研究视角，它能更好地反映同一概念场内部词汇的衍生和成员的相应衍化，以及其所反映的词义演变趋势。

历时语义地图能通过语法化和语义演变的路径进一步确定概念空间内功能之间的演变方向。如 Haspelmath 在构建“与格概念空间”时，指出因历史资料不足无法构建历时性的概念空间，只能用连线来将有关联的功能联系起来，所以无法体现出各个功能之间的演变方向。①

采用语义地图的方法有利于更好地总结常用词的历时兴替规律和原因。笔者认为通过语义地图模型能够清晰、直观地看到研究对象的联系项在概念空间和语义功能上的分布。语义地图的绘制要遵循连续性假说，也就是同一词汇的各语义功能必须映射到概念空间的相邻区域里。从意义关联的角度看，语义地图可以更直观清晰地展现语义在概念空间上的亲疏远近。我们将各组词在汉语史上不同时期内的语义地图按时间顺序叠置起来，就能比较清楚地看出其语义演变的脉络。这样有助于揭示汉语词义演变的规律，有助于观察语言系统的动态变化之间的互动，有利于认识语言系统的历时演变的原因和规律。本书所研究的这四个概念场的词汇都有从动词语法化为副词、介词或连词的现象，采用语义地图的方法能够从语义功能角度探究这些词语法化的原因。

（二）创新点

语义地图是一种实证的方法，它直观地展现了不同语言或同一语言在不同时期的词汇语义功能间的联系。目前，汉语历时语义地图研究并不多见，从语义地图主要的方法来看，它能为常用词的研究提供新的视角，有利于对汉语词义演变规律的深入探索，汉语共时与历时性语义地图的比较也有利于归纳出词汇演变的共性规律，扩展汉语词汇历时演变的研究视野，为词汇历时演变提供更客观的分析依据。张敏（2015）指出，汉语历史文献丰富，在大量的历史文献语料基础上的语义地图研究必将对语言类型学和语言共性研究做出巨大贡献。本书把形式和概念结合起来，梳理“连接”义、“代替”义、“跟随”义、“遗失”义四组动词的历时词义演变，探寻历史不同时期中词汇语义特征的变化，阐释词义的引申逻辑，为语义地图提供汉语历时方面的参考，丰富了语义地图的研究案例。同时，把跨方言的考察与历时考察结合起来，通过历时材料弥补了单纯跨方言考察的不足，这也是对语义地图模型研究理论的补充，具有方法

① HASPELMATH M. The geometry of grammatical meaning：semantic maps and cross-linguistic comparison ［M］ //TOMASELLO M. The new psychology of language （Vol. 2）. New York：Erlbaum，2003：234.

论意义。

五、相关理论和术语

（一）相关理论

语义地图模型（Semantic Map Model），也称语义地图，是“表征跨语言的语法形式——语法意义关联模式的差异与共性的一种有效分析工具。其基本思路是：某个语法形式若具有多重意义/用法，而这些意义/用法在不同语言里一再出现以同一形式负载的现象”。（张敏，2015）

概念场理论（The Theory of Semantic Fields）：概念场也称“语义场”，指若干个具有共同或相关义素的义位聚合起来的词汇聚合体。同一概念场的词汇互相联系、互相影响，一个词义的演变往往会受到场内其他词，尤其是核心词的影响（蒋绍愚，2006、2007）。也就是说同一种语言的词汇系统是具有关联性的，词汇中的词在语义上是相互关联的。同时，词汇系统是一个开放的系统，不同时期既有新词的产生，也有旧词的消失，同时还有词汇意义的消长变化。同一概念场的词的语义变化会影响到相关成员的语义变化。

原型范畴理论（Theory of Prototypes of Categoies）是认知语言学的重要理论之一。“原型”是范畴中的典型成员，同一范畴内所有成员拥有最多共同特征的实例。属于同一范畴的各成员之间具有家族相似性，范畴的边界是模糊的，原型是概念中的典型，原型成员和非原型成员地位不同。原型范畴理论的主要概念有家族相似性、中心程度、多义范畴、概念体现、功能体现、基本层次范畴、转喻性推理等（高佑梅，2014）。

（二）术语

概念空间（conceptual space）：指具有普遍性的、通过不同语言或方言比较构建的语义功能之间的联系，是由节点和连线两部分组成的概念网络，节点代表的是不同语言或同一语言不同时期相关语法形式的不同语义功能，连线代表的是各语义功能之间的关联。它是语义地图的底层结构，反映多义功能之间的共性（吴福祥、张定，2011）。Croft（2003）指出概念空间不仅代表语言中的语义功能的联系，深层次上还展现出人类交际所需的概念认知的普遍联系。不同语言结构所定义的范畴虽然各不相同，但都能映射到一个共同的概念空间里，这个概念空间所展示的就是人类共同的概念认知。

语义地图连续性假说（Semantic Map Connectivity Hypotheisis）：任何语言或

方言中的相关范畴都必须映射到概念空间的一个连续区域里，即一个多功能形式的各语义功能必须显示在概念空间中的一个连续区域。[①] Van Der Auwera（Van Der Auwera & Plungian，1998；Van Der Auwera & Temurcu，2006）和Haspelmath（1997a，1997b，2003）将这种特征和制约概括为“邻接性要求”，Croft[②③] 则表述为“语义地图连接性假设”。王瑞晶（2010）指出根据语义地图连续性假说，某一语法形式在共时或历时演变中只能按概念空间的联系产生新的语义功能，不能出现跨节点的语义功能，否则便违背了语义地图连续性假说。因此，语义地图不仅可以进行语言间的共时比较，还可以用来描述语言历时发展演变的情况。

本书所讨论的各概念场词汇的相关的语义功能节点采用以下术语定义，特殊说明除外。

伴随：介引动作行为的另一参与者，相当于“和、与、同”。

包括：包含其后宾语在内。

强调：对其后表达的内容起焦点提示的作用。

有生方向：介引“言说等行为所达及或指向的有生对象”。

有生来源：介引“索取”义动作行为关涉的有生对象来源。

经由：介引动作行为经过的路线、场所。

处所：介引动作发生或状态存在的地点。

处所源点：介引动作行为的处所起点。

处所终点：介引动作行为所及的终点、目的地。

时间源点：介引动作行为的时间起点。

状态源点：介引动作行为发生的状态起点。

关联：介引与NP_1和NP_2相互之间发生的关涉和影响（NP 指名词性代词）。

受益者：介引“为、给、替”的对象，即施事所服务、施惠的对象。

接受者：介引动作行为的受物者的功能。典型的接受者是给予句中的间接宾语。

凭借：介引作为依据或根据的对象。

---

① CROFT W. Typology and universals. Second edition [M]. Cambridge: Cambridge University Press, 2003: 134.

② CROFT W. Radical construction grammar [M]. Oxford: Oxford University Press, 2001: 96.

③ CROFT W. Typology and universals. Second edition [M]. Cambridge: Cambridge University Press, 2003: 134.

沿着：介引顺着的对象。

平比：介引比较对象，对两个或多个可比较的对象进行相同（相似）或不同的比较。

差比：介引比较对象，对两个或多个可比较的对象进行程度、数量或形状等方面的差别比较。

工具：介引动作行为所凭借的用具。

处置：介引施事发出的动作行为所处置的对象。

范围：表示动作行为以及主体、客体等所涉及的某种范围。

并列：表示平等的联合关系。

第三节　相关研究综述

一、常用动词研究现状、成就与不足

常用词是词汇的核心，它的变化决定着词汇发展的面貌。常用词演变研究是汉语词汇史研究的重要内容。追溯对汉语常用动词的历时演变研究，最早的大概是王力（1958/1980）在全面论述汉语词语的发展历史时，同时讨论了“走—行”“跑—走”“偷—盗”“饮—吃—喝”等动词的历时演变情况。之后很长一段时期内，学界对常用词历时演变研究仍没有太多的关注。在这期间零星的论述有蒋绍愚（1989）对“抛/丢—扔”“视—看”“言语—说”等词的历时演变进行的分析，蒋先生还指出研究汉语词汇系统在不同历史时期的发展变化的出发点和研究方法。

直到 20 世纪 90 年代以降汉语常用动词历时演变研究才逐渐被重视。蒋绍愚（1994）以“吃”“喝”“穿”“戴”四个词为例，探讨了近代汉语词汇研究的方法，提出在常用词演变研究中应注意的几个问题，建议应把常用词的替换和词义的演变结合起来。张永言、汪维辉（1995）对八组同义词在中古时期的演变情况进行分析，他们的文章中涉及动词历时演变的有“视—看”“居—住”“击—打”三组，该文还提倡应把常用词演变的研究放在词汇史研究的中心位置。徐时仪（2000）通过对“服—着”“视—看”“呼—唤”等多组动词的兴替变化的研究，提出汉语词汇史的研究只有注重动词的衍变递嬗，才有可能把汉

语词汇从古到今发展变化的主线理清楚，也才谈得上建立科学的词汇史。

近年来，常用词历时演变研究已经成为古汉语常用词研究的重点。随着汉语常用词历时演变研究越来越被学界重视，大量的研究成果不断涌现。动词的历时兴替在常用词历时演变过程中表现得最为活跃，研究成果也较多，但关于常用动词历时演变的综述性成果并不多见，目前相关的综述仅见梁浩（2013）和吴苗苗等（2015）的论述。梁文仅以动词概念场为中心作了泛义的总结，并未对研究现状深入分析，而吴文主要侧重对常用词研究对象的界定、研究内容的扩展等方面的研究，略有涉及研究方法的论述，但范围还不够全面。

本书期望在对常用动词的历时演变研究现象作综述的基础上，对当前研究现状及研究方法做出综合性分析。通过分析常用词演变研究涉及的对象、内容、语料、方法等方面的问题，对常用词研究提出综合性建议。

（一）常用动词历时演变研究成果概貌

本书以近年来涉及汉语常用动词历时演变研究的 20 部专书及 362 篇文章（包括 69 篇硕士论文，33 篇博士论文，240 篇期刊论文）为基础，按动词语义特点对现有研究成果中涉及的常用动词进行分类统计，每类动词的研究内容统计如表 1-1：

表 1-1 汉语常用动词研究成果分析表

动词分类		研究对象
动作行为类动词	手部行为动词	击—打、束—缚—捆—绑、取—持/来—拿$_1$、执—持/捉—拿$_2$、挠—搅—拌、抱/拥—搂、抚—摸、投—掷—扔$_1$/丢、弃—抛/舍—扔$_2$/丢$_2$、释—放、引$_1$—挽$_1$—拽—拉$_1$、提—拉、拭—揩—抹/擦、拂—抖、采—摘、取—掏、掘—挖、舂—捣、举—抬、捕—擒—捉/拿$_3$、书—写、图—画、拾—捡、鼓—弹、夺、抢、劫、窃—盗—偷、招—惹、遏—遮—拦—挡
动作行为类动词	足部行为动词	行—走$_1$，奔/走$_2$—跑、却—退、入—进、适—往—去$_1$、至—到、出—出来/出去、起—起来/起去、来—V+来、返—还—回、游（遊）、泳—游泳、从—随—跟从、立$_1$—站$_1$、立$_2$—起—站$_2$、驭、驾、骑、乘、登/升—上、降—下/坠—落、亡—逃、逐/追—追—赶、偃/毙/颠—颠/倒—跌/倒、蹴—踢、踊—跃—跳、履—踏/践—踩
动作行为类动词	目部行为动词	视—见—看、视/顾—理

续表

动词分类		研究对象
动作行为类动词	耳部行为动词	闻—听
	口部行为动词	食—吃（喫）、饮—吃（喫）—喝、食—饲—喂、味—品—尝、泣—哭、噬—啮—咬、呼—唤—叫/喊、曰/言/云/语—说/道、诵—读/念、谈、论、议、谓—告、问、讯、对—应—答、命/令/谓—托付/交付/—嘱咐—吩咐、詈/诟—骂、聒/噪—吵/闹、歌—唱、讥—笑（咲）、诈—欺—骗、商议—商量
	鼻部行为动词	嗅—闻
	舌部行为动词	舐—舔
	身体行为动词	负—背、荷—担—挑、卧—伏—躺、寝—卧/眠—睡、寐—觉—醒
生活起居类动词		居—住、衣—着—穿、冠—戴—顶、濯—洗$_1$—涤、沐/浴—澡—洗$_2$、疾/病—患/害—生病、疗—愈—除/好了、烹—煮、蒸、炙/烧—烤、煎—炒/烧、救/助—帮/援/助
生产、经济活动类动词		刈—割/切、田—狩—猎、旋—绕、济—渡、建—筑—立/起—盖、植—栽—种、索—讨—要、祭/祀—祭祀、买—卖、赁—雇—租、鬻/贩—贾/卖—卖、贷—出—借—借/放、典、当、偿—还—赔、负—欠、选/择—拣—挑、制—裁—剪、浸—渍—泡、暴—晒、焚—烧、沸—滚—开
心理活动类动词		思$_1$—想$_1$、知—晓—知道、嗜—好—喜—爱、恶—讨—厌、思$_2$—念—想$_2$、望—期—盼、患—忧/虑—愁、怒—恼、让—责—怪、怨—恨、謼—吓、畏—惧/怕、意（臆）—揣—猜
存现义动词		俟—待—候—等、覆—盖、遮—庇—掩、安—放—置、悬（县）—挂（褂/絓）、止—停
变化义动词		徙—迁—移—搬、辟—启—开、闭—关、败$_1$—输、胜—赢、益—增—加、损—少—减、缺—乏、尽—完、发—射、腐—坏
能愿动词		宜—当—合—应
给予义动词		予—授/施、封/授/与（予）—给
使令义动词		令—使—教、使—遣—差—派
抽象义动词		匿—躲/藏、求/索—寻/觅—、假—借、遇—逢—撞/碰、逆—迎—接、引—领、戏—要—玩、依—倚—凭—靠、匿—隐—藏、毙—卒—亡—死/诛/杀/戮

据统计在常用动词的历史演变研究成果中，涉及行为动词的历时演变研究的文章共有386篇，约占总统计数量的60.4%（专书也以篇次统计）。行为动词每一小类的研究成果数量占总统计数量的比例分别是：手部行为动词15.5%、足部行为动词16. 1%、目部行为动词3.9%、口部行为动词18.2%、耳部行为动词1.3%、舌部行为动词0. 1%、身体行为动词4.2%。除动作行为类动词外，生产、经济活动类动词，约占总统计数量的7.7%；生活起居类动词6.7%；心理活动类动词7%；其余动词总共占统计数量的15.5%。各类动词研究成果比例如图1-3所示。

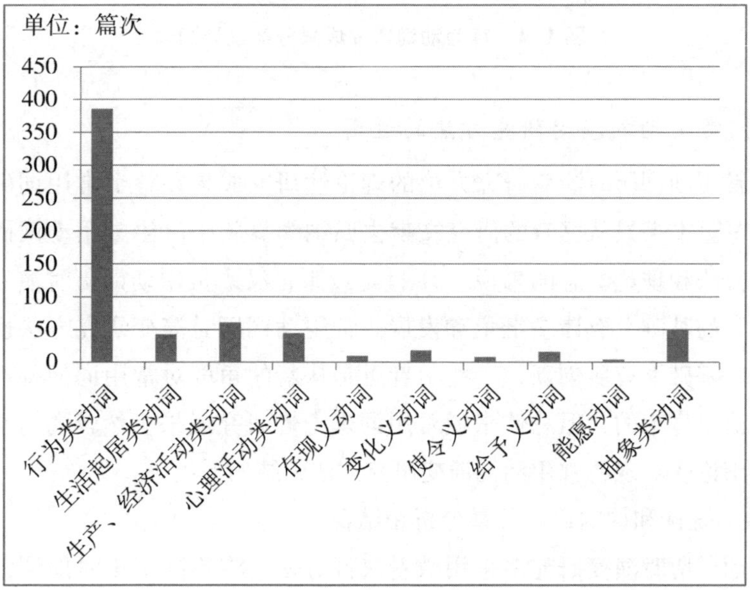

图1-3 常用动词研究成果比例图

行为动词内部研究成果所占比例如图1-4所示。

从统计结果来看，目前常用动词的研究主要集中于行为动作类动词。研究对象过于集中，研究结果不平衡，单就行为动词内部而言，也呈现出不平衡的倾向。总体来看，常用动词历时演变研究的方式大多是对单组或几组词的历时演变情况进行描写分析。目前的常用词历时演变研究还是集中在一部分具体词汇的历时演变研究上，没有将范围扩展开。造成这些问题的原因本书第五部分详细论述。

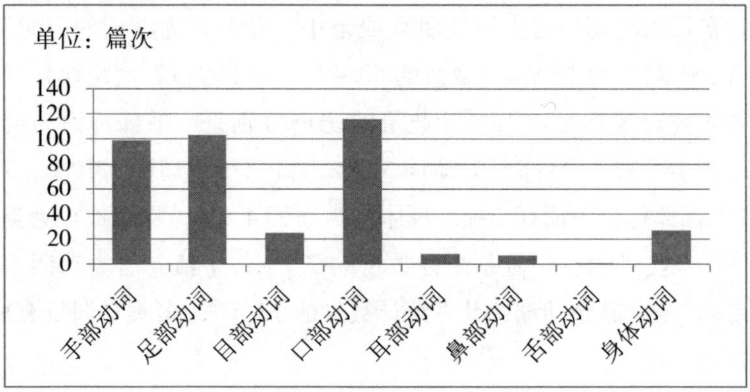

图 1-4　行为动词研究成果分类统计图

（二）常用动词演变研究方法的运用

汉语常用动词历时演变研究方法的理论性研究成果在整个常用词研究成果中比重极少。本书只从已有的研究文献去归纳学界关于汉语常用动词研究中蕴含的相关方法和理论。总的来说，21 世纪以来，汉语常用动词历时演变研究在常用词研究的基础上有诸多继承和发展。常用动词历时演变研究方法也在传统研究方法的基础上有所创新，一些学者更是从新的角度对常用词的替换进行研究，这是值得肯定的，但总体来说常用词理论性研究成果仍然较弱，本书第四部分将详细论述。现将常用动词演变研究方法归结如下：

1. 数据统计和词的组合关系分析相结合

常用动词历时演变研究多采用数量统计方法，将不同历史时期词汇使用数量的变化，作为不同时期词汇演变的衡量标尺。但仅凭词汇使用数量并不能窥探一个时代词汇的全貌，只有把数据统计和词的组合关系分析相结合，才能真正弄清一组常用词的历时演变更替过程。目前，常用动词历时演变研究成果大都将这两种方法相结合，如，汪维辉（2000）对“衣、冠、服/着、戴”“视/看”“击/打”“言、云、曰/说、道”“覆/盖”等 21 组动词在东汉到隋代之间的演变及词汇间的新旧替换加以描写和解释；周颜丽（2013）结合古籍中的具体用例，从组合关系角度分别对“欺骗”概念场的欺（諆）、诈、诳（谁、迋）、诬、谩等 11 个动词进行逐一分析，指出任何词都处在一定的聚合关系和组合关系中，正是在这两种关系中才显示出同一义场内各词项间的区别。

从目前的研究成果来看，数据统计和词的组合关系分析是常用动词历时演变研究中的传统方法，在具体的研究中应用得也最广泛。

2. 概念场理论与义素分析法的运用

董秀芳（2005）指出词汇研究领域的成果多集中于对个别词语的语义分析和出现年代的考证，在研究内容上常常孤立零散，且随机性太强，缺乏系统性，在描写性的解释后没有提炼出内在的普遍性的规律。这是词汇研究普遍存在的现象。蒋绍愚（1989）首次将“概念场”理论运用于古汉语词汇的研究之中。他以义素分析法为基础探讨了“视—看”“走/趋/行—走/跑”“往—去”等动词，通过对聚合关系、组合关系的比较总结出词汇替换演变的途径，这对后来的常用词历时演变研究具有指导意义。此后涌现出一大批以概念场为线索的常用词演变研究者。崔宰荣（2001）从词在概念场中的变化入手分析了表示“吃喝”动作的词汇的使用情况，并参照它们在现代汉语普通话中的使用情况，从“聚合”和“组合”两个角度探讨“吃喝”概念场在历史变化过程中的特点，可以说这篇文章开辟了常用动词历时演变研究的一条新路。此后，杜翔（2002）以《支谦译经》为基础，把概念场理论和义素分析法相结合探讨了“饮食”概念场、“言说”概念场、“取拿”概念场、“投掷”概念场等15组常用动词的历时演变，进一步推动了概念场理论在常用动词历时演变研究中的运用。谭代龙（2005）依据《义净译经》，研究了“卧睡”“跌倒”等4个非位移运动概念场词汇系统和“前进”“却退”“去往”等14个位移运动概念场词汇系统的共时面貌和历时演变，并在此基础上总结出对各概念场词汇历时演变的理论认识。此外还有杜翔（2002）对《支谦译经》中的动作概念场的演变研究，杨荣贤（2006）对汉语关涉肢体的基本动词历史兴替的研究，赵川兵（2010）近代汉语五组涉手类动词演变的研究，吕传峰（2006）对汉语六组涉口基本词演变的研究，姜兴鲁（2010）对《竺法护译经》中感觉动词概念场的研究，钟明立（2013）对汉语“持拿”义概念场的历时演变研究，刘曼（2014）对“追赶”“驱逐”“倚靠”“依靠、借重”“喜爱”“厌恶”“欺骗”“疲乏、困倦”8个概念场词汇历时兴替的研究等等。词汇的存在并不是一盘散沙，从语义情况来看，词汇内部具有系统性。从概念场的角度出发，将同一语义的词汇聚合在一起，随着不同概念场词汇研究的增多，词汇研究的系统性将会越来越强。

3. 词汇研究与语法研究相结合

蒋绍愚（2011）指出词汇和语法是语言的不同层面，对它们的研究大致有个分工，这是对的。但词汇和语法不是截然分开的，词汇和语法的相互关系，是当前语言学十分关注的一个重要话题。蒋先生通过讨论“食—吃”和“衣—着—穿”两组动词的历史替换关系，来说明词汇和语法的关联性。从蒋先生的研究中我们能够清晰地看到“食—吃”和“衣—着—穿”的演变过程，以前我们把这种演变看作新词对旧词的代替，是词汇的更替，与语法无关，但实际上，这不仅是简单的词汇替换，还有分类的变化。某些词语义构成的变化，也不是和语法无关的，有的词也会因词的语义构成的变化而产生语法组合的变化，参见李明（2004）对趋向动词“来/去”的用法及其语法化的研究、栗会芳（2010）对“手持”类动词的语义演变的相关研究等。

总而言之，一个时代主导词的确定除了要看该词的使用频率、组合能力外，还应当考虑其语法功能的变化。一个概念场中的核心成员地位的确定，也要考虑该成员在句法格式中是否具有较强的独立性，如果独立性较强，不必依赖其他成分而存在，说明它对意义的承担能力较强，那么它应该在该概念场中处于更核心的地位。

4. 历时演变与共时分布相结合

一个词在共时不同方言区的地理分布，往往能体现它在历史不同时期的兴替变化。汪维辉（2003）指出词汇复杂多变，人们一般认为其缺乏规律性。但是基本词汇的演变还是很有规律的，基本词汇的历时演变和共时分布，总体而言呈对应的局面，可以相互印证、相互解释。所以纵（历时）横（共时）结合研究汉语词汇是一条可行的途径，前景广阔，可做的工作很多。近年来，一些学者无论是在专题研究还是常用词研究中，都有意识地将词义的共时考察和历时演变结合，这种研究方法已成为词汇演变研究的常用方法之一，如汪维辉、秋谷裕幸（2010）不仅从历史的角度上探讨了“立”与“站”的兴替，还指出“站立”义的“站”很可能是所谓的“长江型”词（即兴起于江淮流域而后往北扩散）。殷晓杰、宋小磊（2012）对“两人或两人以上合力举物”义概念场展开研究，认为现代普通话中的“抬”和方言中的“扛”“舁”，在历史上存在着竞争替换关系，从东汉起“舁”一直是通语中的主导词，直到明代以后，起源于江淮官话的“抬”才渐成为新的通语主导词，逐渐往北往南扩散。

从汉语常用动词历时演变研究来看，对于词汇在方言中的共时分布研究有助于发现新旧词更替的线索，以及厘清词汇演变的脉络和历时兴替的层次。张美兰、刘宝霞（2013）对“丢弃”义动词进行调查研究，她们认为，明清时期北方方言中，“丢”逐渐被“撂（撩）”替代，但这一替代并不彻底，又被后出现的“扔”彻底替换；南方方言中，“丢”一直坚守阵地，对新生的“撂（撩）”“扔”都持抵制态度，故它们并未在广大的南方地区迅速扩散，仅在零星的几个地区使用，但二者在南方方言中的境遇仍有不同。再如现代汉语“挂念”类词的表达主要有“挂”和“惦”。南方话常用的是“挂”，“惦”则用于北方话。此外，“记”也可以用来表达“挂念”。它们用于“挂念”义都是近代汉语阶段的事，“挂”产生于六朝，唐代时被广泛使用；“记”表“挂念”约在元明时期，“惦”则是清代才产生的。近代汉语时期，它们可以单用，但更多的是作为语素构成“挂念”类复合词。此类研究还有杜翔（2002）、王彤伟（2004）、魏红（2006）、焦毓梅（2007）、谭代龙（2008）、马云霞（2009）、姜兴鲁（2010）、甘小明（2012）、谢智香（2013）、贝罗贝等（2014）、张美兰和穆涌（2015a、b）等的研究。

从现有研究成果来看，历时与共时相结合研究汉语词汇更能看清汉语词汇发展的全貌，这已成为众多学者的共识。

5. 异文用词比较的运用

通过异文词汇比较来研究汉语常用词更替现象，是近年来常用词历时替换研究的一种新视角。张美兰（2013）以四种不同版的《老乞大》为对象，分析了“索要”义动词“索——讨——要”之间的历时演变关系。她的研究认为先秦两汉“索”表示“向别人索取”的用例很少。魏晋南北朝时期“索”的“索要”义使用广泛，佛经、道藏、小说、诗歌、史书中均有用例。魏晋六朝，“讨”产生了一个新的引申义“寻找”。唐宋至元，“讨”的“索要”义多出现在南方文献里，“索”仍见，较少。至明代，“讨”和“要”在南北方文献中都常见，在口语中“讨”多于“要”，“索”更少。《训世评话》白话文中“索：讨：要”之比为4：24：5。清代，“要”基本成为主导词。四本《老乞大》的异文显示了这一线索，“索”只在《旧本老乞大》中出现，表“索取、讨价”义，共18例。“讨”在明代本《翻译老乞大》中首次出现12次，都是对《旧本老乞大》中“索”做替换的结果。“要”也是对《旧老》和明代本《翻译老乞大》的替换，清代两个版本多用“要”（重刊《老乞大》有时还会用恢复用“讨”）。

同义异文是汉语常用词历时研究重要的旁证资料，通过分析“文言与白话语体异文、注疏体注文、原本与改写本或引征异文、同一文献不同时代不同文本异文、同一文献同一时期不同文本异文”等诸种形式的同义异文，有助于厘清词汇新旧历时替换的线索，值得充分重视。

6. 关注动词词义引申之间的关联性

常用动词历时演变研究多是对一组同义动词孤立的研究，而很少涉及对动词的衍生义及其新旧概念场之间的联系的研究。目前一些学者的研究已注意到概念场之间的关联，如行为动词可发展为言语动词和心理动词，心理动词也可发展为行为动词。这种研究值得推广。魏红（2006）就肢体行为到言说行为的语义演变这一问题进行研究，她大概勾勒出了“攘”“排”等动词的语义从肢体行为义转移到言说行为义的路径，并对语义演变的原因进行了简略的解说，认为是言语动作和行为动作的某种相似性，以及行域和言域两个义域内部的对应关系，使得行为义域可以投射到言说义域，从而令某些动词语义可以由肢体行为义转移到言说行为义。马云霞（2009）认为汉语史上，有一类表示身体行为的动词大规模引申出言说类语义，进入言说语义域。这种从行为域到言说域的隐喻映射，表现了具体语义类与抽象语义类之间的系统关联。张雁（2012）考察了“属、付嘱、嘱付、分付、交代”等嘱咐类动词的产生过程，认为这些动词在不同时代从表示物理行为演变为表示言语行为。汉语史上反复出现的这种词义演变是导管隐喻、重新分析和诱导推理在相应的句法、语用条件下共同作用的结果。谢智香（2013）探究手部动词发生向口部动词语义演变的原因，认为隐喻机制是引发这种语义演变的关键，即当一些手部动词具备了语义冲突和相似性作用这两个基本条件时，隐喻机制就可能产生效力，让部分手部动词发展出言说义，将这些动词的语义范畴扩大到言域。当一部分产生言说义的手部动词彻底脱离对言说名词或其他言说动词的依赖，得以独立表达言说义时，就可以判定这部分手部动词产生了言说动词功能。刘曼（2014）把“追赶”“驱逐”“倚靠”“凭藉”“欺骗”等八个概念场作为个案，考察每个概念场成员的增减、主导词的历时更替，探求语义演变的关联性、词语衍生的多样性与常用词历时演变之间的内在联系，并总结出相关概念场成员更替之间的关联性，这有助于揭示词语演变的系统性。

这种新的研究动向，通过新词的衍生和成员的相应衍化反映词义演变的趋势，有助于揭示汉语词义演变的一些规律。研究中对伴随常用词兴替的词义流变的描写更加贴近了词的意义古今变化的实际过程。将词义流变与常用词兴替结合起来研究，有助于观察语言子系统的动态变化之间的互动，有利于认识语言系统的历时变化机制。

（三）关于常用动词演变规律的探讨

上文我们已说过常用动词历时演变研究理论性成果较少。常用动词历时替换有什么规律？常用词演变有哪些类型？旧词被新词取代的原因是什么？这些问题还有待进一步研究。一些学者已经开始重视对常用词演变规律的探寻，更加重视解释演变的原因，而不单单满足于动词历时演变的平面描写，但其理论阐释还很薄弱，专门性的论述仍旧不多，今后应加强常用动词演变机制和规律的探讨。

1. 常用词演变类型总结

常用动词的历时演变研究偏重于考察同概念场内一组词在不同历史时期的衍生和新旧更替，重在描写每一组常用词的更替从何时发生，到何时完成。在汉语词汇历史发展过程中，每一个词的产生、发展和消亡都有一个历史过程。一个词从古到今的语义变化，即王力在《汉语史稿》“词汇的发展”一章中所说的“词是怎么改变了意义”的问题，学界将此称为衍生性演变（参见李宗江，1999），如“喝”的概念，古人用“饮”来表示，唐宋多用“吃”，“喝”早期偶有用“欱”字，直到清代“喝”才成为主导词。概念改变名称并不是孤立的现象，而是互相联系、互相影响的，如“行走”概念场中，“走”代替“行”，促使“走”退出“快跑”的概念场，“跑”成为“跑”概念场的主导词（参见王士元，2002）。一个词在概念场中发生的新旧交替变化，即是王力在《汉语史稿》“词汇的发展”一章中所说的“概念是怎么变了名称”的问题。常用动词的兴替在某种程度上能从词汇新旧形态的状貌替换上体现汉语文白的此消彼长，学界称此为交替性演变（参见李宗江，1999）。如“吃”在宋元时期替代了“食”和“饮”，而“投掷”概念场中上古时期的主导词“投”，唐宋时期被“掷”“抛”取代，而元明清时期又出现“扔、丢”代替“投、掷”，它们成为该概念场的主导词。总的来说，汉语常用动词的历时演变，往往同时涉及同概念域中成员的新增旧减和各成员的概念域的变化，二者具有相互依存、相辅相成的共变关系。

常用动词的历时演变主要探讨所指相同的词语在不同时代的使用及替代情况，一般B代替A，都会经历“A—AB—B”或者“A—AB—B—BC—C”这样一个过程，通常会有一个A与B或BC共存的阶段。动词历时演变演变研究的目的就是描写B产生及完全替代A，或又产生C，C又完全替代B的不同交替情况的过程和原因，这方面前贤已经做了大量工作。

除李宗江（1999）提出的常用词演变的两种类型外，对常用词历时演变类型进行探讨的还有李如龙（2013），他强调常用词纵横两向的比较研究，进而归纳出常用词演变的四种模式：替换式、衍生式、融合式、并存式①。前两者即交替性演变和衍生性演变，后两者即复合双音常用词、具有地域特色的同义词的历时演变。丁喜霞（2013）以概念场为背景，指出现有常用词演变研究，多偏重于考察显性的常用词成员的衍生和新旧替换，对隐性的常用词分布的演变缺少关注。她提出探讨汉语常用词的演变模式，不仅要关注常用词成员的演变，更要关注常用词分布的演变。

2. 单音节动词的语素化

语素化是指语言系统中非语素成分转变为语素的过程。汉语动词在共时与历时层面都存在不同类型的语素化现象。动词“侵”的历时演变，是通过其语素化实现的，即由先秦独立的成词语素，在大约元明时期完全变为现代汉语中语义较为单一的构词语素。词汇的语义演变一般都遵循从个体到一般、从具体到抽象的引申方向，单音动词语素化历程中的语义变化也不例外。显著的变化是，随着词义的抽象化，动词的动性会逐渐减弱，往往导致动词的语义结构发生变化，多价动词常向单价动词转化，单音动词在句法层面粘附性增强，最终实现语素化（陈练军，2010，2011）。在常用动词研究中关注到语素化方面的学者并不多，这一方面还有待更深入的挖掘。

3. 单一语义的优选原则

汉语史上，同一概念场内动词在不同时期的历时演变中存在竞争关系，最终能够成为主导词的多是语义较为单一的词。在词汇发展过程中旧词多数因为义位过多、词义负担繁重而被新词取代。黎会玲（2009）在对“著（着）”“穿”“戴”的历时演变进行研究时，应用 Hopper 提出的语法化的五个原则中的“择一原则”来解释这一现象②。她认为作为“著（着）”，既负担着表示“穿戴”的动词义，又承担着动态助词的功能，而“穿”的意义一直以来相对比较稳定和单一，因而在“穿戴义”动词竞争过程中，“著（着）”被淘汰。郭向敏（2010）通过对“咀嚼”义动词的研究，认为，“嚼”和“咀”从汉代到中

① 融合式（新旧两种说法连用，逐渐合成双音词）、并存式（同一个时期的不同说法或不同时代的几种说法分别在不同的地方传承使用）、衍生式（包括语义上的衍生和结构上的衍生。语义上的衍生指的是同一个词后来衍生出几种不同的义位，在一时一地或多时多地并存并用；结构上的衍生是指许多单音词在现代通语和方言中都有双音词，可以同时使用）。

② 择一原则：表达同一语法功能的多种并存形式经过筛选和淘汰，最后缩减为一两种。

古曾独自发展、相互竞争，结果是“嚼”胜出。这是因为“嚼”侧重于在句法上优先发展，“咀”则优先发展了语义。根据词汇学的一般规律，语义丰富的词汇必会被替代，这是“咀”衰落的原因。

可以说词汇语义的明确化、单一化是影响词汇兴替的一个重要因素。当一个词义项过多时，就会影响说者表达的准确性，也会增加听者的理解负担，于是就会改变读音（如去读），或分化出多个独立的词来表示不同的义项，或由同义词承担其某一义项。比如魏晋以前，“挠”是一个很活跃的多义词，其语义大致上有两个分支，一支是表“搅拌”“扰乱”义，一支是表“弯曲”“屈服”“枉曲”义，两汉以降，前一支使用比例不断下降，“挠”的语义逐渐集中在后一支上，这使得“挠”的语义更加明确清晰，也是“搅”替代“挠”的一个重要原因（张美兰、穆涌，2014）。从词汇演变的内部规律来看，最终走向主导词的一定是语义比较单一的词，这些动词的及物性弱，对语境和主体的认知依赖性大，与“搅拌”义，具体动作动词的情况不完全一样。旧词可能因为义位过多、词义负担过重而竞争失败，被新词取代，或将某些义位卸给其他词。

4. 词汇的链式替换规律

王士元（2002）指出，语音变化和语义变化之间也有一些对应关系。他提出在语义领域中也存在着语音演变中的链转化。① 他把“行、走、跑”之间的变化作为词义语义“拉链”的典型示例。陈国华（2004）在参考王士元观点的基础上，提出了“词汇的链式替换”一说，并对“行走”概念场义常用词的历时演变进行考察，认为从替换时间上看，“跑”取代作为“奔跑”义的“走”的时间要稍早于“走”取代“行”的时间。这也表明行走义场常用词的演变是一种推链。如果是拉链替换，先后关系应该颠倒过来。他认为王士元先生的结论只是从现代汉语平面上得出的，忽视了对历史事实的考察，并提出历时与共时结合的重要性。此后，一些学者在探讨常用词演变规律时也应用了词汇的链式替换理论。例如，谭代龙（2005）对“返回”概念场词汇系统进行考察，认为“返”比“还”早进入“返回”概念场。在战国时期，“还”和“返”把“复”排挤出了此系统，之后，“还、返”系统持续了一段时期。到了东汉时期，“回”开始进入此系统，把“还”向前推进，最终把“返”排挤出了此系统。晚唐时期，“回”继续向前扩展指称领域，把“还”排挤出了此系统，形成了“回”字一统天下的局面。这种格局一直延续到现代。由此推出，“返回”

① 王士元. 王士元语言学论文集［M］. 北京：商务印书馆，2002：81-83.

概念场的演变是一种推链式。

5. 不满足于动词历时演变平面描写，深入挖掘动词演变的原因

词汇历时演变的原因一直以来是常用词研究中的重中之重，但这方面研究一直比较薄弱，不能满足常用词研究的需要。从已有研究成果来看，常用动词历时演变研究已经不满足于动词历时演变平面描写，更加注重解释其演变的原因。综合各研究成果中的分析，我们将常用动词历时演变的原因概括如下：

（1）语言内部的自我调节机制

语言的发展离不开社会生活的发展，同时语言的发展又是由语言系统内部的相互关系来决定的，即语言系统中语音、语法、词汇等因素的内部关系及相互关系。动词的历时演变，不仅与不同时期人们对词汇的选择和使用有关，也与词汇系统内部的自我调节机制密切相关。常用动词历时演变多是通过分担词义来不断求得词汇系统内新的平衡。随着使用的频繁，一个词往往会引申出许多新的义项，词义负担不断加重，就导致表义的明晰性受到影响，这时就会把某些义项卸给其他词（参见汪维辉 2000）。如汉语史上，表示“用脊背驮”义的词先后用“负”和“背”。“背”始见于中晚唐时期，经过宋代进一步发展达到成熟。至迟到元末，“背”在口语中全面替换“负”，成为“背负”概念场的主导词。从词义的历时发展来看，“负”语义上缺乏足够的明晰性，随着它本义用法不断衰退的同时，其词义重心逐渐偏移，这些因素都为该概念场内新词的产生，以及新词在这一义位上取代“负”提供了条件（参见杨荣贤 2006）。

（2）外部因素的影响

常用词的历时演变是内部原因和外部原因共同作用的结果，学者在注重语言内部自我调节机制的同时，也不能忽视外部因素对常用词更替的作用。汪维辉（2000）指出外部原因对语言的变化有相当大的影响。凡是社会动荡、思想解放的时代，语言的变化就快，反之则相对较慢。在外部原因中，某些方言地位的升降是一个重要的因素，而方言地位的高低又往往跟一个时期政治、经济、文化中心的确立或迁移有着直接的关系。例如王毅力、徐曼曼（2001）对汉语“咬啮”义动词的历时演变及原因进行探究，认为引起“啮”对“噬”更替的原因也有内部和外部两种。从外部原因来看，“啮”和“噬”可能是一对具有同源关系的方言词。“啮”对“噬”的更替发生在秦汉时期，这有可能与政治、经济、文化中心的转移有关。春秋战国时期，政治经济文化中心一直在中原地区，共同语也是以中原方言为基础。秦代时期，首都西迁至长安（今西安），随

着长安地区政治、经济和文化中心地位的确立，其方言地位一定会随之上升，难免会给当时的共同语带来影响，打上或深或浅的烙印。在春秋战国时期还只是零星出现的“啮”，到了西汉时期使用频率激增，且文献分布率接近100%。这种现象的出现或许只有从共同语基础方言地位改变这一因素中才能得到解释。

（四）常用动词历时演变研究展望

汉语常用动词研究在近年来取得了较大的进步，但仍然存在一些亟待解决的问题，如对象零散、不成系统、研究偏重描写、理论探讨力度明显不足等。本论文将立足于常用动词研究现状，探析常用动词研究存在的问题，为推动当前汉语常用动词研究工作服务。

1. 单组动词重复研究，选词范围狭窄

从研究内容上看，近年来常用动词历时演变研究涉及范围逐渐扩大。但从单组动词研究成果的多少来看，存在重复劳动的倾向。研究范围的狭窄，以及研究方法的雷同，制约了常用动词的理论创新和规律总结。从现有研究成果来看，“吃喝”动词的义研究成果最多，其次是“视看”义、“言说”义和“行走”义成果，然后依次是“买卖”义、“睡觉”义、“给予”义、“击打”义、“持拿”义、“穿着”义动词的研究成果。从词义分析角度来看，这些研究成果较多的动词都是人类最基本的行为动作或是与人类生产活动关系密切的动词。据统计研究成果，高频概念场如图1–5所示：

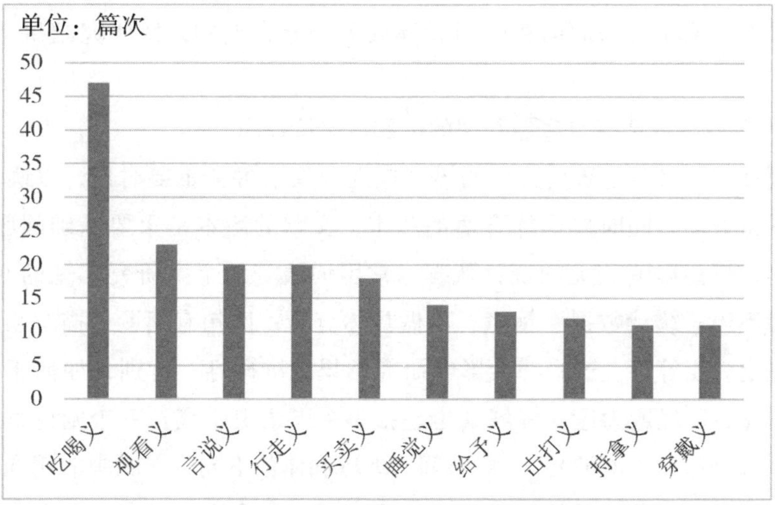

图1–5 高频概念场研究成果统计表

形成这一研究特点的原因主要有两个方面。主观方面，越是与人类活动密切相关的词越受到人们的关注，研究的人就越多；客观方面，与人类活动密切相关的词在历史文献中出现较多，便于统计，而那些与人类活动相关度较远的词，一般在文献中用例也较少，不便于统计分析。从这一现象来看，未来我们在研究常用词历时演变时，应着重关注那些具有兴替关系但尚未得到关注的常用动词，扩大研究的范围，使研究逐渐发展平衡。

2. 研究方法雷同，创新不足

从目前的研究成果来看，常用词演变的理论研究成果较少；单个、单组动词描写性的研究成果较多，解释性的研究较少。某些个案研究粗疏，只反映了概念场成员的兴替轮廓，而对成员的分布和句法组合能力的变化考察不足，或只注重单音词的使用情况，而忽视了复音词的使用情况。已有研究总体上对词汇演变过程中呈现的系统性、词语之间的相互关系、新旧概念场之间的影响，以及词汇的兴替与词的意义的变化之间的关系关注不够。学者们在个案研究的基础上试图对常用词的兴替模式进行归类，对兴替原因和影响因素进行分析，但囿于对演变个案的掌握不足，取得的成果既有合理性，也存在局限性。

从研究理论上看，一些研究成果引入西方现代语言学相关理论，在西方语言学理论的基础上总结汉语史特有的词汇理论和研究方法。这些研究出发点较好，但由于研究对象的单一和研究不深入，一些成果未贴合汉语实际情况，不能全面地反映汉语动词历时兴替变化的规律。笔者建议在具体词汇发展变化研究的基础上，关注汉语动词在时间和地域上的分布差别，使研究结果更精确、深入。

3. 古籍版本的选择及底层数据的可靠性有待提高

常用动词历时演变研究选择的语料应涉及汉语各个重要时期，以确保语料有足够的覆盖面；同时要选择合适的版本，文献的版本是重要基础问题之一，选择不合适将会影响相关的统计数据。常用词演变的个案研究常见的问题有：语料选择不当；统计数据一锅煮，不做具体分析；例句有问题；描写粗略；语言事实认定失当等等。这些都会影响研究结果的准确性。特别是如何正确利用电子语料库，已经成为这一领域（也包括整个汉语史研究）一个亟待解决的关键性问题（汪维辉，2007）。一般时间、地域和体裁不同，文献中的用词特色也就不同。在常用动词的更替过程中，由于口语和书面语的脱离，文人避俗就雅的心理，旧词不会立即消亡，而是在相当长的时间内与新词共存并用，随着量变的积累，最终达到质变，比如《敦煌变文》中的新词的使用频率就比同时期的其他文献如《世说新语》提高了很多，同时新词的组合能力也大大增强。总而言之，动词范围内还有很多具有兴替关系的词有待去研究，在研究常用词历时演变时，必须要考虑文献的选择。我们期待今后的常用动词研究有更多、更有价值的成果和新见。

4. 较少与出土文献结合

目前的常用词历时演变研究与出土文献结合得并不紧密，近年来已有学者已经关注到这一问题，并开始以出土文献为基础对已有的常用词演变研究成果进行考证。如：赵岩（2010）以出土简帛为中心，考察了汪维辉（2000）所讨论的41组常用词从战国至东汉时期的使用情况，并对几组可以订补的词语进行讨论，其中涉及的有“覆盖”义动词。汪维辉（2000）指出“盖”作动词在先秦常见，但主要是当“遮掩、掩蔽”和“超过、胜过”讲，用作“扇盖”义的例子不多。两汉三国时期，“盖”字用例多见，“覆盖”常常连用。赵岩以《睡虎地秦简》为语料，分析得出至迟在战国晚期的秦国语言中，“盖”表“覆盖”义已经在使用范围及使用频率上大大超过了“覆”，甚至在一些用法上完全代替了“覆”。

利用出土文献对常用词历时进行研究的还有胡琳、张显成（2015）对“豕、彘、猪”的历时演替的研究，虽然这方面的研究成果目前还不多，但不能否认土简帛语料对汉语常用词演变研究具有重要意义，不容忽视。

5. 数据统计时对一字多形现象重视不够

在常用动词历时演变研究中还须注重汉字字形的不同。蒋冀骋（1991）指出近代汉语的大部分文献是通俗作品。而通俗文学作品中的错讹特别严重，有些百思不得其解的问题，其实是文字错讹引起的。① 常用动词历时演变研究比较重视词的新与旧、古与今的替换关系，但很多时候新词的书写形式和用字问题比较复杂，动词中有很多新词都具有两个或两个以上的形体，如果在进行语料的统计时不把各种字形都统计进去，必定会影响整个结论的可靠性。例如“采”在明末以前是表“理睬”义的主导词，唐代字形多用“采”“採”，宋代用“倸”，明代时“采”“睬”成为常用字形，清代时“睬”逐渐成为表达“理睬”义的固定字形，并沿用至今。在常用词历时演变研究中，我们必须要重视对一个词常用字形的调查。目前在这方面做得好的有汪维辉（2000）对抄

① 蒋冀骋. 近代汉语词汇研究［M］. 长沙：湖南教育出版社，1991：189.

（钞）、掛（絓）、快（駃）、叫（噭、詉、呌）等词的考察；陈莉（2003）对站（跕、佔）、踩（采、跐、躧、跴、蹀、踹）和擔（儋、簷）的考察；杨荣贤（2006）对蹋（踏、蹹、蹹）的考察；叶桂郴、王玥雯、李鸣镝（2007）对捆（稇，綑）的考察；张美兰（2010）对捎（稍、梢）、丢（颩）等词的考察。

6. 对双音词更替研究的重视不够

双音化是汉语词汇发展史上的一个突出现象。虽已有学者注意到此现象，但在常用动词历时演变研究中对双音词的研究还没有得到足够的重视。

目前在常用动词历时演变研究中，多数学者只注重单音词的使用情况，而忽视了复音词的使用情况。唐莉（2001）指出在近代汉语中存在着单音节词的更替现象，而且这种更替往往会对由其构成的双音节复合词的结构产生影响。单音节词的更替，常常引起双音节词的内部变更。变更的模式包括复合词内部两种构成成分的双向更替，如“听说”对“闻言”“闻语”“闻道”的代替。从这种变更模式中，我们可以看到一些双音节复合词并不是从一开始就具有固定不变的形式的，而是经过了内部语素的淘汰和更替，经过试用、竞争才逐渐趋于定型。这种漫长的变化过程，正是不同时期词态风貌的体现，因此不同的交替状态构成了近代汉语早期和后期在词语上的重要区别特征。在此之后，在常用动词历时演变研究中一些学者也注意到双音词的更替，这类研究成果还有刘芳（2009）对趋向义动词“出、出来、出去”和“起、起来、起去”的历时演变研究；张美兰（2012）对“知道、晓得”历时演变的研究；韩丞（2013）对“掏取”义动词“取”和“掏出”的替换关系研究。由此我们能够看出双音词在常用动词研究中已经开始被重视起来，但是这些关注还远远不够，这类研究在我们统计的论著中仍是九牛一毛，有待学者们在日后的研究中注意。

此外，对一组词进行考察时还应注意例句的选择及引用，尽量避免由于上下文意的理解错误等因素造成的影响。李慧（2014）在对表“清醒”义的“觉、寤、悟、醒、苏”5 个动词进行考察时，认为“醒”在魏晋六朝时已由“醒酒、清醒”引申为“从睡梦或昏迷中清醒、醒悟”义，并举例如下：

（1）醒寤之后，不识所言。（《文选·在元城与太子笺》）

（2）尝经三日不醒，时人谓之三日仆射。（《世说新语·任诞第二十三》）

经核对这两例上下文应为：

（1）臣质言：“前蒙延纳，侍宴终日，耀灵匿景，继以华灯。虽虞卿适赵，平原入秦，受赠千金，浮觞旬日，无以过也。小器易盈，先取沈顿，醒寤之后，不识所言。”

(2) 过江积年，恒大饮酒，尝经三日不醒。时人谓之三日仆射。

从上下文意可以看出，此两例“醒”皆是“醉酒后清醒”之义。据笔者(2015) 统计，魏晋六朝时期“醒”并无“睡醒或从睡梦中清醒、醒悟”义项。在判断某个词出现的时代以及词汇兴替的时间时应注意文意的理解，尽量克服主观因素造成的考察失误。

国外关于常用词的研究开始较早，主要以词表的形式进行，历时性的研究成果较少，多集中于共时性的认知研究。如，美国语言学家莫里斯·斯瓦迪士(Morris Awadesh，1909—1967) 的人类语言认知词表，也称为斯瓦迪士词表(Swadesh Wordlist)，通过对比分析了不同语言之间的核心词的同源关系，通过词汇的联系判断语言之间的亲疏远近，虽然该词表最初为检测同源词而建立，但对语音史、词汇史和语法化的研究都具有重要借鉴意义。如，俄罗斯语言学家谢·叶·雅洪托夫 (Sergey Evgenyevich Yakhtov，1964) 在斯瓦迪士词表的基础上提取了 36 个核心词项应用于汉藏语系的比较研究。阿哈龙·多尔戈波尔斯基 (Aharon Dolgopolsky，1964) 归纳出 15 个北欧语言核心词，这些词汇对人类语言及词汇的演变研究具有重要参考价值。新西兰语言学家建立了 210 词的南岛语基本词汇数据库 (Austronesian Basic Vocabulary Database)，其中 170 词与斯瓦迪士词表重合。美国语言学家詹姆斯·马提索夫 (James Matisoff，1976，1978) 建立了一个在文化和语言类型上更符合东南亚语言的藏缅语核心词表。总的来说各词表收纳的都是与人类自身或与人类生产活动最密切相关的概念，国外学者在人们日常交流中经常使用的词汇。对汉语史常用词的演变研究较少，仅有法国巴黎高等社会科学院阿兰·贝罗贝 (Peyraube Alain，2000)，曹西蕾(Hilary Chappell，2014) 等的研究。

国内一些学者多以斯瓦迪士词表为基础进行共时和历时层面的词汇研究，如针对古汉语词汇、汉语方言词汇及少数民族语言词汇的相关研究，如王彤伟(2007)、陈保亚 (1995)、洪波 (2007)、曾晓渝 (2003) 等的研究。总的来说，汉语史常用词研究在近年来取得了较大的进步，但仍然存在一些亟待解决的问题，如研究对象零散、不成系统，偏重描写而理论探讨力度明显不足等。

二、语义地图研究现状、成就与不足

语义地图最早由 Anderson (1982) 提出，Anderson 受 Berlin、Kay (1969) 研

究不同语言中颜色概念，及 Labov（1973）研究词汇意义大的启发，认为可以借用“地图”空间的方式，来显示语法形式与语义在不同语言类型比较时的异同。语义地图的目的就是解决跨语言研究中存在的语法形式与语义不一致的情况。语义地图通过几何图形展现同一语法形式的不同语义关联，以功能节点间的连线来说明语义演变的过程及语义之间的亲疏远近关系，最终揭示人类语言中语法形式多功能模式的系统性和规律性。

Anderson（1982）之后十几年国外学界对语义地图只有零星研究，只有少量的几篇文章对此有所涉及，如 Anderson（1986）、Croft（1987）。直到 20 世纪 90 年代中后期语义地图才开始广泛受到关注，Haspelmath（1997a，1997b）绘制了不定代词的语义地图，指出概念空间和语义地图不仅能对共时蕴涵共性做出描述和预测，而且还可以对多功能语素的演化路径做出判断和预测。Kortmann（1997）讨论了欧洲语言中的副词的从属构造的类型和历史，并探究各语言之间的共性，用语义地图模型画出来。Stassen（1997）从语言类型学角度来研究不及物述谓结构及与其相关语义地图。Haspelmath（2003）基于共时蕴涵关系和相关历时演变事实，在对丹麦语、德语、法语和西班牙语四种欧洲语言中表“树木”的词语的意义或用法进行研究时，创造性地将语义地图模型用于词汇语义的跨语言研究之中，并将其动态化为带有历史信息的概念空间。他指出语义地图不仅可以应用于语法意义领域，也完全可以应用于词义研究领域。Francois（2008）调查了 13 种语言中的“呼吸（breathe）”概念的多功能形式，指出语义地图对研究跨语言语义共性具有重要示范意义。Van Der Auwera（2008）指出语义地图作为语言学领域的新理论，能够较好地分析多功能语法形式，深入揭示虚词的语法化过程和动因。还有一些研究的对象涉及体标记（Anderson，1982，Janda，2007）、不及物谓语（Stassen，1997）、时间状语（Haspelmath，1997）、情态（vander Auwera and Plungian，1998）、语气（Van der Auwera，2004）、并列结构（Haspelmath，2004）等方面。此外，Croft（2001，2003）还将语义图模型广泛用于对词类、句法关系等多种范畴的研究，并且取得了一系列研究成果，如《语言类型学与普遍语法特征》（2003）中就专章对“语义地图”的理论方法及其在研究中的优势进行介绍。Haspelmath（2003）和 Haan，Ferdinand De（2004）就如何绘制经典语义地图以及可能遇到的问题做了详细地讨论，具体如下：

如果一个语言形式 X 在某个具体语言里具有 X_1、X_2、X_3 三种不同意义/用法，那么从逻辑上来说，可确定 X_1、X_2、X_3 在一维空间里的排列方式可以有六种，但若不考虑方向性，则仅有三种可能的排列方式，即：（a）X_1—X_2—X_3、（b）X_1—X_3—X_2、（c）X_2—X_1—X_3。那么可以通过跨语言比较，对上面三种形式进行逻辑排除。在跨语言的考察中，如果发现某个/某些语言的 X 只有 X_1、X_2 两种不同意义/用法，根据“语义地图连续性假说”，可排除（b）的可能，因为 X 在（b）所代表的语义地图中，存在断链，违反了“语义地图连续性假说”；而若另一个语言的 X 只有 X_1、X_3，同理则可排除（a）。由此可得出反映语言共性的结论，即（c）是唯一合乎“语义地图连续性假说”要求的概念空间模式。（c）所代表的排列方式“X_2—X_1—X_3”就是最简单的一维的概念空间。最后可根据 X 的调查结果绘制不同语言的语义地图，如图 1-6 所示：

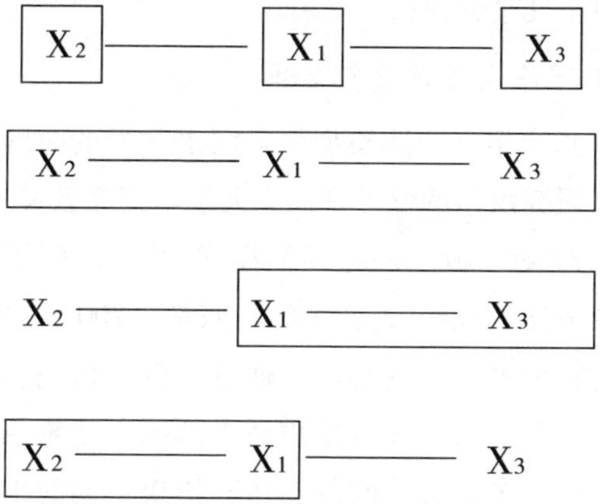

图 1-6　语义地图示例

除了图 1-6 的四种情况外，还有一种特殊的情况，即 X_1、X_2、X_3 在具体语言中可能是两两之间有直接的关联，这样就形成了一个失去语义预测功能的“空图”，“空图”不具有预测性。

2007 年在德国召开了题为“语义地图：方法和应用”的专题研讨会，会上很多学者就语义地图的研究方法及概念空间如何建立等相关问题进行了深入讨论，会后出版了论文集《Workshop on Semantic Maps》（2007），这次会议对推进语义地图理论发展具有重要意义。其后学者不断基于经典语义地图进行创新，开始数学、计算机、统计等学科的方法引入语义地图之中，如 Croft、Poole（2008）将数学的“最优分类非参数性呈现算法”引入语义地图，使得绘制出的语义地图更加准确可靠，促使了第二代语义地图的产生。Andrason（2016）指出传统语义地图的局限：一是无法提供语言形式的频率信息，二是没有考虑到环境信息的缺失。基于此，他将二维曲线运用于传统语义地图，且用希腊语动词系统中的前时路径作为例子来解释了这一做法。但以上研究主体有限制（特别是汉语研究），因此得出的结论不具有普遍性。

但是，海外已有的语义地图研究大多未涉及汉语，下面主要介绍一下国内的汉语语义地图研究现状：

语义地图模型被引入汉语学界的历史非常短。20世纪90年代后，语义地图已经运用到汉语研究中，但未得到广泛关注。近十几年来，语义地图理论在国内语言研究中开始受到关注，近年来，在张敏、李小凡、郭锐和吴福祥等学者的推动下，国内汉语学界开始越来越多地关注和使用语义地图方法，相关的研究成果主要体现在以下几个方面：

（一）语义地图理论及方法介绍方面

吴福祥（2017）指出语义地图模型引入汉语学界的时间并不长。已知最早运用语义地图方法来研究汉语的学者是汕头大学李韧之教授（2003），国内汉语学界最早介引“语义地图”概念的是吴福祥（2007），而最早在国内系统介绍语义地图模型原理和方法的是张敏（2008）。张敏（2009，2010）采用语义地图的方法研究了湖南方言中的介词的功能，通过实例分析说明了语义地图在汉语研究中的具体运用方式和意义，同时指出语义地图方法不仅对跨语言比较具有重要意义，对同一语言的各方言之间的比较和历史不同时期的比较也具有重要作用。他还呼吁研究者可以多进行以汉语为本的语义地图的比较研究。吴福祥、张定（2011）从什么是语义地图模型、如何构建概念空间、语义地图模型的具体运用和重要成果、语义地图模型的功用和价值、语义地图模型的最新发展及展望等五个方面对语义地图模型做了比较全面的介绍。郭锐（2012）介绍了概念空间、语义地图、语义地图的连续性假说等概念和原理，并说明语义地图模型的操作方法。孙文访（2018）指出语义地图模型是语言类型学中的一种有效分析工具，目的是通过跨语言或方言比较确定多功能语法形式的各语义功能的联系。语义地图模型的分析可以分为四步步骤：（a）确定概念空间节点；（b）构建概念空间；（c）绘制语义地图；（d）概括与分析。

此外，介绍语义地图理论及方法的还有曹晋（2012）、王瑞晶（2015）等，正是得益于以上学者的介绍，才让汉语研究学界更多地了解了语义地图的理论和操作方法。

（二）汉语共时平面的语义地图研究方面

张敏（2010）指出“最能直接得益于语义地图模型的领域即方言语法，它有助于将汉语方言语法比较的研究推进到一个新的阶段”。汉语共时平面的语义地图研究个案有：陆丙甫、屈正林（2010）绘制了汉语定语标志的语义地图；翁姗姗、李小凡（2010）绘制了汉语“掉”类词语义地图；王菲宇（2012）绘制了汉语“和”类词的语义地图；李恒（2013）绘制汉语“否则”类连词的语义地图；牛彬（2014）绘制了汉语“来”的语义地图；林艳（2016）绘制出“呼吸”概念的语义地图；李静波（2017）绘制了致使动词的语义地图。在绘制语义地图的基础上，各位学者还对该类词的语义功能演变机制和原因都进行了深入讨论。姜淑珍、池昌海（2018）绘制了温州方言“望”的语义地图。

以汉语个案研究为基础对语义地图理论进一步深化研究的有：李小凡（2015）指出语义地图是破解偏侧关系的理想工具，可以利用语义地图归纳语言共性，且可通过这种共性对众多待考察的方言进行预测；张定（2016，2017）采用语义地图的框架分析了语言中“追逐”“穿戴”动词的多义现象，更细致地解构了“追逐”“穿戴”动词的意义，并探索各语义成分在语义演变过程中的消长。他指出语义地图模型能为实词语义的跨语言共性和类型倾向提供富有启发意义的工具；范晓蕾（2017）将情态语义功能细分后构建了以能力义为核心的语义地图，使得情态语义地图不断精确化，从而解释了更多的语言现象，并以此为例探讨了语义地图的分辨率和表征方式。

（三）汉语历时平面的语义地图研究方面

众所周知，汉语历史文献丰富，一部分学者已经在汉语大量的历史文献语料基础上展开汉语历时语义地图方面的个案研究，如：张定（2010）首次构建了现代汉语不定形式的系统，并结合对比 Haspelmath 的不定代词语义地图，考察历时角度上不定代词的功能扩展轨迹；王玲（2012）采用语义地图模型对上古汉语和中古汉语中有标记的测度句进行研究，进而分析了测度词语的演化路径，探究其语义演变的动因；陈浩（2015）通过语义地图理论讨论了“悠”词义的演变，指出“悠”的义项从先秦到元明清这段时期所经历的变化，并绘制普通话和合肥方言中“悠”的语义地图进行对比分析；饶春（2016）在借鉴“给予”义动词“给”和“与”研究的基础上，梳理了“馈”和“与”的历时发展脉络，并结合已有的方言研究材料，进一步讨论了目前“给”研究的争议焦点，最后构建了汉语“给予”义动词的语义地图；王娅玮、吴福祥（2017）

通过对汉语史及跨语言的语料考察，运用语义地图方法，探讨汉语史中多功能连接词的用法，从概念层面来考察连接范畴语义功能之间的亲疏、远近关系，构建了一种更细致 、扩展的、包含更多功能节点的连接范畴概念空间，从共时和历时角度探讨汉语史上多功能连接词的语义功能及其演变过程。龚波（2017）借助语义地图的操作方法和语法化研究的成果，通过考察“若”“和”“如”的五个常用的共同义位在先秦代表性文献《诗经》《论语》《孟子》《左传》中的分布状况，探讨了这些义位之间的关联。

从以上几个方面可以看出语义地图的应用非常广泛，国内对于语义地图研究的探索越来越多，也越来越重视，运用语义地图模型进行语言研究的学者也越来越多，研究对象也不再局限于多功能和语法形式，甚至也可包括对于词汇本身的比较，一些研究逐渐将视角转向跨语言、跨时代的实词研究。

第二章

“连接”义动词的历时演变与语义地图

本章主要讨论动词“连接”义常用词汇的历时兴替，构建“连接”义概念空间，通过语义地图方法分析其语义演变的路径及方向，进一步探索该概念场内各词语法化的内部动因。

王凤阳在《古辞辨》一书中指出表“连接”义的词有“连、联、属、缀”四个词，从现代汉语及汉语方言来看表“连接”义的动词除“连”外，还有“接”。“联”，《说文解字》（以下简称“说文”）：“联，连也。”段玉裁注：“连者，负车也。以人挽车，人与车相属，因以为凡相属之称。周人用联字，汉人用连字，古今字也……”王凤阳（1993）指出先秦基本上用“连”字，汉之后“联”使用频率才逐渐增多。“连”和“联”在古代没有分别，到现代逐渐加大了分工，“连”侧重于线性的相接相续，以至不断地连接下去，如“连环”“连年”；“联”侧重于两两联合或向心性的联合，如“联盟”。故本书将“联”并入“连”下进行论述。“属”，《说文》“属，连也。”“属”读zhǔ，在使用上“属”特别重视起点和相连事物的相连关系，是由某一事物连类而及于其他事物的意思。“缀”，《说文·纟部》：“缀，合箸也。”段玉裁注：“联之以丝也。”“缀”本义“缝补、缝合”义，引申为“连接”义、“装点、装饰”义、“挂”义、“标记、位置”义、“附”义。“缀”的连接义带有依附色彩。现代汉语方言中表示“连接”义的词汇除“连”和“接”外，少数方言还用“带”和“搭”。

从词汇的常用性及传承性方面考虑，本章选取汉语史上表示“连接”义的“连”和“接”作为具体考察对象，这两个“连接”义动词的共同特点是，虽然它们产生于不同历史时期，但至今都仍然活跃在现代汉语普通话或方言中。在绘制现代汉语语义地图时，兼顾考虑方言中“带”和“搭”表示“连接”义的情况。

学界对“连接”义动词的研究大都集中于对“连”的词性、句法结构和语法化的讨论。如：现代汉语领域关于“连”字的词性之争从20世纪80年代开始一直没有停止过，学界目前主要观点如下：

（一）介词说，认为“连”的功能是介引一种与句子隐含的参项同角色的体词性成分，表示“典型事例”。代表学者有吕叔湘（1980）、洪波（2001）、陈昌来（2002）、金昌吉（1996）等。

（二）副词说，认为“连”表示强调，是语气副词，经常处于“连X都·也Y”的句式中。代表学者有倪宝元（1979）、张谊生（2001）等。

（三）连词说，认为“连”起推进和联系的作用。一般不受副词修饰，一般不能重叠。代表学者有廖斯吉（1984）。

（四）语气助词说，主要作用是加重语气，表示强调。代表学者张友健（1957）、邢公畹（1994）等。

（五）焦点标记说，“连”是一个前置的有特殊预设的焦点标记，可作为话题标记，具有对比性。代表学者方梅（1995）、刘丹青（1998）等。

此外，还有白梅丽（1981）、崔希亮（1990）对汉语普通话中的“连……也·都……”句式的讨论。蔡维天（2004）对“连”的形式语义的讨论。邵敬敏（2008）对“连A也·都B”框式结构及其框式化特点讨论等等。

在汉语史研究领域，孙锡信指出，连接义的动词虚化成连同、包括义的介词，魏晋南北朝时已见端倪。① 汉语史领域主要集中于对“连”的语义演变和语法化进行讨论，如刘坚（1989）、冯春田（1991）、于江（1996）、洪波（2001）、钟兆华（2002）、马贝加（2002）、太田辰夫（2003）、邢志群（2008）等。这些研究主要侧重于考察“连”从动词到介词的语法化过程、动因和机制。此外，对“接”的讨论都集中于对表示“迎接”义的“接”的讨论，如刘宝霞、张美兰（2014）、王华等（2016）。

还有一些研究成果是在讨论“和”类词的时候附论到“连”，如，刘坚（1989）指出“连”的介词用法出现在魏晋南北朝时期，但这一时期“连”字多少还带有动词性，直到宋代“连”才变为纯粹的介词；于江（1996）指出“连”除了充当介词以外，还有连词的功能，介词“连”的产生年代可以上溯至魏晋南北朝时期；钟兆华（2002）指出“连”作为介词表示连带涉及对象的

① 孙锡信. 汉语历史语法要略［M］. 上海：复旦大学出版社，1992：196-197.

用例最早见于六朝时期；蒋冀骋、吴福祥勾勒了“连”的语法化路径，指出“连”由“连带、连同”义动词虚化成表示包括、强调的介词，其出现时间不晚于唐初①；胡晓萍、史金生（2007）揭示了“连”类介词语法化的动因和机制。

汉语方言领域的学者对这组词的研究也多集中于“连”字，例如金小栋、吴福祥（2016）指出汉语方言中“连”有动词、介词和连词等三种词性，功能多达14种，并探讨了“连”各功能之间的内在联系和演化脉络，初步构拟了“连”语义演变的路径。

此外，对汉语方言“连”的研究还有伍莹（2017）对普通话和湘语“连”的语法化的研究，她指出湘语“连”有种特殊的用法，可作语气副词。孙叶林（2004）对湖南邵东方言中的“连”进行考察，分析了邵东方言中的“连”由动词语法化为介词和副词的路径和原因。

学界对汉语动词“接”的研究较少，仅有的研究也是在讨论“迎接”义时有所提及，如刘宝霞、张美兰（2014）对“迎接”义动词的历时演变和地域分布进行分析时，指出宋代开始，“接”单独表“迎接”的例子增多，并与“迎”展开竞争。在现代汉语通语中，“接”取代“迎”成为口语中表达“迎接”义的主导词。王华、商怡（2016）通过对“接”词义的分析指出在汉语历时层面上，“接”词义发展的基本脉络是由“相交·会合（接点）”引申出“连接·接触”义，然后由“连接·接触”义并列引申出“承托·收受”义和“接待·迎接”义。

以往的研究对“连”的词性和功能都有深入地讨论，对“接”也有部分论述，在已有研究成果的基础上，本章将重新审视“连”与“接”的语义历时演变和共时分布特点，以及“连接”义主导词的历时演变。

---

① 蒋冀骋，吴福祥. 近代汉纲要［M］. 长沙：湖南教育出版社，1997：495.

第一节 “连接”义词汇的共时语义考察

一、连

（一）功能节点的界定

《现代汉语词典》（第7版）第807页，“连”有如下义项：

❶动，连接：心~心｜骨肉相~｜天~水，水~天｜藕断丝~｜这两句话~不起来。

❷副，连续；接续：~演一个多月｜~打几枪。

❸介，表示包括在内：~我三个人｜~皮三十斤｜~根拔。

❹介，表示强调（下文多有“也、都”等跟它呼应），含有“甚而至于”的意思：~爷爷都笑了｜她臊得~脖子都红了｜你怎么~他也不认识？｜~下棋也不会｜~一天都没休息。

❺名，军队的编制单位，隶属于营，下辖若干排。

❻（Lián）名，姓。

《现代汉语八百词》第363页，“连”有以下义项：

[副] 连续，动词后面常用数量短语。我们~发了三封信去催。

[介] ①表示不排除另一有关事务。~根拔。

②表示包括，算上。这次~我有十个人。

③连……带……

a）表示包括前后两项。~人带马都来了。

b）表示两种动作同时发生，不分先后。他~说带唱地表演了一段。

④表示强调。“连……”后用“都、也、还”等呼应，“连”前还可加“甚至”。~我都知道了，他当然知道。

金小栋、吴福祥（2016）指出汉语方言中，“连”除见于普通话的“连接”义动词、包括介词和强调介词等用法外，还有很多不见于普通话的功能。汉语方言中“连”共有14种功能，它们分别是：连接、包括、强调、伴随、平比、有生方向、有生来源、处所源点、经由、处所终点、工具、时间源点、处置介词、并列。金小栋、吴福祥（2016）从方言角度对“连”的功能挖掘比较细致，可为我们所借鉴。

本节内容结合前人研究成果，和其他语言的材料，选取“连接”义词汇的功能节点，在此基础上尝试构建以“连接”义为核心的概念空间，绘制出相关的语义地图。

本节考察的语义和功能大体涵盖以下16项：连接、连续、全部、包括、伴随、强调、平比、有生方向、有生来源、处所源点、经由、处所终点、时间源点、处置、工具、并列。结合以往研究成果，将这些功能简要界定如下。①

A. 连接，动词。

（1）这两句话连不起来。

（2）把毛线连起来。

B. 连续，表示动作发生的状态。

（3）我连上三天班了。

（4）他连吃了两个包子。

C. 全部，表示动作所持续的范围，概括整个范围。

（5）连宵宿醉。

（6）她连路哭着回去了。（荣成方言：她一路哭着回去了。）

D. 伴随

（7）你去连他下楼一下。（西安方言：你去和他下楼一下。）

（8）你后日连他一搭去。（扶风方言：你后天和他一起去。）

E. 包括

（9）连根拔。

（10）连今天是五天。

F. 强调

（11）你怎么连他也不认识？

（12）他连早饭都没有吃。

G. 平比

（13）这个连那个不一样大。（银川方言：这个和那个不一样大。）

① 因本书选取的词汇都有实词虚化的特点，为了研究清楚语法化的动向及原因，我们在选取功能节点时也考虑相关的实词义项。

（14）她连我一样大。（扶风方言：她和我一样大。）

H. 有生方向

（15）你连你妈说去。（兰州方言：你和你妈说去。）

I. 有生来源

（16）你连你妈要去。（你和你妈妈要去。）①

J. 处所源点

（17）你连阿来的？——连乡里。（通渭方言：你从哪儿来的？——从乡里。）

（18）你连家里直接去上海？（通渭方言：你从家里直接去上海？）

K. 经由

（19）你连前头过，覅连后头走。（白龙江流域方言：你从前面过，不要从后面过。）

（20）你连这面走。（白龙江流域方言：你从这边走。）

L. 处所终点

（21）我们连屋里说话去。（白龙江流域方言：我们到屋里说话去。）②

（22）咱们连学校走。（环县环城话：咱们到学校去。）

M. 工具

（23）你连铅笔写，覅连水笔写。（白龙江流域方言：你拿铅笔写，别拿钢笔写。）③

（24）他连刀切菜。（靖远方言：他用刀切菜。）

N. 时间源点

（25）我连明早儿就好好儿学习呢。（临潭方言：我从明天起就要好好学习。）

（26）连今儿开始跑步去。（通渭方言：从今天开始跑步）

① 金小栋，吴福祥. 汉语方言多功能虚词“连”的语义演变［J］. 方言，2016，38（04）：389.

② 金小栋，吴福祥. 汉语方言多功能虚词“连”的语义演变［J］. 方言，2016，38（04）：389.

③ 金小栋，吴福祥. 汉语方言多功能虚词“连”的语义演变［J］. 方言，2016，38（04）：389.

O. 处置

（27）你连门关上。（安阳方言：你把门关上。）

（28）他连家具抬到楼下。（安阳方言：他把家具抬到楼下。）

P. 并列

（29）我连你都是属虎的。（银川方言：你和我都是属虎的。）

（30）你连我都是到上海去的。（银川方言：你和我都是到上海去的。）

需要说明的是，以往语义地图方面的研究成果多是对多功能形式的讨论，重点集中在对虚词功能的讨论，本书则结合实词词义进行研究，故在功能节点的选取方面保留了部分实词词义。在以上语义功能界定的基础上，我们对 28 种汉语方言和普通话中的“连”的语义和功能使用做了整理和统计，根据《现代汉语词典》，普通话中“连”具有“连接”“连续”“包括”“强调”4 个功能节点。其他方言点“连”的语义功能如表 2-1 所示：

（二）概念空间的建立

面对“连”如此繁多复杂的语义功能现象，在构建概念空间时我们尽量由简到繁，逐步进行，构建以动词“连接”义为核心的概念空间。

从表 2-1 可以看出，在绩溪、南昌、杭州、东莞、长沙 6 种方言中“连”具有 3 项语义功能，即“连接”“包括”“强调”。这三个功能节点之间的联系有以下 6 种可能，如图 2-1 所示：

连接 ———— 包括 ———— 强调
包括 ———— 连接 ———— 强调
强调 ———— 连接 ———— 包括
连接 ———— 强调 ———— 包括
包括 ———— 强调 ———— 连接
强调 ———— 包括 ———— 连接

图 2-1　“连”的概念空间（一）

根据词汇语义演变由实到虚的一般规律，我们可以初步确定这 3 种语义功能之间的联系，如图 2-2 所示：

连接 ———— 包括 ———— 强调

图 2-2　“连”的概念空间（二）

表 2-1 汉语方言“连”语义功能整合表①

方言点	动词	副词		介词											连词	语料来源
	连接	全部	连续	包括	伴随	平比	有生方向	有生来源	处所源点	处所终点	时间源点	经由	强调	工具	处置	并列	
绩溪	+			+									+				赵日新《赵日新方言研究合集》（2004 年版，225 页）
南昌	+			+									+				熊正辉《南昌方言词典》（1995 年版，178–179 页）
杭州	+			+									+				鲍士杰《杭州话音档》（1998 年版，143 页）
东莞	+			+									+				詹伯慧，陈晓锦《东莞方言词典》（1997 版，173 页）
枣庄	+			+									+		+		金小栋，吴福祥《汉语方言多功能虚词“连”的语义演变》（2016 年）
荣成	+	+	+	+									+				笔者调查

① 表 2-1 中方言的材料绝大部分来自学界已发表的成果。陕西延安、湖南长沙、湖南临武、湖北孝感、河北保定和江苏徐州 6 种方言材料为笔者的直接调查。

续表

方言点	动词	副词		介词											连词	语料来源
	连接	全部	连续	包括	伴随	平比	有生方向	有生来源	处所源点	处所终点	时间源点	经由	强调	工具	处置	并列	
孝感	+			+									+				笔者调查
保定	+		+	+									+				笔者调查
安阳	+		+	+									+		+		刘兆星
长沙	+			+									+				笔者调查
邵东	+	+	+	+									+				孙叶林《邵东方言的“连”字研究》（2004年）
临武	+		+	+	+											+	笔者调查
徐州	+	+	+	+									+		+		笔者调查
延安	+	+	+	+									+				笔者调查
西安	+		+	+	+	+							+			+	王军虎《晋陕甘方言的“支微入鱼”现象和唐五代西北方音》（1996年，225页）；笔者调查
扶风	+		+	+	+	+							+			+	毋效智《扶风方言》（2005年，289页）

续表

方言点	动词	副词		介词												连词	语料来源
	连接	全部	连续	包括	伴随	平比	有生方向	有生来源	处所源点	处所终点	时间源点	经由	强调	工具	处置	并列	
万荣	+		+	+	+	+							+			+	吴云霞《万荣方言语法研究》（2009 年版，135—136 页）；吴建生，赵宏因《万荣方言词典》（1997 年，294—295 页）
乌鲁木齐	+			+	+	+	+						+			+	周磊《乌鲁木齐方言词典》（1995 年版，262，128 页），《乌鲁木齐方言引论》（1994 年）；徐宝华，宫田一郎《汉语方言大词典》（1999 年版，2599 页）
同心	+		+	+	+	+	+	+					+			+	张安生《同心方言研究》（2006 年，309，342 页）
银川	+		+	+	+	+	+	+					+			+	李树俨，张安生《银川方言词典》（1996 年，247，1995 页）
酒泉	+		+	+	+	+							+			+	孙占鳌，刘升平《酒泉方言研究/酒泉历史文化丛书》（2013 年，85，303，305 页）

续表

方言点	动词	副词		介词												连词	语料来源
	连接	全部	连续	包括	伴随	平比	有生方向	有生来源	处所源点	处所终点	时间源点	经由	强调	工具	处置	并列	
靖远	+		+	+	+	+	+	+					+	+		+	金小栋、吴福祥 2016
临潭	+		+	+	+	+	+		+		+		+	+		+	金小栋、吴福祥 2016
环县	+		+	+	+	+	+	+	+	+		+	+			+	金小栋、吴福祥 2016
兰州	+			+	+	+	+	+	+			+	+	+		+	金小栋、吴福祥 2016
通渭	+		+	+	+	+	+	+	+		+	+	+	+		+	金小栋、吴福祥 2016
白龙江流域	+		+	+	+	+	+	+	+	+	+	+	+	+		+	莫超 2004：39、120、122-124

普通话、安阳、邵东方言中“连”除“连接”“包括”“强调”3项语义功能外，还可表示“连续”功能。荣成方言有“连接”“全部”“连续”“包括”“强调”4项功能。副词一般来源于动词，由此我们可建立“连接”和“连续”之间的联系。如图2-3所示：

图2-3　“连”的概念空间（三）

酒泉、万荣、西安和扶风方言中“连”除“连接”“包括”“强调”外，还有“伴随”“平比”“并列”3项功能；临武方言只有“伴随”和“并列”功能，没有“平比”功能，可建立“伴随”“平比”“并列”三者之间的联系。从语义引申角度“包括”功能含有［+包含］［+共同］义素，从语义上具有引申出A和B共同做某事的可能性，建立“包括”和“伴随”之间的联系。如图2-4所示：

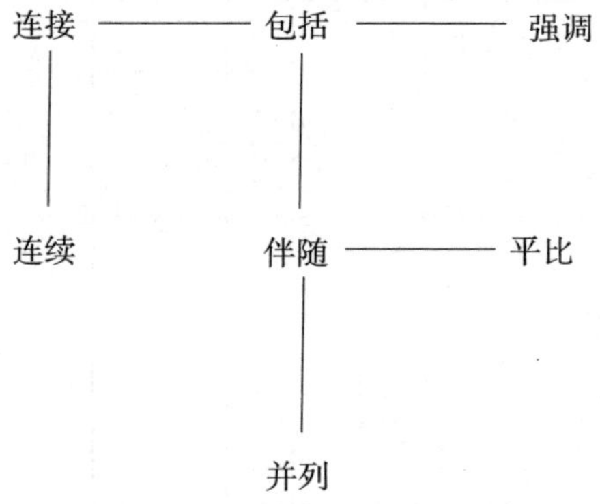

图2-4　“连”的概念空间（四）

除“连接”“包括”“强调”“连续”4项语义功能外，延安方言中“连”还有“全部”功能；副词一般来源于动词，可建立“连接”和“全部”之间的联系。徐州方言中有“连续”和“处置”功能。李蓝、曹茜蕾（2013）在对汉语方言考察的基础上指出连接义可以虚化为处置标记。由此我们可建立“连接”和“处置”之间的联系。张定（2010）绘制的“工具——伴随”介词的语义地图和张敏（2011）绘制的“汉语方言主要间接题元”语义地图都建立了“处置”和“工具”功能节点的联系。虽然在表2-1的方言中没有任意一种方言同时具有“处置”和“工具”功能，从语义引申角度我们也先建立“工具”与

“连接”之间的联系，如图 2-5 所示：

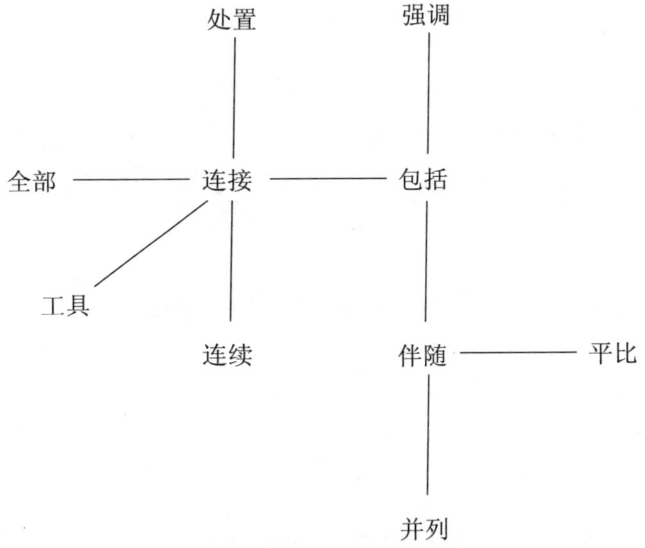

图 2-5 “连”的概念空间（五）

乌鲁木齐方言中“连”还有“有生方向”功能；同心方言和银川方言有“有生方向”和“有生来源”功能。9 种方言具有“有生方向”功能，其中 7 种方言具有“有生来源”和“有生方向”功能，2 种方言没有“有生来源”功能。可以说具备“有生来源”功能的方言一定具备“有生方向”功能，但具备“有生方向”功能的方言不一定总是具备“有生来源”功能。根据这种包含关系，可以初步概括出“有生方向”和“有生来源”之间的联系。如图 2-6 所示：

最后，“连”在甘肃环县、兰州、通渭、白龙江流域方言还具有“处所源点”“经由”功能，其中环县和白龙江流域方言还有“处所终点”功能。在甘肃临潭方言中有“处所源点”和“时间源点”功能。从认知角度来看，时间范畴和空间范畴关系密切，表示空间范畴的词汇可以引申出表示时间范畴的语义。由此，“处所终点”与“时间源点”功能之间的联系可以确立。从语义引申角度来看，“处所源点”既可以由“连接”的［+接点］义素引申，也可以由“伴随”的功能引申，但下文“接”只有“连接”和“处所源点”的功能节点，所以建立“连接”和“处所源点”之间的联系。如图 2-7 所示。

至此，我们根据方言材料初步构建了现代汉语及方言“连”的概念空间。在下文中我们会结合方言和汉语历史语料对该概念空间进行核对、修正。

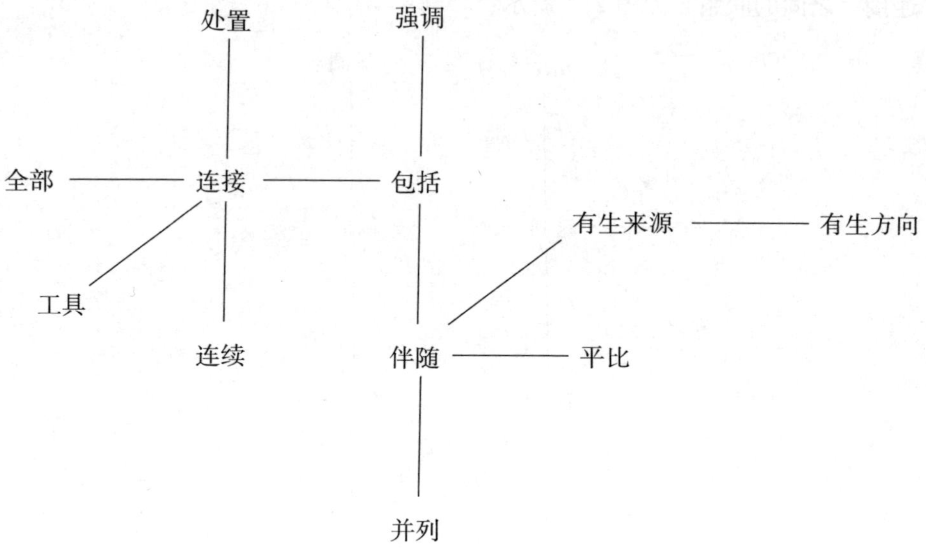

图 2-6 “连”的概念空间（六）

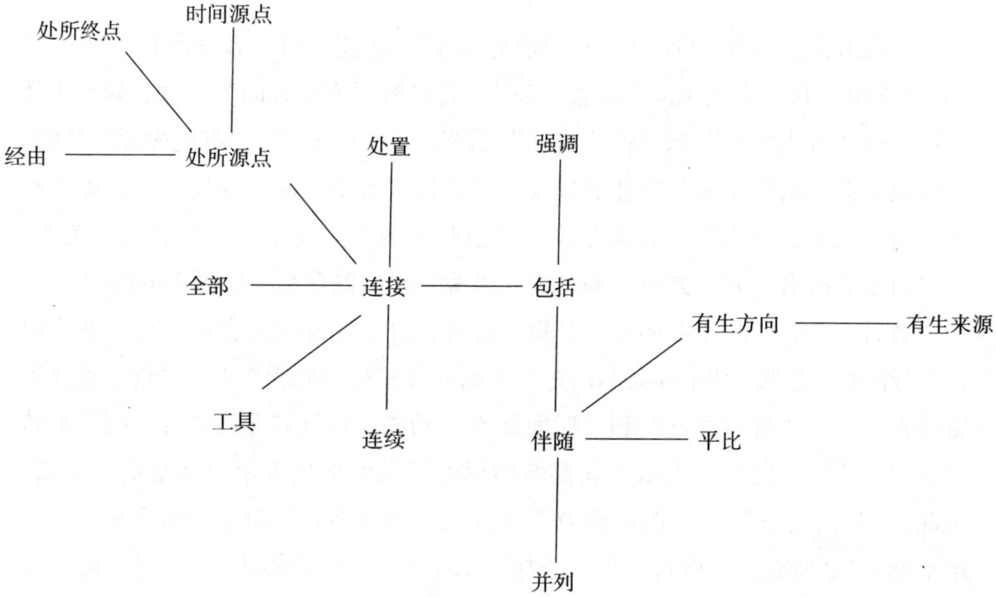

图 2-7 “连”的概念空间（七）

二、接

（一）功能节点的界定

《现代汉语词典》（第7版）661页，“接”有如下义项：

❶靠近；接触：邻～｜～近｜交头～耳。

❷动，连接；使连接：～电线｜～纱头｜这一句跟上一句～不上。

❸动，托住；承受：～球｜书掉下来了，赶快用手～住。

❹动，接受：～见｜～待｜～电话｜～到来信。

❺动，迎接：到车站～人。

❻动，接替：～任｜谁～你的班？

❼（Jiē）名，姓。

《现代汉语八百词》未收录“接”，学界对汉语动词“接”的研究较少，仅有的研究成果也都是在谈论“迎接”义动词的历时演变时有过相关论述。本研究首先根据词典释义和方言调查初步界定“接”的8个功能节点，如下：

A. 连接，动词。

（31）把电线和电源接在一起。

（32）把断开的绳子接起来。

B. 接住，动词。

（33）小李赶快接住从桌上掉下来的杯子

（34）他迅速接住队友传来的球。

C. 接受，动词。

（35）接到来信。

（36）这活儿你接不接？（北京话：这活儿你接受不接受？）

D. 迎接，动词。

（37）你去门口接一下他。

（38）我去接孩子。

E. 接替，动词。

（39）她的工作得有人接。

（40）一个接一个慢慢来。

F. 连续，表示动作发生的状态。

（41）该两日人客接牢走来。（温州方言：这两日客人连续走来。）

（42）他接着吃了两碗饭。（温州方言：他连续吃了两碗饭。）

G. 处所源点

（43）接这儿数起。（北京话：从这儿数起。）

（44）你接这里开始算吧。（北京话：你从这里开始算吧。）

H. 经由

（45）接他家门口走过。（北京话：从他家门口走过。）

（46）你接图书馆过去就是学校了。（北京话：从图书馆过去就是学校了。）

在以上语义功能界定的基础上，我们对 10 种汉语方言和普通话中的“接”的语义和功能做了整理和调查，根据《现代汉语词典》普通话中“接”具有“连接”“接受”“迎接”“接替”“接住”5 个功能节点。其他方言点“接”的语义功能如表 2-2 所示：

（二）概念空间的建立

相对“连”来说，“接”的语义功能较少，且大都集中于动词用法。我们在表 2-2 的基础上逐步建立“接”的概念空间。

首先延安、西安、保定、临武、上海、绩溪 6 种方言都有“连接”“接受”“迎接”语义；柳州方言只有“连接”和“接受”两个语义，没有“迎接”。雷州方言有“连接”和“迎接”两个语义。故可以初步建立如下的概念空间，如图 2-8 所示：

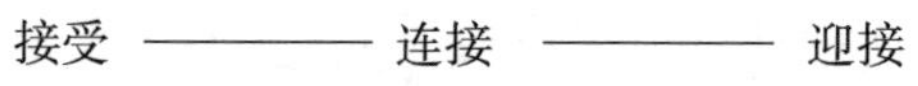

图 2-8 “接”的概念空间（一）

再次，荣成方言中有“连接”“接替”和“托住”三个语义功能；临武方言和上海方言有“连接”没有“接替”义，故“托住”和“接替”也都直接与“连接”关联。如图 2-9 所示：

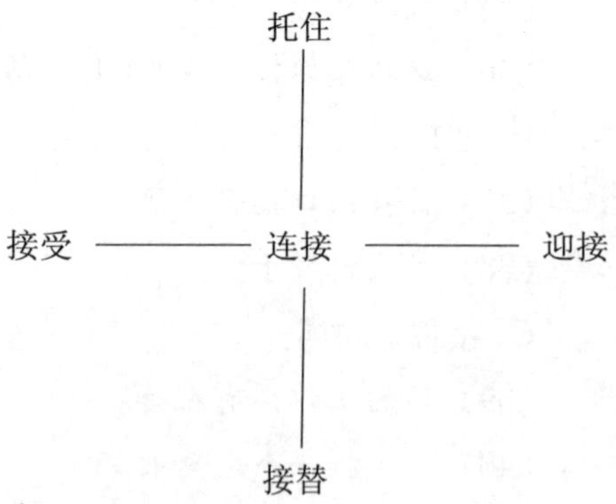

图 2-9 “接”的概念空间（二）

表 2-2 汉语方言“接”语义功能整合表

方言点	动词					副词	介词		语料来源
	连接	接受	迎接	接替	接任	连续	处所源点	经由	
北京话	+	+	+	+	+		+	+	笔者调查
延安	+	+	+	+	+				笔者调查
保定	+	+	+	+	+				笔者调查
西安	+	+	+	+	+				笔者调查
临武	+	+	+		+				笔者调查
徐州	+		+	+	+				笔者调查
荣成	+			+	+		+		笔者调查
绩溪	+	+	+	+	+				《安徽方言词典》
柳州	+	+							《柳州方言词典》
温州	+	+	+			+			《温州方言词典》
雷州	+		+						《雷州方言词典》

荣成方言还有“处所源点”功能，从语义引申角度建立“处所源点”与“连接”之间的关联，如图 2-10 所示：

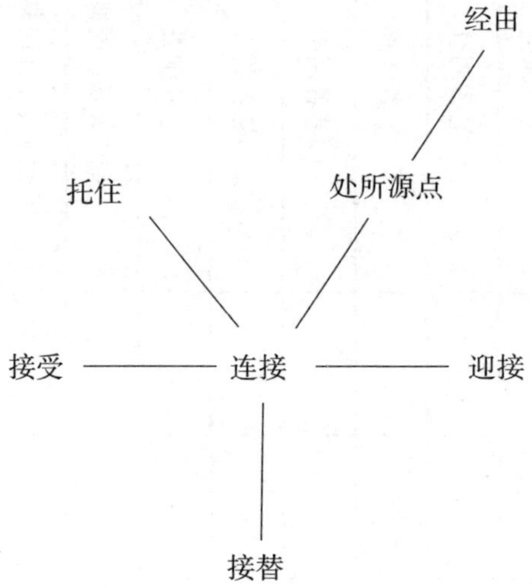

图 2-10 “接”的概念空间（三）

温州方言中，“接”有“连接”“接受”“迎接”“连续”4 项语义功能，在前图的基础上，我们可建立“连接”与“连续”语义功能之间的联系。最终我们初步构建出“接”的概念空间，如图 2-11 所示：

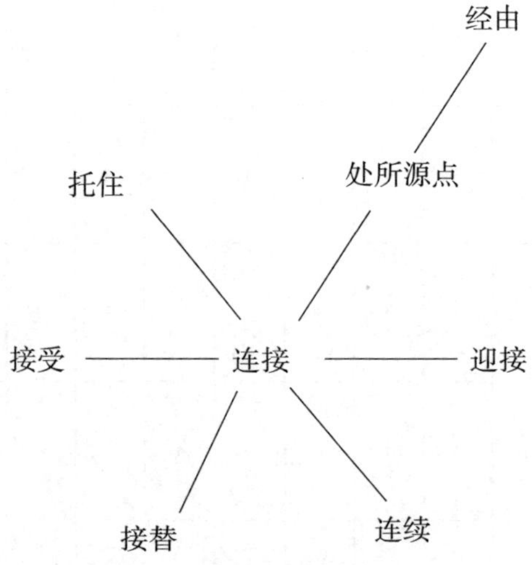

图 2-11 “接”的概念空间（四）

三、跨语言的“连接”义词汇语义考察

鉴于汉语方言“连接”义“连”与“接”的语义功能的复杂性，我们对跨语言中的“连接”义词汇所表示的语义进行考察，以期从类型学角度对汉语“连接”义的现象做出比较性的解释。考察情况如表 2-3 所示。

从表 2-3 的调查来看，在我们所考察的 6 种语言中表示“连接”义的所有词都是实词用法，同一概念场的词在具体语义表达上各有分工侧重，这体现了语言的经济性原则，符合人们对词汇语言表义准确性的要求。从下文图 2-20 来看汉语“连”与“接”也体现了语义功能上的分工，但与表 2-3 中“连接”义词汇不同的是，汉语“连”发生了语法化，且拥有众多功能用法。在下面“连接”义词汇的历时语义考察部分，我们将着重从历时的角度对“连”的语义功能的演变进行考察与解释。

四、“连接”义为核心的相关语义地图

以“连接”为结合点对“连”和“接”的概念空间进行整合，得出以“连接”义为核心的概念空间，如图 2-12 所示：

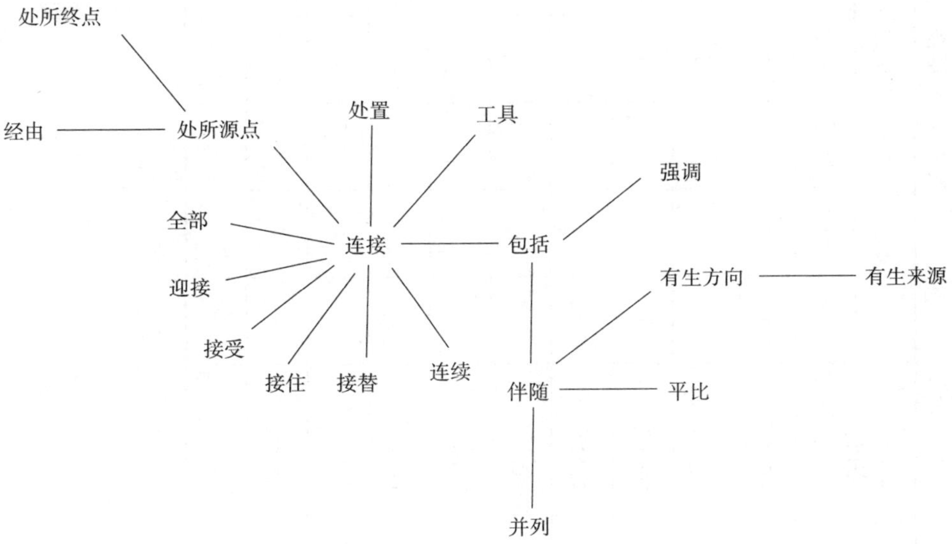

图 2-12 “连接”义概念空间

表 2-3 跨语言“连接”义词汇语义调查表

语言	词汇	语义功能									语料来源
		连接	接通	联合	联系	参加	附加	追赶	捆绑	缝合	
英语	connect	+	+		+						《柯林斯高阶英汉双解词典》
	join	+				+					
	link	+			+						
日语	繋がる	+			+						《新世纪日汉双解大辞典》
	連なる	+				+					
韩语	연결	+			+						《韩汉汉韩词典》
法语	lier	+			+				+		《拉鲁斯法汉双解词典》
	joindre	+				+	+	+		+	
德语	verbinden	+	+		+				+		《朗氏德汉双解大词典》
西班牙语	conectar	+	+								《现代西汉汉西词典》
	unir	+			+					+	

（一）“连”的相关方言语义地图

绩溪、南昌、杭州、东莞、孝感、长沙方言中“连”有“连接”“包括”“强调”3项语义功能。以孝感方言为例：

（47）山连着山。（连接）

（48）连我才三人。（包括）

（49）你怎么连他也不认识？（强调）

枣庄方言中“连”有“连接”“包括”“强调”“处置”4项语义功能。例如：

（50）火车一个连一个。（连接）

（51）连他一共五个人。（包括）

（52）他忙得连饭都没吃。（强调）

（53）他连碗打碎了。（他把碗打碎了）（处置）

荣成方言中“连”有“连接”“全部”“连续”“包括”“强调”5项语义功能。例如：

（54）去院子里把晾衣服绳连起来。（连接）

（55）她连路哭着回去了。（她一路哭着回去了。）（全部）

（56）他连喝了两碗水。（他连续喝了两碗水。）（连续）

（57）苹果要连皮吃。（包括）

（58）你不会连这个都不知道吧？（强调）

保定方言中“连”有“连接”“连续”“包括”“强调”4项语义功能。例如：

（59）画线把相应的图案连起来。（连接）

（60）一连走了两站地。（连续走了两站地的路程。）（连续）

（61）草要连根拔。（包括）

（62）你连他啥时候结婚都不知道？（强调）

以上方言中“连”的语义地图如图2-13所示：

安阳方言中“连”有“连接”“连续”“包括”“强调”“处置”5项语义功能。例如[①]：

（63）你诶字儿写嘞都连一起儿啦。（你写的字都连在一起了。）（连接）

（64）连的下了三天的雪。（连下了三天雪。）（连续）

① 刘兆星．安阳方言处置研究——以“将”“拿”“连”三类处置标记为例［D］．上海：上海外国语大学，2018.

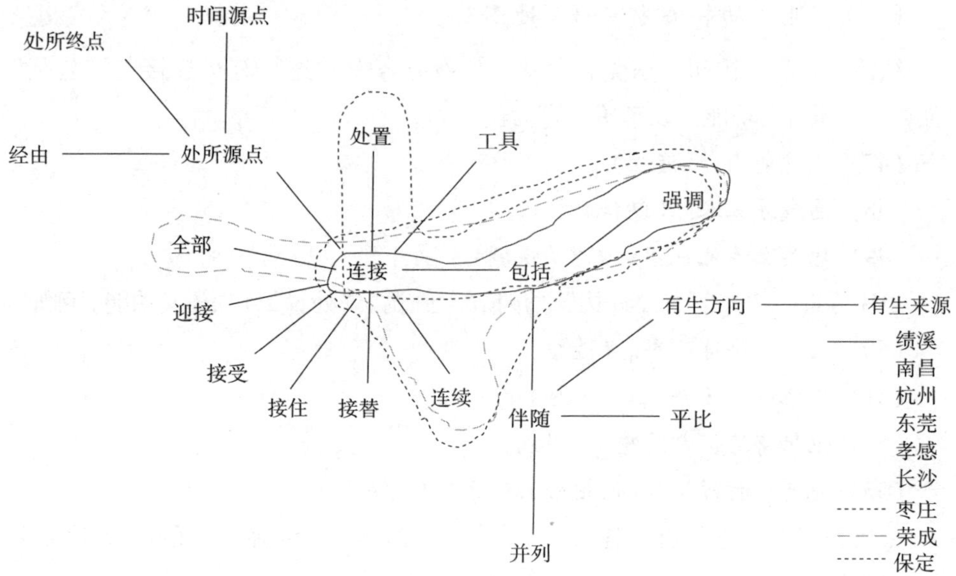

图 2-13 “连”的语义地图（一）

（65）连我就五人。（包括我就五个人。）（包括）

（66）就这点钱儿，连啥也买不了。（就这点钱连啥都买不了。）（强调）

（67）连包儿挂昂墙昂吧。（把包挂在墙上吧。）（处置）

邵东方言中“连”有“连接”“全部”“连续”“包括”“强调”5 项语义功能。例如：

（68）心连心。（连接）

（69）几回家连吃了两个苹果。（他回家连续吃了两个苹果。）（连续）

（70）苹果连皮一起吃。（包括）

（71）你连几都不认得？（你连他都不认识？）（强调）

临武方言中“连”有“连接”“连续”“包括”“伴随”“并列”5 项语义功能。例如：

（72）把这根线和那个线连起来。（把这根线和那根线连起来。）（连接）

（73）连紧吃了三个苹果。（连续吃了三个苹果。）（连续）

（74）连起皮一起吃撒。（连皮一起吃吧。）（包括）

（75）我连你一起去外面撒。（我和你一起去外面吧。）（伴随）

（76）猪脚连花生米一起煮才好吃。（猪脚和花生米一起炖才好吃。）（并列）

徐州方言中“连”有“连接”“全部”“连续”“包括”“强调”“处置”6项语义功能。例如：

(77) 心连心。(连接)

(78) 连宵奋战。(全部)

(79) 这几日一直连阴天。(连续)

(80) 连锅端。(包括)

(81) 你连这人都忘记了？(强调)

(82) 连家具搬下楼。(把家具搬下楼。)(处置)

延安方言中“连”有“连接”“全部”“连续”“包括”“强调”5项语义功能。例如：

(83) 你去把电线两头连起来。(连接)

(84) 哪能连夜不睡觉。(哪能整夜不睡觉。)(全部)

(85) 连天�下雨。(连续好几天下雨。)(连续)

(86) 洋芋不能连皮吃。(土豆不能连皮吃。)(包括)

(87) 你连这都不知道还敢说你念过书。(你连这都不知道还敢说你上过学。)

以上方言中“连”的语义地图如图 2-14 所示：

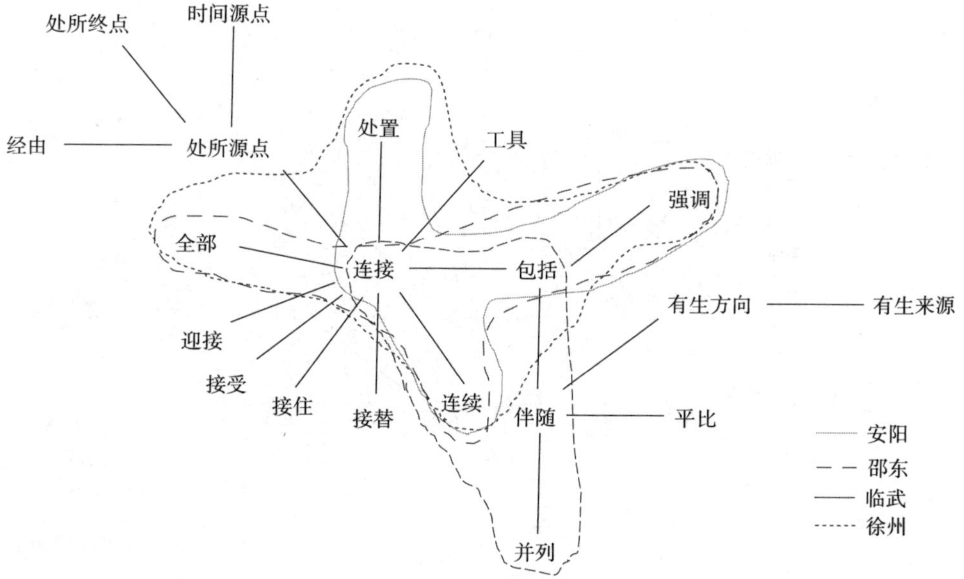

图 2-14 “连”的语义地图（二）

西安、扶风、万荣方言中“连”有“连接”“连续”“包括”“伴随”“平比”“强调”“并列”7项语义功能。以西安方言为例：

（88）树股没断，还跟树连着呢。（粗树枝没断，还跟树连着呢。）（连接）

（89）他一连跳了两米远。（他连续跳了两米远。）（连续）

（90）你咋连他也认不得？（你怎么连他都不认识？）（强调）

（91）你连他一搭去？（你和他一起去吗？）（伴随）

（92）这个连兀个不一样。（这个和那个不一样。）（平比）

乌鲁木齐方言中“连”有“连接”“包括”“伴随”“平比”“有生方向”“强调”“并列”7项语义功能。例如：

（93）天下穷人心连心。（连接）

（94）连筐子五十公斤。（包括）

（95）他家连人带狗一搭去城里了。（他家人和狗一起搬去城里了。）（伴随）

（96）你这件衣服连我的是一样的。（你这件衣服和我的是一样的。）（平比）

（97）这件事你得连他说一说。（这件事你得跟他说一说。）（有生方向）

（98）你连我也认不得咧？（你连我也不认识了？）（强调）

（99）他连我是一个单位的。（他和我是一个单位的。）（并列）

以上方言中“连”的语义地图如图2-15所示：

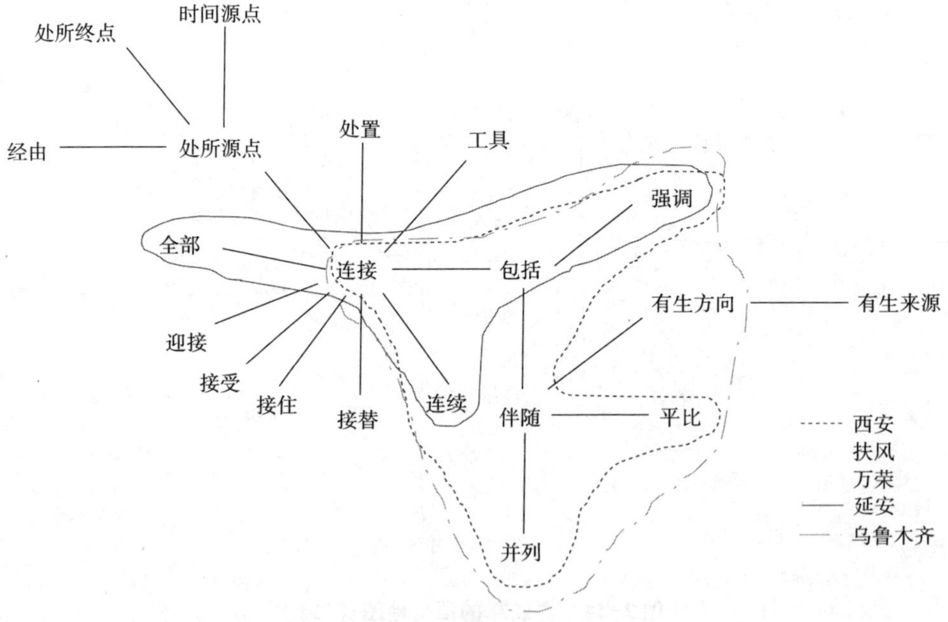

图2-15 “连”的语义地图（三）

甘肃各方言中“连”的语义功能极为丰富。酒泉方言中“连”有“连接”“连续”“包括”“伴随”“平比”“强调”“并列”7项语义功能。靖远方言中“连”有“连接”“连续”“包括”“伴随”“平比”“有生方向”“有生来源”“强调”“工具”“并列”10项语义功能。临潭方言中“连”有“连接”“连续”“包括”“伴随”“平比”“有生方向”“处所源点”“时间源点”“强调”“工具”“并列”11项语义功能。环县方言中“连”有“连接”“连续”“包括”“伴随”“平比”“有生方向”“有生来源”“处所源点”“处所终点”“经由”“强调”“并列”12项语义功能。兰州方言中“连”有“连接”“包括”“伴随”“平比”“有生方向”“有生来源”“处所源点”“经由”“强调”“工具”“并列”11项语义功能。通渭方言中“连”有“连接”“连续”“包括”“伴随”“平比”“有生方向”“有生来源”“处所源点”“时间源点”“经由”“强调”“工具”“并列”13项语义功能。白龙江流域方言中“连”有“连接”“连续”“包括”“伴随”“平比”“有生方向”“有生来源”“处所源点”“处所终点”“时间源点”“经由”“强调”“工具”“并列”14项语义功能。以白龙江流域方言为例①：

(100) 手指头连心着呢，伤不起。(手指头连着心呢，伤不起。)(连接)

(101) 他一连吃了两个包子。(他连续吃了两个包子。)(连续)

(102) 你出的劲太大了，把竹子连根都拔出来了。(你用的力太大了，把竹子连根拔出来了。)(包括)

(103) 我的连他的一样。(我的和他的一样。)(平比)

(104) 你连你爷说去。(你和你爷爷说去。)(有生方向)

(105) 他连我要钱呢。(他和我要钱呢。)(有生来源)

(106) 我跟前没致本书，我连别处给你找。(我跟前没这本书，我从别处给你找。)(处所源点)

(107) 我们连屋里说话去。(我们到屋里说话去。)(处所终点)

(108) 你连明天起就上学去。(你从明天起就上学去。)(时间源点)

(109) 你连前头过，嫑连后头走。(你从前面过，不要从后面走。)(经由)

(110) 你连铅笔写，嫑连水笔写。(你用铅笔写，不要用钢笔写。)(工具)

(111) 吃连住是一辈子的大事情。(吃和住是一辈子的大事情。)(并列)

---

① 金小栋，吴福祥. 汉语方言多功能虚词“连”的语义演变［J］. 方言，2016，38（04）：389.

以上方言中“连”的语义地图如图 2-16、2-17 所示。

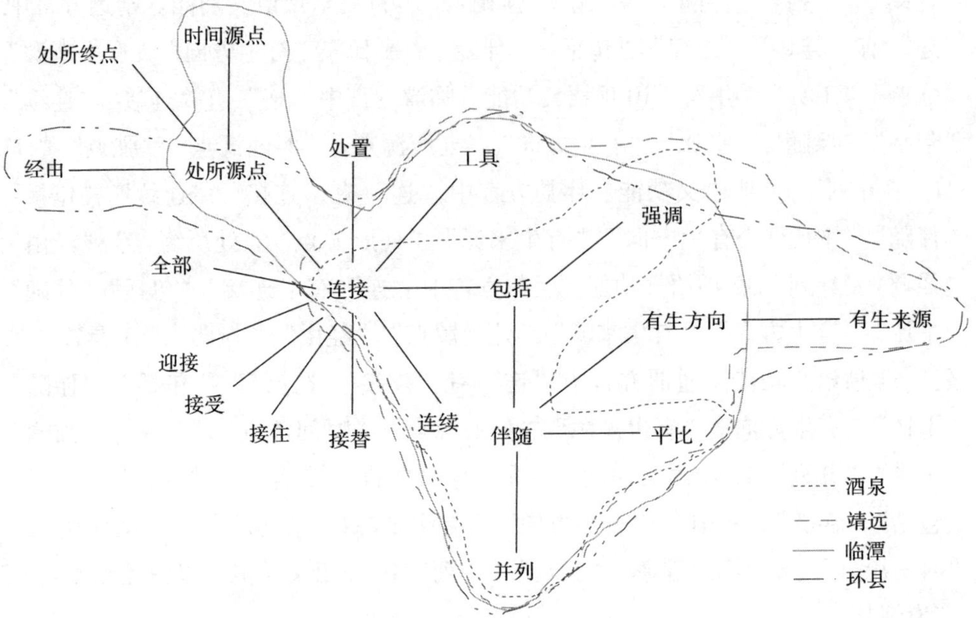

图 2-16 “连”的语义地图（四）

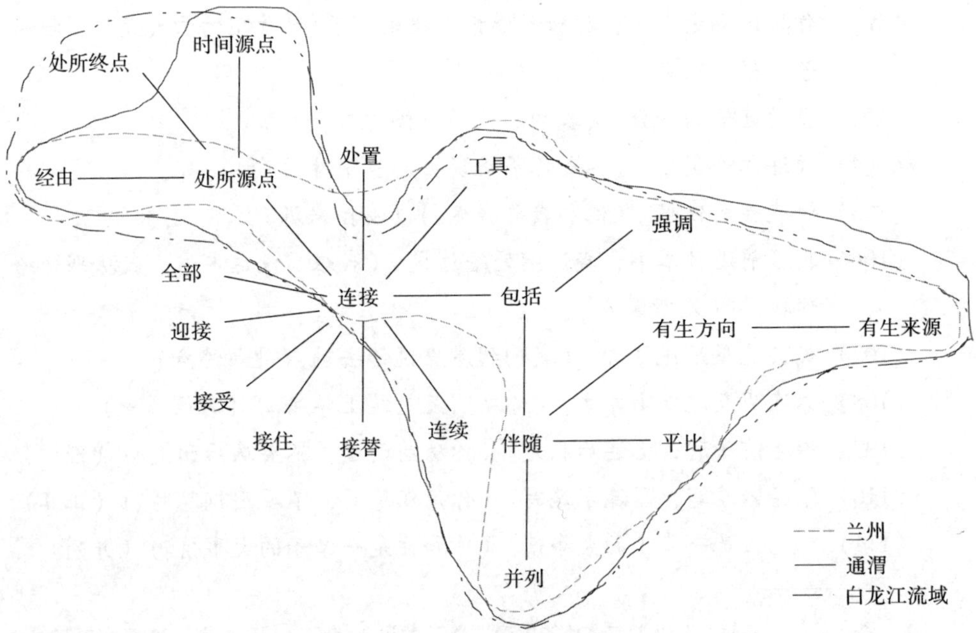

图 2-17 “连”的语义地图（五）

（二）“接”的相关方言语义地图

北京话中“接”有“连接”“接受”“迎接”“接替”“接住”“处所源点”“经由”7项语义功能。例如：

（112）全国人民心连心。（连接）

（113）这活儿你接不接？（接受）

（114）出去接孩子。（迎接）

（115）晚上他接小王的班。（接替）

（116）把球接过去。（接住）

（117）这本书接第五页开始看才好看。（这本书从第五页开始看才好看。）（处所源点）

（118）接那个路口向东走就到了。（从那个路口向东走就到了。）（经由）

普通话、延安、保定、西安、绩溪方言中“接”有“连接”“接受”“迎接”“接替”“接住”5项语义功能。以普通话为例：例如：

（119）把题目和相应的答案连起来。（连接）

（120）接到一封信。（接受）

（121）下班我去接你。（迎接）

（122）以前子女大都接父母的班参加工作。（接替）

（123）快接球。（接住）

临武方言中“接”有“连接”“接受”“迎接”“接住”4项语义功能。例如：

（124）把毛线接起来。（连接）

（125）哥哥接下担子就担起来。（接受）

（126）你出去接一下爹爹。（迎接）

（127）多亏他接住了掉落的碗。（接住）

徐州方言中“接”有“连接”“迎接”“接替”“接住”4项语义功能。例如：

（128）这条床单有个接杠儿。（这条床单有个连接的地方。）（连接）

（129）接闺女回娘家。（迎接）

（130）他接老校长的班。（接替）

（131）接球。（接住）

以上方言中“接”的语义地图如图 2-18 所示。

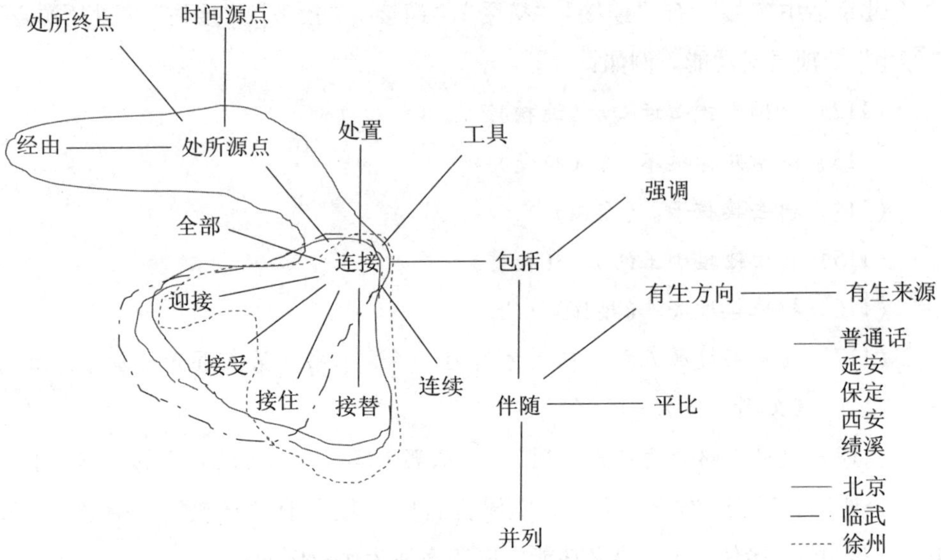

图 2-18　“接”的语义地图（一）

荣成方言中“接”有“连接”“接替”“接住”“处所源点”4 项语义功能。例如：

（132）这电线要把这两个位置接起来。（这电线要把这两个位置连接起来。）

（133）小张接的他妈妈的班，在厂子里工作。（接替）

（134）接住球。（接住）

（135）你接这开始继续干吧。（你从这里开始继续干吧。）（处所源点）

柳州方言中“接”有“连接”“接受”2 项语义功能。例如：

（136）游医都会接骨。（连接）

（137）接到同窗的信。（接受）

温州方言中“接”有“连接”“接受”“迎接”“连续”4 项语义功能。例如：

（138）接绳晾衣裳。（连接）

（139）接到同窗的信。（接受）

（140）渠去来接媒婆了。（他去接媒婆了。）（迎接）

（141）该年不顺境，一家人接牢病。（今年不顺利，一家人连续生病）（连续）

以上方言中“接”的语义地图如图 2-19 所示。

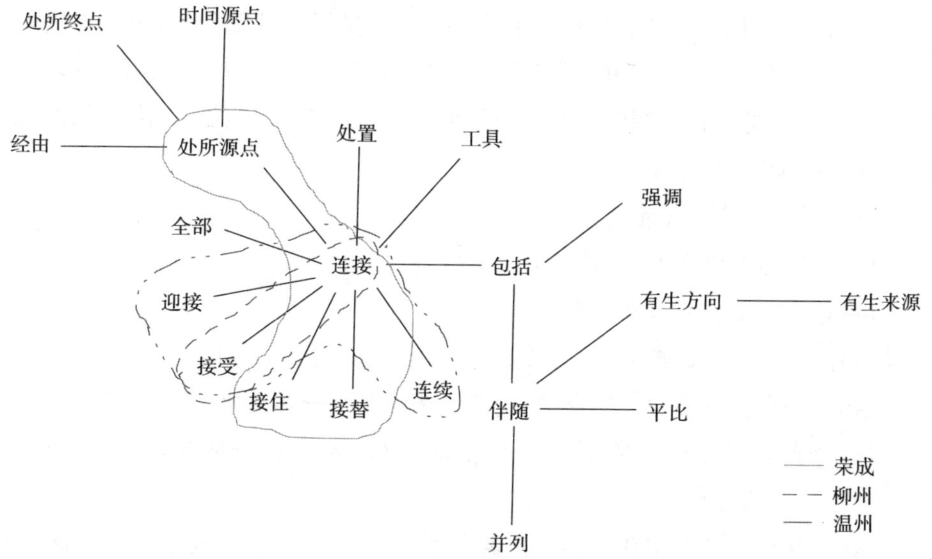

图 2-19 “接”的语义地图（二）

（三）现代汉语“连接”义的相关语义地图

我们参考《现代汉语词典》（第 7 版）绘制现代汉语普通话的语义地图，“连”与“接”仅在“连接”义上有重合。如图 2-20 所示。

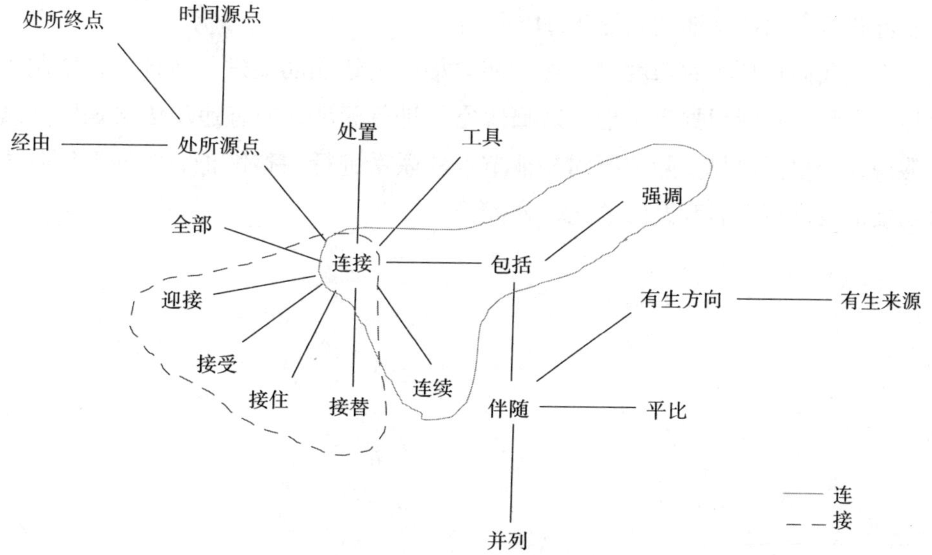

图 2-20 普通话“连接”义语义地图

苏州方言中表示“连接”义的有“连”和“搭”，“连”有“连接”“连续”“包括”3项语义功能；“搭”有“连接”“包括”“伴随”“平比”“强调”“有生方向”“有生来源”“并列”“关联”“受益者”“接受者”11项语义功能，其中“关联”“受益者”“接受者”3项功能不在本节讨论范围，不做论述。其他语义功能例如下文所示①。

（142）藕断丝连。（连接）

（143）连吃三块冰棒。（连续）

（144）连奖金一共三百只洋。（包括）

（145）两条电线已搭上了。（连接）

（146）倷今朝就搭俚一淘走吧！（你今早就跟他一起走吧。）（伴随）

（147）我刚刚勒房间里搭弟弟讲闲话。（我刚才在房间里和弟弟说话。）（有生方向）

（148）俚要搭我借100块洋钿，我身边也呒不。（他要跟我借100块钱，我身边也没有。）（有生来源）

（149）听着搿个消息，赛过搭中仔奖一样开心。（听到这个消息，就像中奖了一样高兴。）（平比）

（150）耐还勿快点搭我滚出去！（你还不快给我滚出去。）（强调）

（151）菠菜搭豆腐勿好一淘烧。（菠菜和豆腐不好一起炖。）（并列）

苏州方言的语义地图如图2-21所示：

下文我们将从历时角度对“连”和“接”的语义功能进行考证，在绘制语义地图过程中不断根据实际情况对概念空间进行验证，如有违反语义地图连续性假说，则根据语料实际情况对功能节点的联系进行调整修正。对词汇历时语义功能演变进行历时和共时的比较分析。

---

① 石汝杰. 苏州方言的介词体系［M］//李如龙，张双庆. 介词. 广州：暨南大学出版社，2000：11-13.

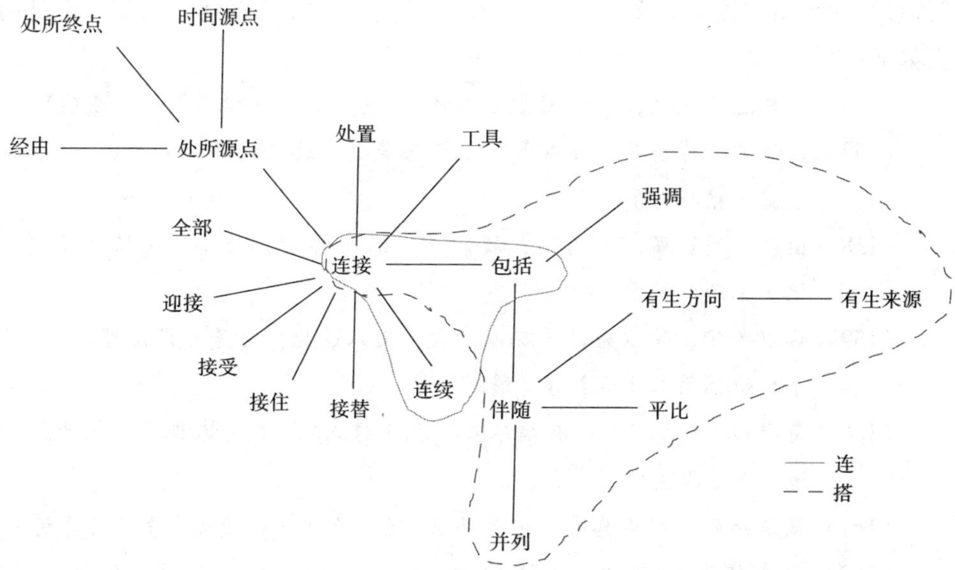

图 2-21 苏州方言“连接”义语义地图

第二节 “连接”义词汇的历时语义考察

一、上古汉语时期“连接”义词汇的语义功能考察

（一）连

“连”本义为“一种人拉的车”，《说文·辵部》：“连，负车也。”段玉裁注：“连，即古文辇也。”在上古汉语时期，“连”由本义引申出“连接”义。“连接”义是“连”在上古时期的核心义，先秦文献用例如下：

（152）夙沙卫连大车以塞隧而殿。（《左传·襄公》）

（153）主人先登，客从之，拾级聚足，连步以上。（《礼记·曲礼上第一》）

（154）梯两臂，长三尺，连门三尺，报以绳连之。（《墨子·杂守第七十一》）

（155）临淄之途，车毂击，人肩摩，连衽成帷……（《战国策·齐策一》）

这一时期表“连接”义的“连”的宾语主要是名词和代词。“连”还由

“连接”引申出“连续”义、“缝合”义、“连接”义、“牵连”义等，文献用例如下：

（156）民相连而从之，遂成国于岐山之下。（《庄子·让王》）（连续）

（157）以他国之皆若是，亦知天下之皆若是也。此之谓连而贯之。（《春秋繁露·精华》）（连续）

（158）出杅，履蒯席，连用汤；履蒲席，衣布晞身，乃屦，进饮。（《礼记·玉藻》）（连续）

（159）簪以为父，管以为母。既以缝表，又以连里：夫是之谓箴理。（《荀子·赋篇第二十六》）（缝补）

（160）负羁曰：“吾闻之：有福不及，祸来连我。”（《韩非子·第十篇十过》）（牵连）

（161）谒居病死，事连其弟，弟系导官。（《史记·酷吏列传》）（牵连）

（162）古者使车毂击驰，言语相结，天下为一；约从连横，兵革不藏。（《战国策·秦策一》）（联合）

这一时期表示“连续”的“连”经常用于“$NP_1+V_{1(连)}+V_2$”① 句式，“连”在句法成分中作状语起修饰作用，表示动作持续的状态。上古时期共见 5 例：

（163）豪杰之外多交诸侯者……善属之，所居之吏上数选具之，令无得擅出入，连质之。（《墨子·号令第七十》）（连续）

（164）武侯问曰：“天久连雨，马陷车止，四面受敌……”（《吴子》第五篇）（连续）

（165）项王因留，连战未能下。（《史记·项羽本纪》）（连续）

（166）且引且战，连八日，还未到居延百余里……（《史记·李将军列传》）（连续）

（167）贰师乃解而引归，与单于连战十余日。（《史记·匈奴列传》）（连续）

刘坚（1995）指出上古汉语时期的“$NP_1+V_{1(连)}+V_2$”句式“连”的词性既可以理解为动词，也可以理解为副词。这种“$NP_1+V_{1(连)}+V_2$”句式，使得“连”原本的动词语义逐渐语法化，最终由谓语成为修饰动词的状语。

此外，“连”还有姻亲关系、古代行政区划名等名词用法，用例如下：

（168）五国以为属，属有长；十国以为连。（《礼记·王制第五》）（行政

① 其中 V 表示动词，为英文缩写。后同。

单位）

（169）男尽尚王女，女尽嫁王子兄弟宗室，及苍梧秦王有连。（《史记·南越列传》）（姻亲关系）

（170）彼即肆然而为帝，过而为政于天下，则连有蹈东海而死耳，吾不忍为之民也。（《史记·鲁仲连邹阳列传》）（人名）

（171）重刑连其罪，则民不敢试。（《商君书·赏刑第十七》）（连坐）

（172）刑余戮民，不敢服絻，不敢畜连乘车。（《管子·立政》）（同“辇”）

因“连”的这些名词语义不在本章研究范围，故不详述。“连”在上古汉语时期的文献用例情况如表 2-4 所示：

表 2-4 上古汉语时期“连”的文献用例统计①

文献	动词				副词	文献	动词				副词
	连接	连续	缝合	牵连	连续		连接	连续	缝合	牵连	连续
仪礼	1					通玄真经	1				
礼记	3	1				鹖冠子	3				
左传	1					素问	12				
国语						灵枢	11				
战国策	1	5				孔子家语		2			
墨子	5				1	孔丛子	1				
庄子	3	2				史记	17	7		5	3
荀子			1			春秋繁露	4	2			
韩非子	2			2		淮南	15	1			
吕氏春秋		1				新序	5				
商君书				3		说苑	4				
管子	1			3		新书	3				

① 语料来源：中国台湾“中研院”上古汉语标记语料库 http：//lingcorpus. iis. sinica. edu. tw/cgi-bin/kiwi/akiwi/kiwi. sh.

续表

文献	动词				副词	文献	动词				副词
	连接	连续	缝合	牵连	连续		连接	连续	缝合	牵连	连续
晏子	1	1				马王堆汉墓帛书	1				
韩诗外传	2					合计	97	22	1	13	5
吴子					1						

（二）接

“接”本义为“交接，会和”，《说文·手部》：“接，交也。”段玉裁注：“交也。交者，交胫也。引申为凡相接之称。”徐灏注笺：“接者，相引以手之义，引申为凡交接之称。”即其本义为“相交、相接”义，上古汉语时期文献用例如下：

（173）君子之接如水。（《礼记·表记》）

（174）两君偃兵接好，日中为期。（《国语·吴语》）

（175）填然鼓之，兵刃既接，弃甲曳兵而走。（《孟子·梁惠王篇第一》）

（176）始约虏入马邑城，兵与单于接，而臣击其辎重，可得利。（《史记·韩长孺列传》）

从文献统计来看，“接”在上古汉语时期的引申义众多，如：“连续”义、“接待”义、“迎接”义、“连接”“接受”义等。其中“交接”义用例最多，“连接”义和“连续”义不相上下。例如：

（177）韩、魏父子兄弟接踵而死于秦者，百世矣。（《战国策·秦策四》）（连续）

（178）饮食以亲，货贿以交，接利以合，故得望誉征利而依隐于物，日贪鄙者也。（《大戴礼记·文王官人第七十二》）（连接）

（179）其交也以道，其接也以礼，斯孔子受之矣。（《孟子·万章篇第五》）（接待）

（180）故君子之度己则以绳，接人则用抴。（《荀子·非相篇第五》）（接待）

（181）为人主上者也，其所以接下之百姓者……获其功用而已矣。（《荀子·议兵篇第十五》）（对待）

（182）今秦与楚接境壤界，固形亲之国也。(《史记·张仪列传》)（连接）

（183）及庙门，公揖入。立于中庭，宾立接西塾。(《仪礼·聘礼》)（靠近）

（184）古者舜耕历山，陶河滨……与接天下之政，治天下之民。(《墨子·尚贤中第九》)（持拿）

（185）智者其所能接远也，愚者其所能接近也。(《吕氏春秋·先识览第四》)（靠近）

（186）大喜、大怒、大忧、大恐、大哀，五者接神则生害矣。(《吕氏春秋·季春纪第三》)（迎接）

同“连”一样，“接”先引申出动词“连续”义，然后进入这种“$NP_1+V_{1(接)}+V_2$”句式，语义的相宜加上V_1V_2连用的句法结构，使得“接”由谓语逐渐语法化成为修饰V_2的状语。“接”的副词用例如下：

（187）君揖使者进之，上介立于其左，接闻命。(《仪礼·聘礼》)

（188）孔子曰：“接祭而已矣。如牲至，未杀……”(《礼记·曾子问第七》)

（189）王及厥众萌咸相奔，率以军粮接食。(《史记·卫将军骠骑列传》)（接受）

“接”在上古汉语时期的文献用例情况如表2-5所示：

表2-5 上古汉语时期“接”的文献用例统计

文献	动词										副词
	交接	迎接	连接	连续	靠近	接受	接待	托住	持拿	达到	连续
周易	2										
仪礼					1						1
周礼		1									
礼记	8	1	2	5			1	1			1
春秋公羊传	1										
春秋谷梁传	2	3	4	4			2		1		
左传							2				
国语	3										
战国策	2		7	1			1				

续表

文献	动词										副词
	交接	迎接	连接	连续	靠近	接受	接待	托住	持拿	达到	连续
孟子	4			2			1				
墨子	2		3		1				6		
庄子	5		1	3			1		1		
荀子	4	1	2	7			10		1		
韩非子	2		2	3			1				
吕氏春秋	9	1	1	1	3	2	2			8	
管子	2		1	3			2				
晏子			1								
大戴	4			2							
韩诗外传	1		1	1			1				
吴子	1										
尉缭	6										
六韬	2		1								
通玄真经	4		3	2	1		1				
关尹子			1								
鹖冠子	1			1							
灵枢	1		1								
孔子家语	3			2			2				
孔丛子	1		1				1				
史记	12	3	20	10			5				1
新语							2				
春秋繁露	3		2	1							
淮南	19		7	4	2		6	1			
新序	3		3	1							
说苑	9		1	5			3				
新书	3	1	1	2			7				
合计	119	11	66	60	8	2	51	2	9	8	3

（三）小结

上古汉语时期，表示“连接”义的主导词是“连”，“接”虽是后起，但在“连接”义上也展现出较强的势头。如表2-6所示：

表2-6 上古汉语时期“连”与“接”表“连接”义文献用例统计

文献	连接义		文献	连接义	
	连	接		连	接
仪礼	1		通玄真经	1	3
礼记	3	2	关尹子		1
春秋谷梁传		4	鹖冠子	3	
左传	1		素问	12	
战国策	1	7	灵枢	11	1
墨子	5	3	孔丛子	1	1
庄子	3	1	史记	17	20
荀子		2	春秋繁露	4	2
韩非子	2	2	淮南	15	7
吕氏春秋		1	新序	5	3
管子	1	1	说苑	4	1
晏子	1	1	新书	3	1
韩诗外传	2	1	马王堆汉墓帛书	1	
六韬		1	合计	97	66

此外，这一时期还见“连接”“接连”连用各1例。但我们认为在这一用例中“连接”“接连”是两个词。

（190）天浮，三十二具，以环络连接。（《六韬·虎韬第四》）

（191）十日陈车，谓接连前矛，马冒其目也。（《尉缭·兵教下第二十二》）

结合上文分析，绘制上古汉语时期“连”与“接”的语义地图，如图2-22所示：

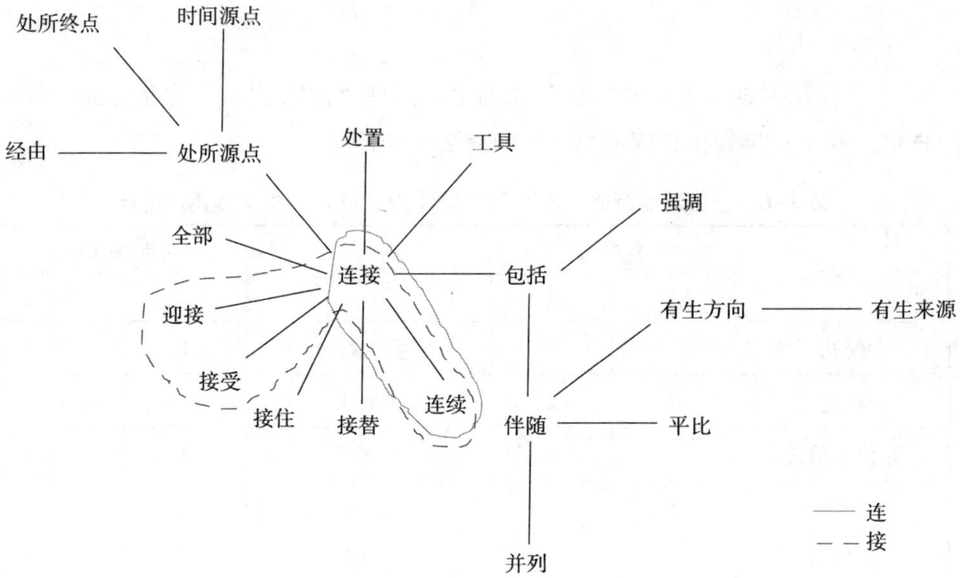

图 2-22　上古汉语时期“连接”义语义地图

二、中古汉语时期“连接”义词汇的语义功能考察

（一）连

中古汉语时期，“连”的语义功能变化较大。首先“连”的主要义项仍是“连接”，其次副词“连续”用法使用频率提高。

（192）夫指既斩而连之，不可续也；血既洒而吞之，无所益也。（《抱朴子内篇·对俗卷三》）（连接）

（193）维那挽之，不觉皮连骨离，渥婆仙代沙弥除灰处。（《洛阳伽蓝记》卷五）（连接）

（194）六月连雨，拔栽之。（《齐民要术》卷三种兰香第二十五）（连续）

（195）生高数寸，夏连雨时，可移之。（《齐民要术》卷四种椒第四十三）（连续）

（196）大概连阴，则子细而味亦不佳。（《齐民要术》卷四种李第三十五）（连续）

（197）入则歌姬舞女，击筑吹笙，丝管迭奏，连宵尽日。（《洛阳伽蓝记》卷三）（整个、全部）

此外，这一时期“连”还由“连接”义引申出“连同”义，例如：

（198）“王东亭作宣武主簿……时彦同游者，连镳俱进。”（《世说新语·捷悟第十一》）

（199）食则同案，衣则传服，学则连业，游则共方。（《颜氏家训·兄弟第三》）

同副词“连续”的“连”一样，“连”在中古时期引申出动词“连同”义后，加上其可处于“$NP_1+V_{1(连)}+V_2+O$”句式，在语义和句法结构的双重作用下，“连”由句中的主要动词变为介引动作行的涉及对象的包括介词。这一时期在我们统计的文献中“连”共出现了2例包括介词的用例：

（200）尝发处所竹篙，有一官长连根取之，仍当足，乃超两阶用之。（《世说新语·政事第三》）（包括）

（201）连筋断节。（《生经》卷第二）（包括）

“连”在中古汉语时期的文献用例情况如表2-7所示：

表2-7 中古汉语时期“连”的文献用例统计

文献	动词				副词	介词
	连接	连同	牵连	全部	连续	包括
抱朴子内篇	12				2	
世说新语	2	1			2	1
搜神记	4				2	
洛阳伽蓝记	13				1	
颜氏家训	5	1				
法镜经	1					
中本起经	1					
修行本起经	2					
梵摩渝经	1					
佛说义足经						
六度集经	2				4	
生经						1
光赞经	2					

续表

文献	动词				副词	介词
	连接	连同	牵连	全部	连续	包括
出曜经	2					
大庄严论经	1					
佛本行集经	4				2	
佛说阿阇世王经	1					
齐民要术	9				10	
合计	62	2	0	0	21	2

（二）接

中古汉语时期“接”的本义“相交、相接”义用例迅速减少。这主要和文本的性质有关，中古时期的文献大多是佛经、农书、小说等，而“接”的本义多用于史书描写战事及两军交接。

中古汉语时期“接”的主要义项是动词“连接”义和“连续”义，用例如下：

（202）形神所不接而梦，岂是想邪？（《世说新语·文学第四》）（连接）

（203）但知承上接下，积财聚谷，便云我能为相……（《颜氏家训·勉学第八》）（连接）

（204）足迹相接者，亦可不烦挞也。（《齐民要术》卷一种谷第三）（连接）

（205）叹太子已，接足顶礼，右绕三匝。（《佛本行集经》卷第十二生死疣）（连接）

（206）天帝来下稽首供养，四王接身置金机上，九龙浴体。（《佛说普曜经》第四卷）（连续）

（207）又云：“大酒接出清，用醅，若一石，与盐三升。”（《齐民要术》卷九作菹、藏生菜法第八十八）（接连）

（208）赖我浮江水，接得妙栴檀，致金若干数，自食及施人。（《生经》卷第三）（接连）

“接”在中古汉语时期的文献用例情况如表 2-8 所示：

表 2-8 中古汉语时期“接”的文献用例统计

文献	动词							副词
	交接	迎接	连续	靠近	接受	接待	持拿	连续
妙法莲华经			1	1			1	
佛说阿阇世王经				1				2
齐民要术	1		10		1		7	9
佛本行集经		1	4			1		2
颜氏家训			3			3		3
出曜经	1	5	3			1	1	3
生经			1					
修行本起经			1					2
梵摩渝经			1					
抱朴子内篇			2			2		2
中本起经	1		2					
光赞经								1
洛阳伽蓝记			1					3
世说新语		1						2
佛说普曜经			2		1			1
阿育王传	1		1			1	1	
六度集经	1		2			1		
大庄严论经		1	2					
搜神记								2
佛说伅真陀罗所问如来三昧经	1							
合计	6	8	36	2	2	9	10	32

（三）小结

中古汉语时期，表示“连接”义的主导词仍是“连”，此外“连”还衍生出介词用法；“接”本义用例减少，以动词“连接”义和“连续”义为主，语义较稳定。这一时期未见“连”与“接”连用的用例。具体如表2-9所示：

表2-9 中古汉语时期“连”与“接”表“连接”义文献用例统计

文献	连接义		文献	连接义	
	连	接		连	接
抱朴子内篇	12	2	佛说菩萨本业经		
世说新语	2	2	了本生死经		
搜神记	4	2	佛说四愿经		
洛阳伽蓝记	12	3	六度集经	2	
颜氏家训	5	3	生经		
道行般若经			佛说普曜经		1
佛说兜沙经			光赞经	2	1
阿门佛国经			大楼炭经		
佛说遗日摩尼宝经			阿育王传		
佛说般舟三昧经			出曜经	2	3
般舟三昧经			大庄严论经	1	
文殊师利问菩萨署经			妙法莲华经		
法镜经	1		悲华经		
阿含口解十二因缘经			百喻经		
中本起经	1		佛本行集经	4	2
修行本起经	2	2	佛说伅真陀罗所问如来三昧经		
梵摩渝经	1		佛说阿阇世王经	1	2
佛说义足经			齐民要术	9	9
大明度经			合计	61	32

结合上文分析，绘制中古汉语时期“连”与“接”的语义地图，如图2-23所示：

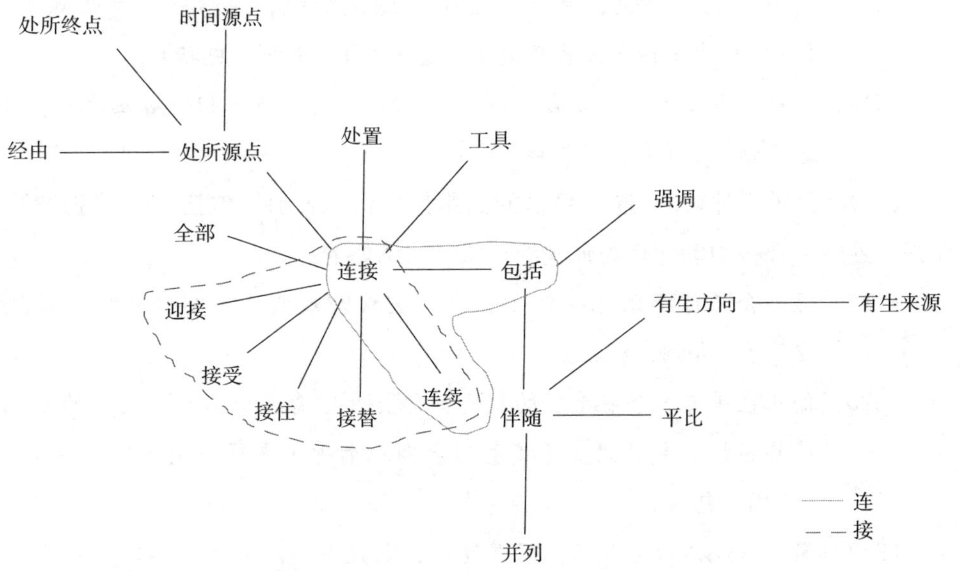

图 2-23 中古汉语时期“连接”义语义地图

三、近代汉语时期“连接”义词汇的语义功能考察

（一）连

近代汉语时期，“连”的语义发生重大变化，依据文献用例的统计情况来看，本节把近代汉语时期分为唐宋时期和元明清时期两个阶段来分析。

首先，唐宋时期“连”的主要用法是动词“连接”义和副词“连续”义。例如：

(209) 东连渤海，西接雁门。(《敦煌变文集·苏武李陵执别词》)(连接)

(210) 鼓山云：“若不然者，髑髅遍野，骨连山。”(《祖堂集·长庆和尚》)(连接)

(211) 善友既被签目损，连唤恶友名字：“恶友！恶友！此有大贼……”(《敦煌变文集·双恩记》)(副词，连续)

(212) 康王连发三矢，皆中筈连珠不断。(《新刊大宋宣和遗事·利集》)(副词，连续)

在我们调查的唐代文献中未见“连”的介词用法。宋代“连”除了“包括”介词外，还出现了“强调”介词。用例如下：

（213）全忠被克用搏倒，有黑蛇将全忠脑上啮吃，连心腹，因此觉来。（《五代史平话·五代唐史平话卷上》）（介词，包括）

（214）吾将一百万军，千员名将……连荆州都取！（《全相平话五种·三国志平话》）（介词，强调）

其次，元明清时期，“连”更多的是用作介词，表示“包括”和“强调”。介词“连”主要标引动作行为强调的对象。用例如下：

（215）这一会儿连小闲也酥倒了。（《关汉卿戏曲集·赵盼儿风月救风尘》）（介词，包括）

（216）俺儿也差着一个字千般的见责，那员外伸着五个指十分便掴的孩儿连耳通红了半壁腮。（《元刊杂剧三十种·看钱奴买冤家债主》）（介词，包括）

（217）黑夜作烧，白昼常倦，下溺连精，嗽痰带血。（《红楼梦》第十二回）（介词，包括）

（218）吾将一百万军，千员名将，状元是谁敢覆，连它发怒直是毒。（《永乐大典戏文三种·张协状元》）（介词，强调）

（219）相国寺一株柳树，连根也拔将出来。（《水浒传》第九回）（介词，强调）

（220）今行者既不曾拿得，连宝贝都不见了。（《西游记》第三十四回）（介词，强调）

明代开始“连”字的强调句式逐渐增多，其中“连”后多出现副词“也、都、还”。从文献用例可以看出“连”的“强调”功能在这一时期使用频率较高，例如：

（221）要这样起来，连平安都不能了。（《红楼梦》第三十四回）（介词，强调）

（222）怎么前儿他见了，连姓名还不知道，就把汗巾子给他了？（《红楼梦》第三十四回）（介词，强调）

（223）共该银五百九十七两，如今剩下三两，连成色我也不看。（《歧路灯》第五十三回）（介词，强调）

此外，元明开始“连”还引申出其他介词功能，如：“伴随”“处置”“时间源点”等，用例如下：

(224) 行杖的腕头齐着力，打得紫连青，青间赤。(《元刊杂剧三十种·张鼎智勘魔合罗》)(介词，伴随)

(225) 怕我连真带草，一划数黑论黄，写仿描朱……(《元刊杂剧三十种·李太白贬夜郎》)(介词，伴随)

(226) 清风连夜饮，几曾渔火对愁眠。(《元刊杂剧三十种·李太白贬夜郎》)(介词，伴随)

(227) 再烦刘兄休辞生受，连夜去北京路上，探听起程的日期。(《水浒传》第十五回)(时间源点)

(228) 行者道：“……等我变作二寸长的一个小和尚，钻在匣儿里，你连我捧在手中。”(《西游记》第三十七回)(处置)

(229) 或不称心，连桌一推，衣裳不如意，不论绫缎新整，便用剪刀剪碎。(《红楼梦》第六十五回)(处置)

值得一提的是“连”表示“处所源点”功能仅见于“连夜”一词，从具体文献用例来分析，“连夜”一词是受“连日”一词构式的影响，并不是由其他语义功能引申而来的，且该义由古至今仅存在这一个词中，不具扩展性，所以在绘制语义地图时暂不纳入此功能用法。

可以说，明清时期是近代汉语介词发展史上一个重要的阶段。明清时期很多介词的功能都有所增加，也有一些兼职过多的介词部分功能被后起的介词所取代。从语言发展来看，介词功能的明确分工与汉语表义日益精密化的趋势相符合。

明代开始“连”还出现连词“并列”功能。例如：

(230) 一日在园中置了一席，请吴月娘、孟玉楼连西门庆，四人共饮酒。(《金瓶梅》第十一回)(并列)

(231) 月娘众人连吴银儿、大妙子，都在房里瞧着，那孩子在他娘怀里，把嘴一口口搐气儿。(《金瓶梅》第五十九回)(并列)

(232) 吹打毕，三个小厮连师范，在筵前银筝象板，三弦琵琶，唱了一套《正宫·端正好》。(《金瓶梅》第七十一回)(并列)

(233) 把右手捏起拳头，骂一声“直娘贼”，连耳根带脖子只一拳。(《水浒传》第五回)(并列)

近代汉语时期“连”的文献用例统计情况，如表2-10所示：

表 2-10　近代汉语时期“连”的文献用例统计

文献	动词			副词	介词					连词
	连接	连带	连同	连续	包括	强调	伴随	处置	时间源点	并列
敦煌变文集	22		1	12					1	
祖堂集	5			2						
大唐三藏取经诗话				1						
新刊大宋宣和遗事				11						
五代史平话	5			16	1					
全相平话五种	6			19	1	1				
关汉卿戏曲集	2			3	1					
元刊杂剧三十种	8			3	4	1	2			2
老乞大谚解					1					
朴通事谚解				1						
永乐大典戏文三种	1		1	16		1				
水浒传	6		1	136	32	5	9	1	93	10
西游记	3			62	79	43	3		19	1
金瓶梅	6	3	3	70	79	67	3	1	12	4
平妖传				34	22	23	1		12	
醒世姻缘传	3			47	48	208	2		15	10
儒林外史	3			10	14	37	1		14	
红楼梦	12	2		57	105	299	2		12	10
歧路灯	7			42	38	67			2	14
合计	89	5	6	542	425	752	23	2	180	51

（二）接

近代汉语时期“接”的主要表示“迎接”义，其次是“接受”义。本义“交接”用例已经很少，动词“连接”义用例较中古之前大幅增加。例如：

(234) 如醉人朦胧而行……有骨肉相接，便至其家，醉醒方知。(《敦煌变文集·金刚般若波罗蜜经讲经文》)(连接)

(235) 曰：“师如何接人?”师视之。(《祖堂集·玄沙和尚》)(接待、对待)

(236) 知远接了书看，那孩儿命名做承义。(《五代史平话·五代汉史平话卷上》)(接受)

(237) 丞相亦行上马，众军前接袁绍军。(《全相平话五种·三国志平话》)(迎接)

(238) 卖货郎哥哥，你与我寄个信到家，交来接我咱。(《元刊杂剧三十种·张鼎智勘魔合罗杂剧》)(迎接)

(239) 这段话下来，接着再说……(《水浒传》第四十四回)(连续、相继)

(240) 是晚起身，来与辽兵相接，一字儿摆开阵势。(《水浒传》第八十九回)(交接，会合)

近代汉语时期“接”的文献用例统计如表 2-11 所示：

表 2-11 近代汉语时期“接”的文献用例统计

文献	动词							副词
	交接	迎接	连接	靠近	接受	接待	托住	持拿	连续
敦煌变文集	1	4	9	2	8	3			3
祖堂集		21	4		12	9			1
大唐三藏取经诗话			1		1				
新刊大宋宣和遗事		2	1	1	4				1
五代史平话		1	2	1	7			1	
全相平话五种	2	37	3		42			2	2
关汉卿戏曲集		6	2		7	1			1
元刊杂剧三十种		11	7		10				1
老乞大谚解									
朴通事谚解		2	3						
永乐大典戏文三种		3			19				29

续表

文献	动词								副词
	交接	迎接	连接	靠近	接受	接待	托住	持拿	连续
水浒传	2	129	16		99	3		14	24
西游记	1	66	6		84	1		6	12
金瓶梅		167	7		189	1		23	14
平妖传		18	9		35	1		1	7
醒世姻缘传		129	1		52			4	54
儒林外史		56	8		86			7	13
红楼梦		169	17		125		5	1	74
歧路灯		88	5		111	5		1	46
合计	6	909	101	4	891	24	5	60	289

（三）小结

近代汉语时期“连”的语义不断增多，而“接”的语义无大的变化，基本同中古时期相同。在这一时期的文献中不见“连接”一词，“接连”共见24例，其中只有3例表“连接”义，剩余21例皆表“连续”义。

（241）金玉诸山总朝聚，迥耸清霄突屼高，接连碧海天台柱。（《敦煌变文集·维摩诘经讲经文》）

（242）歌而叹曰：大江水兮渺无边，云与水兮相接连；兮痛兮难可忍，兮苦兮冤复冤。（《敦煌变文集·伍子胥变文》）

（243）因园子接连尤氏惜春住宅，太觉旷阔无人。（《红楼梦》第一百八回）

结合上文分析，绘制近代汉语时期“连”与“接”的语义地图，如图2-24所示：

将语义地图方法运用于汉语史词汇历时演变研究，不仅为汉语词汇历时演变提供新方法、新思路，深化对汉语语法现象尤其是多功能的语法现象的认识，通过汉语史的材料还补充验证了共时概念空间的可靠性。

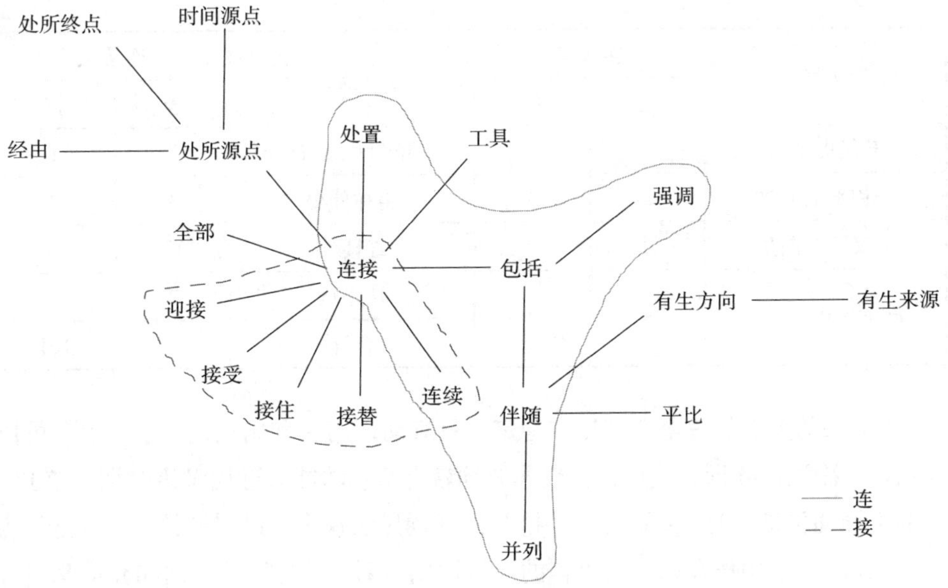

图 2-24 近代汉语时期“连接”义语义地图

第三节 本章小结

“连接”概念场的词汇在中古汉语以前都比较稳定，近代汉语时期“连”的语义不断增多。在“连接”义上，仅从文献用例统计来看，“接”已经能超过“连”。在近代汉语时期文献中“连”与“接”表“连接”义的情况如表 2-12 所示：

表 2-12 近代汉语时期“连”与“接”表“连接”义文献用例统计

文献	连接义		文献	连接义	
	连	接		连	接
敦煌变文集	22	9	永乐大典戏文三种	1	
祖堂集	5	4	水浒传	6	16
大唐三藏取经诗话		1	西游记	3	6
新刊大宋宣和遗事		1	金瓶梅	6	7
朴通事谚解		3	平妖传		9

续表

<table>
<tr><th rowspan="2">文献</th><th colspan="2">连接义</th><th rowspan="2">文献</th><th colspan="2">连接义</th></tr>
<tr><th>连</th><th>接</th><th>连</th><th>接</th></tr>
<tr><td>五代史平话</td><td>5</td><td>2</td><td>醒世姻缘传</td><td>3</td><td>1</td></tr>
<tr><td>全相平话五种</td><td>6</td><td>3</td><td>儒林外史</td><td>3</td><td>8</td></tr>
<tr><td>关汉卿戏曲集</td><td>2</td><td>2</td><td>红楼梦</td><td>12</td><td>17</td></tr>
<tr><td rowspan="2">元刊杂剧三十种</td><td rowspan="2">8</td><td rowspan="2">7</td><td>歧路灯</td><td>7</td><td>5</td></tr>
<tr><td>合计</td><td>89</td><td>101</td></tr>
</table>

“接”的功能从古至今都比较稳定，只有动词用法和副词用法。“连”可以作动词、副词、介词、连词，且仅作介词就有 9 项功能。近代汉语时期“连接”义的主导词仍是“连”，原因是“接”的动词用法众多，以“迎接”“接受”为主；“连”主要用作介词，从语言的经济原则来看，“连”的动词和介词义更好区分，“接”的动词义不容易区分。

马贝加（2002）指出：介词产生以后，它的动词源义还会继续存在，为什么动词和介词并存不会造成混淆？从理论上讲，词汇发展是旧质要素的扩大和改进，新的词义功能的产生如果不利于旧词的形式和意义，在交际中就很难使人们理解，逐渐被源义淘汰。所以有众多动词词义的“接”在交际中造成了表义的不清晰，反而“连”的介词功能和动词语义之间不会造成理解上的混淆，这也是“接”最终未战胜“连”成为动词“连接”概念场的主导词的原因之一。① 从现代汉语普通话来看“连接”义以“连”为主，如例（244）可以说成“把一样的水果连起来”，但很少说成“把一样的水果接起来”。现代汉语普通话“连接”一词表示“连接”义，“接连”一词表示方式“连续”义。例如：

（244）把一样的水果连起来。（连接）

（245）把线连接起来。（连接）

（246）接连出了两次事故。（连续）

整体而言，从“连”字语法化过程和机制来看，语义上的相宜，加上句法位置上的变化，使“连”由主要动词转变为次要动词，这催化了“连”语义功能的衍生和泛化，最终“连”逐渐语法化为介词，表示“伴随”或“包括”。近代汉语时期“连”随着语法化的程度递增，语义功能也增加。

① 马贝加. 近代汉语介词［M］. 北京：中华书局，2002：15.

第三章

“代替”义动词的历时演变与语义地图

本章主要讨论“代替”概念场常用词的历时兴替，构建“代替”义概念空间，通过语义地图方法分析其语义演变的路径及方向，进一步探索该概念场内各词语法化的内部动因。

汉语史上表示“代替”义的动词有“代”“替”“顶”。“代”本义为“代替”义，即表示以甲换乙、起乙的作用。在现代汉语中表“代替”义，“代”“替”“顶”都可使用，其中“代”的构词能力最强，较多用于书面语。“替”较多用于口语，“顶”经常和“替”连用，很少单用。从历时角度来看“代”“替”“顶”三个词在汉语史不同时期的语义有所不同，“代替”义一直是“代”的核心义，而“替”的核心义由最初的“废除”“废止”义，到唐以后引申为表示对象的介词“为、给”义。“顶”由名词发展为表程度“最”的副词，“代替”义一直不是它的核心义，现代汉语中“顶”与“替”经常连用。现代汉语方言中表示“代替”义，北方方言多用“替”，南方方言多用“代”，此外，黟县方言的“畀”也可表示“代替”义。

以往学界对“代替”义动词的历时兴替关系未有全面考察，研究的关注点多是在“替”的语法化及语义演变问题上。如李崇兴（1994）指出介词“替”是由“代替”义的动词“替”变来的。“替”完全由动词变为介词并且习用，大约是明代中期以后。在明代以前的文献中，真正的介词“替”的用例极为少见。马贝加（2002）在谈近代汉语介词时论及“替”的介词化，以“欲替其镇，人亦将替之”（《国语·周语上》）为例，认为先秦已见“替”表示“替代”义的文献用例。时昌桂（2009）以先秦至清末及现代的大量语料为基础，梳理了“替”的语义发展演变脉络，探索造成“替”虚化的机制和动因，他认为“替”的虚化过程中，动词“代替”义的用法一直沿袭下来。徐曼曼（2010）对“替”的常用义演变简要论述，认为上古汉语时期“废弃、废止”义是“替”的常用义项；中古汉语时期，以“衰落、衰弱”义和“废弃、废止”义为常用义，并出现了少量“代替”义的用例；到唐五代以后，“代替”义成为“替”的常用义。真大成（2014）以颜师古《匡谬正俗》卷八“替”条为中心进行研究，认为“替”的“替代”义至晚产生于5世纪，并在隋唐以后成为“替代”义的常用词。

学界关于“代”的研究成果较少，主要存在于汉语方言词汇研究领域。如：戴昭铭（2004）指出现代北方话“替”和“代”同义通用，口语中“替”多于“代”，而吴方言口语中用“代”不用“替”。马贝加、陈伊娜（2006）研究瓯语介词“代”的功能及来源时指出，瓯语介词“代”的源头可以追溯到近代汉语介词“替”。宋元时期，在江淮方言、北部吴语中有一个十分活跃的介词“替”，南部吴语引进介词“替”时，由于没有相应的词汇，用同义词“代”来表示“替”的意义和功能。

关于“顶”的研究成果较少，主要集中在对专书的程度副词和单个程度副词的讨论中。太田辰夫（1958）指出：在清代以前的资料中绝对没有出现程度副词“顶”的文献用例。据太田先生推测程度副词“顶”不是北方话，可能是南方的方言，可能是清代后期进入北京话的。何金松（1994）、武振玉（2003）分别引《官场现形记》《红楼梦》中“顶”的用例，指出“顶”的副词用法最早见于清代晚期。唐贤清（2003）研究指出程度副词“顶”产生时间较晚，用例最早见于《朱子语类》，但在现代汉语中已经是一个较为常见、口语色彩较浓的副词。赵军（2005）指出“顶”由名词语法化导致了其语素化，最终发展成为表示相对程度的副词“$顶_1$”和表示绝对程度的副词“$顶_2$”。汪智云（2009）探索现代汉语程度副词的来源时，指出“顶”的词义演变路径为：人头的最上端——物体的最上端——达到极点——程度高。但这类文章也大都未对“顶”的动词语义进行考察。聂志军等（2011）从汉语史和方言角度考察“顶”的程度副词用法的来源，指出“顶”作为程度副词的用例最早见于南宋，但元明时期几乎不见文献用例，直至清代以后有所发展。从方言角度来看副词“顶”由吴语逐渐扩展，而后进入吴语周边地区的方言中，如客家话等。尽管学术界已经对程度副词“顶”做了大量的研究工作，但综合性的“顶”的语义功能方面的论述还是较为缺乏的。

时贤对“替”由动词发展为介词的机制、动因等问题从语法化理论方面进行了较充分的讨论，但这种探讨未论及“代替”概念场内其他成员如“代”对其语法化的促进。如果能将“替”的语法、语义演变与“代”的历时兴替相结合，再加上同概念场的“顶”语义演变的比较或许能更好地说明这组词的历时关系，以及动词语法化的内在动因。

第一节 “代替”义词汇的共时语义考察

一、代

(一)“代”的功能节点的界定

《现代汉语词典》(第7版)第249页，“代”有如下义项：

❶动，代替：~课 | ~笔。

❷动，代理：~销 | ~局长。

❸历史的分期；时代：古~ | 近~ | 现~ | 当~。

❹朝代：汉~ | 改朝换~。

❺名，世系的辈分：第二~ | 下一~ | 老一~ | 我们这一~。

❻名，地质年代分期的第二级，代以上为宙，如显生宙分为古生代、中生代和新生代，代以下为纪。跟代相应的地层系统分类单位叫作界。参看287页“地质年代简表”。

❼(Dài)姓。

《现代汉语八百词》第144页中指出“代”有以下义项：

[动]①代替。王老师给我~过几节课。

②代理。~部长 | ~所长。

[名]世系的辈分。一~伟人 | 青年一~。

[量]用来称数不同辈分的世系。第二~ | 第三~传人。

马贝加、陈伊娜(2006)对瓯语介词“代”的功能研究细致，她们指出在温州的三区八县中，“代”是一个十分活跃的词，既可用作动词也可用作对象介词。介词“代”有六项功能：引进所为者、交互者、言谈者、求索者、所对者和处置者。这对我们选取“代”的功能节点具有重要借鉴意义。

本节结合前人研究成果、历史语料和方言的材料，选取“代替”义词汇的功能节点，在此基础上尝试构建以“代替”义为核心的“代”概念空间，绘制出相关的语义地图。本章考察的“代”语义和功能大体涵盖以下6项：代替、伴随、有生方向、有生来源、处置、受益者。结合以往研究成果，将这些功能简要界定如下①：

A. 代替，动词。

（1）我代你去开会吧。

（2）小王代我写作业。

B. 伴随

（3）我代你争。（温州瓯语：我和你争。）②

（4）渠代你结婚爻罢？（温州瓯语：他和你结婚了吗？）③

C. 有生来源

（5）你代渠乞。（温州瓯语：你向他要。）④

（6）你代渠借哪。（温州瓯语：你向他借吧。）⑤

D. 有生方向

（7）我代先生问好。（温州瓯语：我向老师问好。）⑥

（8）渠代人客敬酒。（温州瓯语：他向客人敬酒。）⑦

E. 受益者

（9）姐姐代妈妈看病。（宁波方言：姐姐为妈妈看病）

F. 接受者

（10）我代你去买饭。（安徽天长话：我给你去买饭。）

G. 处置

（11）我代猫儿赶出爻罢。（温州瓯语：我把猫赶出去了。）⑧

---

① 因本书选取的词汇都有实词虚化的特点，为了研究清楚语法化的动向及原因，我们在选取功能节点时也考虑相关的实词义项。

② 马贝加，陈伊娜. 瓯语介词“代”的功能及其来源［J］. 汉语学报，2006（03）：36.

③ 马贝加，陈伊娜. 瓯语介词“代”的功能及其来源［J］. 汉语学报，2006（03）：36.

④ 马贝加，陈伊娜. 瓯语介词“代”的功能及其来源［J］. 汉语学报，2006（03）：36.

⑤ 马贝加，陈伊娜. 瓯语介词“代”的功能及其来源［J］. 汉语学报，2006（03）：36.

⑥ 马贝加，陈伊娜. 瓯语介词“代”的功能及其来源［J］. 汉语学报，2006（03）：36.

⑦ 马贝加，陈伊娜. 瓯语介词“代”的功能及其来源［J］. 汉语学报，2006（03）：36.

⑧ 马贝加，陈伊娜. 瓯语介词“代”的功能及其来源［J］. 汉语学报，2006（03）：36.

(12) 阿宝代碗打爻罢。(温州瓯语：阿宝把碗打了。)①

H. 原因，广义的原因，即表示其后状态的原因或理由。

(13) 我真代你高兴。

(14) 你别代他难过啊。

在以上语义功能界定的基础上，我们对13种汉语方言和普通话的"代"的语义功能的使用做了整理和统计，根据《现代汉语词典》普通话"代"具有"代替"1个功能节点。其他方言点"代"的语义功能如表3-1所示：

(二) "代"的概念空间的建立

根据表3-1构建以动词"代"为核心的概念空间时，笔者尽量由简到繁，逐步进行，首先按语义功能由少到多建立以动词"代"为核心的概念空间。在保定、崇明、杭州、济南、银川、西安、安徽天长话、长沙铜官话、临武9种方言中"代"仅具有动词"代替"义；在扬州方言中有"代替"和"受益者"2项语义功能；西宁方言中有"代替""受益者"和"接受者"3项语义功能。

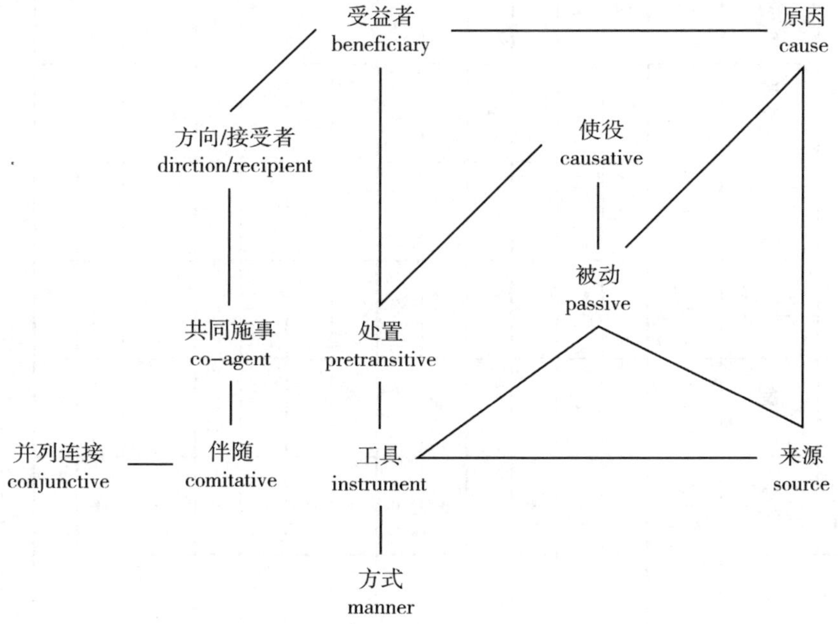

图3-1 汉语方言主要间接题元语义地图

① 马贝加，陈伊娜. 瓯语介词"代"的功能及其来源［J］. 汉语学报，2006（03）：36.

表 3-1 汉语方言“代”语义功能整合表①

方言点	动词	介词							资料来源
	代替	伴随	有生来源	有生方向	受益者	接受者	原因	处置	
温州瓯语	+	+	+	+	+		+	+	马贝加，陈伊娜《瓯语介词“代”的功能及其来源》（2006 年）
保定	+								笔者调查
宁波	+	+			+	+	+	+	笔者调查
崇明	+								笔者调查
福州	+				+		+		《福州方言词典》
济南	+								笔者调查
扬州	+				+				《扬州方言词典》
杭州	+								《杭州方言词典》
安徽天长话	+								笔者调查
银川	+								《银川方言词典》
西安	+								笔者调查
长沙铜官话	+								夏先培《铜官话介词“替”与〈元曲选〉宾白中几个介词的比较》（1995 年）
临武	+								笔者调查
西宁	+				+	+			《西宁方言词典》

① 表 3-1 中方言的材料来源于学界已发表的成果及部分方言词典，部分方言材料为笔者的直接调查。

可我们先建立“代替”和“受益者”的关系。从逻辑上来看“接受者”既可以和“受益者”相连，也可与“代替”相连。参考张敏（2011）“汉语方言主要间接题元”语义地图，如图 3-1 所示：

从下文表 3-2 汉语方言“替”的语义功能调查来看，方言中“替”有“接受者”功能的肯定具有“受益者”功能，而不能相反。故我们建立“受益者”“接受者”的关联。“代替”“受益者”“接受者”的关联如图 3-2 所示：

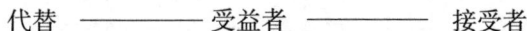

代替 ———— 受益者 ———— 接受者

图 3-2 “代”的概念空间（一）

福州方言中“代”有“代替”“受益者”“原因”3 项语义功能，宁波方言中有“代替”“受益者”“接受者”“原因”“伴随”“处置”6 项语义功能，本章参考张敏（2011）“汉语方言主要间接题元”中“受益者”和“处置”的联系，我们也初步建立“受益者”和“处置”之间的联系。再根据“代替”义表示NP_1+代替+NP_2+V+O，我们可从语义上引申为NP_1和NP_2一起+V+O，建立“代替”和“伴随”之间的联系。本书所定义的“原因”是广义上的原因，表示其后状态的原因或理由，即在“NP_1+代+NP_2+V_2”句式中，V_2是表示情感状态的动词，如：“我真代你高兴”。NP_2并不是NP_1发出动作的受益者，NP_2不是NP_1施事所服务、施惠的对象，而是NP_1产生某情感的原因。可建立“受益者”和“原因”之间的联系。建立“代替”“受益者”“伴随”“处置”“原因”之间的关联如图 3-3 所示：

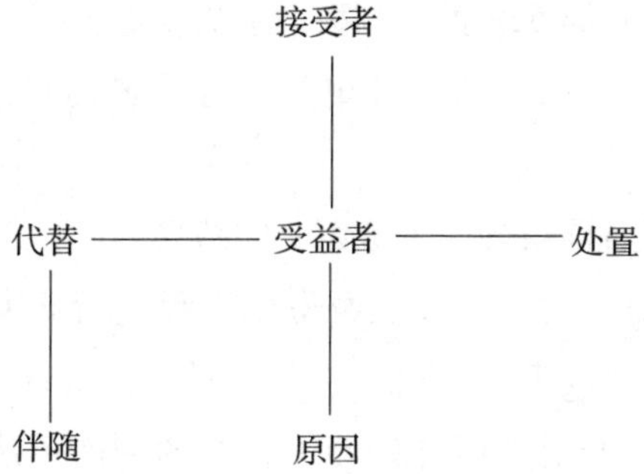

图 3-3 “代”的概念空间（二）

根据马贝加、陈伊娜（2006）对瓯语介词“代”功能的细分，本章从她们归纳的瓯语“代”的语义功能中选择了 5 项与本章讨论相关的语义功能，如：

“代替”“伴随”“有生来源”“有生方向”“处置”。借鉴本书第二章“连”的概念空间，我们可以确立“有生方向”“有生来源”和“伴随”之间的联系。最终我们能得到“代”的概念空间，如图 3-4 所示。

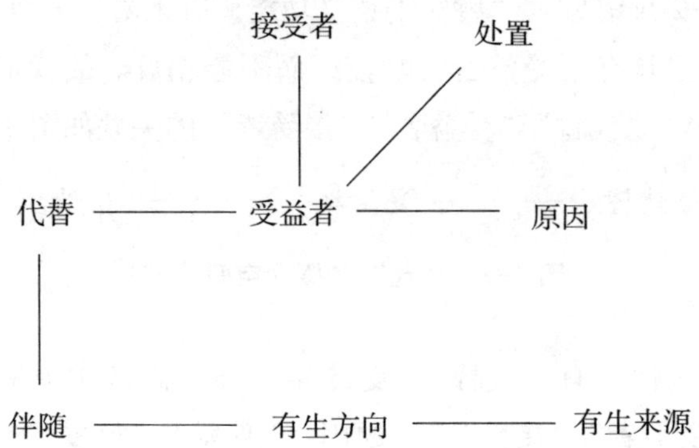

图 3-4 “代”的概念空间（三）

二、替

（一）“替”的功能节点的界定

《现代汉语词典》（第 7 版）第 1289 页，“替”有如下义项：

❶动，代替：~工｜他没来，你~他吧！｜我~你洗衣服。

❷介，为（wèi）②：大家都~他高兴｜同学们~他送行。

❸〈书〉衰败：衰~｜兴~。

《现代汉语八百词》第 529 页，“替”有以下义项：

［动］代替。可带“了、过”，可重叠。可带名词宾语。你歇歇，我~你干会儿。

［介］为；给。跟名词组合。大家都~你高兴。

时昌桂（2009）对“替”的发展及虚化历程进行研究，指出中古至近代汉语时期，“替”有引进协同者、所对者、言谈者、求索者、比较者、受益者等功能，清末“替”的部分介引功能开始萎缩，有的功能用法只保留在方言中，据他推测主要原因可能是介词内部分工越来越细致。

本节结合前人研究成果，历史语料和其他方言的材料，选取“替”的功能节点，在此基础上尝试构建以“代替”义为核心的“替”概念空间，绘制出相关的语义地图。

本节考察的“替”语义功能大体涵盖以下 8 项：代替、衰败、交替、伴随、有生方向、有生来源、受益者、接受者。结合以往研究成果，将这些功能简要界定如下①：

A. 动词，代替。

（15）有事你先走，我替你参加会议。

（16）小王替我写作业。

B. 动词，衰败，衰落，衰弱。

（17）政权兴替。

C. 伴随

（18）我一路来替鸿运群玩得好。（铜官话：我向来和鸿运群处的好。）②

（19）文林，替我们一路走罗。（铜官话：文林，和我们一起走吧。）③

D. 有生来源

（20）二奶奶打发人捆他，连我还有不是呢。我替谁讨请去。（《红楼梦》第七十一回）

E. 有生方向

（21）放下行李，整一整衣服，替娘作揖磕头。（《儒林外史》第十六回）

（22）这天气冷，我不能亲自来替亲家拜年。（《儒林外史》第二十一回）

F. 受益者

（23）你替他去帮下忙吵。（铜官话：你去给他帮帮忙。）④

（24）我替你写作业吧。

G. 接受者

（25）妈妈替我付来呱一双过冬个鞋子。（湖南洞口方言：母亲给我捎来了一双过冬的鞋子。）⑤

---

① 因本书选取的词汇都有实词虚化的特点，为了研究清楚语法化的动向及原因，我们在选取功能节点时也考虑相关的实词义项

② 夏先培. 铜官话介词“替”与《元曲选》宾白中几个介词的比较［J］. 长沙水电师院社会科学学报，1995（02）：1.

③ 夏先培. 铜官话介词“替”与《元曲选》宾白中几个介词的比较［J］. 长沙水电师院社会科学学报，1995（02）：1.

④ 夏先培. 铜官话介词“替”与《元曲选》宾白中几个介词的比较［J］. 长沙水电师院社会科学学报，1995（02）：2.

⑤ 胡云晚. 洞口方言的介词“帮 1”“等 1”“跟 1”“替 1”和“捉 1”［J］. 韶关学院学报，2007（05）：06.

(26) 我递一根凳替捉其坐。(湖南洞口方言：我送一条凳子给他坐。)①

H. 平比

(27) 我替我爷一只脾气。(铜官话：我和我父亲一个脾气。)②

I. 原因，广义的原因，即表示其后状态的原因或理由。

(28) 你别替他发愁了。

(29) 我真替你高兴。

在以上语义功能界定的基础上，我们对 11 种汉语方言和普通话中的“替”的语义和功能使用做了整理和统计，根据《现代汉语词典》普通话中“替”具有“代替”“衰败”“受益者”“原因”4 个功能节点。其他方言点“替”的语义功能如表 3-2 所示：

(二)“替”的概念空间的建立

从方言整理和统计结果来看，除“处置”功能外“替”的功能节点基本包含了“代”所有的功能节点，我们可在“代”概念空间的基础上建立“替”的概念空间。参考“代”的概念空间得到结果如图 3-5 所示：

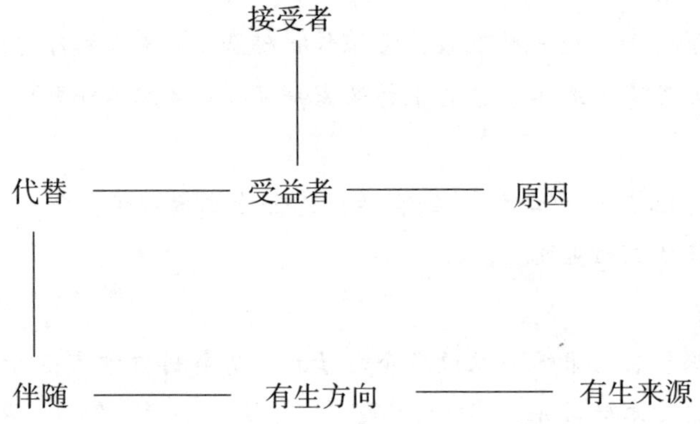

图 3-5 “替”的概念空间（一）

在此基础上，我们先建立动词“代替”“衰败”“交替”之间的联系。先秦时期“替”由本义“废弃、废止”引申出表“废弃、废止”过程的状态，即

① 胡云晚. 洞口方言的介词“帮 1”“等 1”“跟 1”“替 1”和“捉 1”[J]. 韶关学院学报，2007 (05)：06.

② 夏先培. 铜官话介词“替”与《元曲选》宾白中几个介词的比较 [J]. 长沙水电师院社会科学学报，1995 (02)：2.

表 3-2 汉语方言“替”语义功能整合表

方言点	动词			介词							资料来源
	代替	衰败	交替	伴随	有生来源	有生方向	受益者	接受者	原因	平比	
保定	+	+					+		+		笔者调查
福州	+		+				+	+	+		《福州方言词典》
济南	+						+	+	+		笔者调查
扬州	+						+		+		《扬州方言词典》
安徽天长话	+		+				+		+		笔者调查
银川	+						+	+	+		《银川方言词典》
西安	+						+		+		笔者调查
西宁	+						+		+		《西宁方言词典》
长沙铜官话	+			+	+	+	+	+	+	+	夏先培《铜官话介词“替”与〈元曲选〉宾白中几个介词的比较》(1995 年)
洞口	+						+	+	+		胡云晚《洞口方言的介词“帮 1”“等 1” “跟 1” “替 1”和“捉 1”》
临武	+	+					+	+	+		笔者调查
孝感	+						+	+	+		笔者调查

“衰落、衰败”义，直到中古以后才引申出“代替”义，据此建立“代替”“衰败”之间的联系。福州方言有“交替”的义项，故建立“交替”和“代替”的联系。如图 3-6 所示：

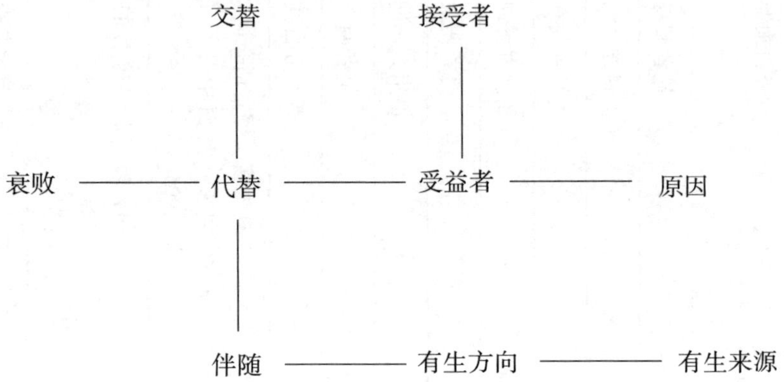

图 3-6 “替”的概念空间（二）

在上文“连”的概念空间中建立了“伴随”和“平比”的联系，可应用于“替”的概念空间。最终我们得出的“替”的概念空间如图 3-7 所示：

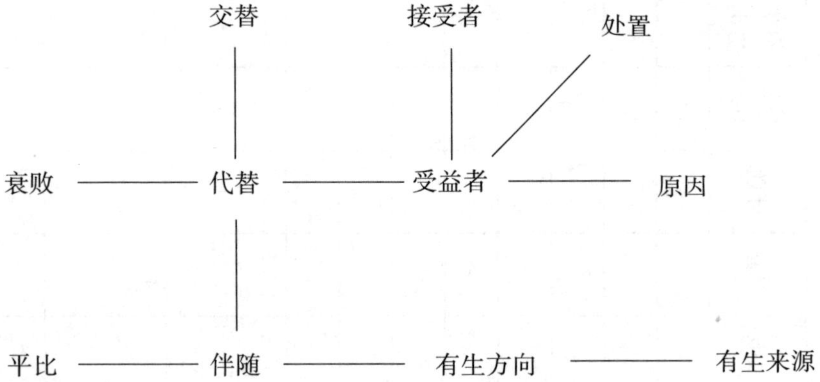

图 3-7 “替”的概念空间（三）

三、顶

（一）“顶”的功能节点的界定

《现代汉语词典》（第 7 版）第 305 页，“顶”有如下义项：

❶（~儿）名，人体或物体上最高的部分：头~｜屋~｜塔~儿。

❷动，用头支承：~碗（杂技）◇~天立地｜他~着雨就走了。

❸动，从下面拱起：种子的嫩芽把土~起来了。

❹动，用头或角撞击：~球｜这头牛时常~人。

❺动，支撑；抵住：拿杠子~上门｜列车在前，机车在后面~着走。

❻动，面对着；迎着：~风｜~头。

❼动，顶撞：他听了姑母的话很不满意，就~~了她几句。

❽动，担当；支持：活儿重，两个人~不下来。

❾动，相当；抵：他一个人~两个人。

❿动，顶替：~名儿｜不能拿次货~好货。

·指转让或取得企业经营权、房屋租赁权：~盘｜~进来。

·〈方〉介，到（某个时间）：~下午两点他才吃饭。

·量，用于某些有顶的东西：一~帽子｜一~帐子。

·副，表示程度最高：~好｜~喜欢唱歌。

《现代汉语八百词》第148—149页中指出“顶”有以下义项：

［副］①表示程度最高。用法基本同“最”，值用于口语。

a）顶+形。我们三个当中他~小｜这种计算方法~简单。

b）顶+动。~爱爬山｜这故事~吸引人。

c）顶+动+得（不）。~沉得住气｜~看不惯。

②表示最大限度。含有让步语气。用于“多、少、坏、快、慢、大、小、长、短”等形容词前。~多再过两天就能结束｜这段路~快也要走半小时。

③同方位词组合，表示方位的极端。~上头｜~前边。

学界对汉语“顶”的语义功能研究较少，仅有的研究也都是在谈论程度副词“顶”时有过相关论述。我们根据词典释义和方言调查初步界定“顶”的8个功能节点。

A. 顶部，名词，人体或物体上最高的部分。

（30）头顶

（31）山顶

B. 顶戴，动词，以头承戴。例如：

（32）头顶着碗。

（33）顶天立地。

C. 代替，动词。

（34）我走了他顶我的班。

（35）不能拿次品顶良品。

D. 撞击，动词，用头或言语顶撞。

（36）我们一起顶球玩吧。

（37）顶嘴

E. 抵住，动词，挡住、顶住。

（38）他用木头顶住门。

（39）你一定要顶住压力。

F. 相当，动词，表示动作发生的状态。

（40）他一个人干活顶俩人。

（41）他接着吃了两碗饭。

G. 极比，副词，表示程度之最。

（42）他是顶好的一个人。

（43）坐车顶少要半个钟头。

H. 量词，用于某些有顶的物件。

（44）一顶帽子。

在以上语义功能界定的基础上，我们对 20 种汉语方言和普通话，的“顶”的语义和功能使用做了整理和统计，根据《现代汉语词典》普通话中“顶”具有“顶部”“顶戴”“代替”“撞击”“抵住”“相当”“极比”“量词”8 个功能节点。其他方言点“顶”的语义功能如表 3-3 所示：

表 3-3 “顶”的方言调查整理表

方言点	名词	动词					副词	量词	语料来源
	顶部	顶戴	代替	撞击	抵住	相当	极比		
普通话	+	+	+	+	+	+	+	+	《现代汉语词典》
太原	+	+	+	+	+	+		+	《太原方言词典》
银川	+	+	+	+		+	+	+	《银川方言词典》
济南	+		+	+			+		《济南方言词典》
西安	+	+	+	+	+	+	+	+	《西安方言词典》
哈尔滨	+	+	+	+			+	+	《哈尔滨方言词典》

续表

方言点	名词	动词					副词	量词	语料来源
	顶部	顶戴	代替	撞击	抵住	相当	极比		
绩溪	+	+	+	+		+	+	+	《绩溪方言词典》
南昌	+	+					+	+	《南昌方言词典》
萍乡	+						+	+	《萍乡方言词典》
扬州	+	+		+			+	+	《扬州方言词典》
南京	+	+		+	+		+	+	《南京方言词典》
于都	+	+			+			+	《于都方言词典》
东莞	+	+	+	+	+			+	《东莞方言词典》
南宁	+	+	+	+			+	+	《南宁方言词典》
苏州	+	+		+			+	+	《苏州方言词典》
丹阳	+	+	+	+		+	+	+	《丹阳方言词典》
宁波	+	+	+				+	+	《宁波方言词典》
金华	+						+	+	《金华方言词典》
福州	+	+	+						《福州方言词典》
温州	+						+	+	《温州方言词典》

（二）“顶”的概念空间的建立

“顶”在各方言中的语义功能较多，无法依据方言实际用法逐步建立各语义功能间的联系。下文将通过对“顶”的历时语义考察，结合语法化和语义演变的路径，从历时角度建立“顶”各功能节点的联系，然后再利用方言语料对历时的概念空间进行验证。

四、跨语言的“代替”义词汇语义考察

鉴于汉语方言“代替”义词汇“代”“替”“顶”三个词在语义功能上呈现出不同的分布特点，我们增加了对跨语言的“代替”义词汇所表示的语义功能的考察，期望能通过不同语言的对比，进一步解释汉语“代替”义词汇语义功能方面的异同。跨语言“代替”义词汇语义调查如表 3-4 所示：

表 3-4 跨语言“代替”义词汇语义调查表

语言	词汇	语义功能				语料来源
		代替	更换	交替	转折	
英语	instead	+				《柯林斯高阶英汉双解词典》
	substitute	+	+		+	
	replace	+	+			
日语	代わる	+	+	+		《新世纪日汉双解大辞典》
韩语	대신	+				《韩汉汉韩词典》
法语	remplacer	+	+			《拉鲁斯法汉双解词典》
	substituer	+				
德语	statt	+			+	《朗氏德汉双解大词典》
西班牙语	substituir	+	+			《现代西汉汉西词典》

通过表 3-4 对以上 6 种语言的词典释义考察，可以看出所调查的这些语言中表“代替”义词汇的语义较少，其中英语 substitute、replace，法语 remplacer，西班牙语 substituir 都具有“代替”“更换”语义；日语代わる具有“代替”“更换”“交替”三种语义，与汉语“代”“替”的语义相似，但汉语“代替”义词汇均不具备英语 instead 和德语 statt 所具备的“转折”功能。本节主要探讨的是“代替”义不同词汇在语义功能上的异同和关系，表 3-4 的语言中“代替”义的词汇都不像汉语“代替”义具有众多语义功能用法，不具备类型学上的可比性，但在实词语义引申方面也有一定的相似性，如由“代替”引申出“更换”“交替”等。在后文部分我们将着重从历时的角度对“代替”义各词的语义功能进行考察，从汉语内部进行历时与共时的对比分析。

五、“代替”义为核心的相关语义地图绘制

上文所建立的概念空间的有效性还有待通过方言实际情况来验证。在绘制语义地图过程中可以对概念空间进行检验，如有违反语义地图连续性假说，则可根据语料实际情况对功能节点的连线进行调整修正。以“代替”为结合点对“代”和“替”的概念空间进行整合，得出以“代替”义为核心的概念空间，如图 3-8 所示：

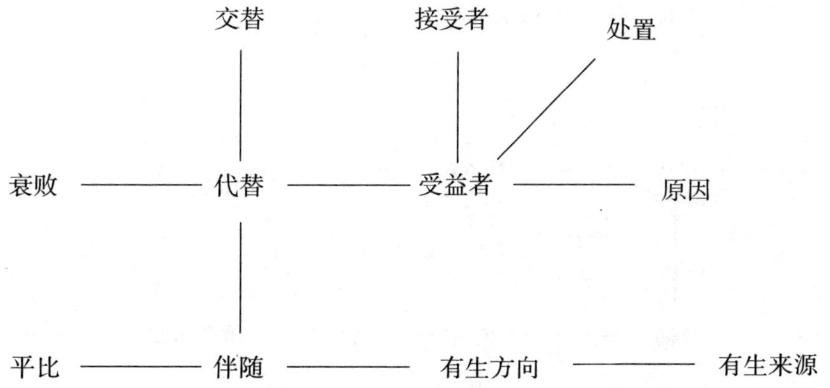

图 3-8 “代替”义概念空间

（一）“代”的相关方言语义地图

保定、崇明、杭州、济南、银川、西安、安徽天长话、长沙铜官话、临武 9 种方言中“代”只有一个动词“代替”义。以湖南临武方言为例：

（45）我代你去开会吧。（代替）

（46）小王代我写作业。（代替）

扬州方言中有“代替”和“受益者”两个语义功能。福州、西宁方言中有“代替”“受益者”和“原因”3 项语义功能。以西宁方言为例：

（47）我代你上课去。（代替）

（48）我代你买饭。（受益者）

（49）我真代你生气呀。（原因）

以上方言中“代”的语义地图如图 3-9 所示：

宁波方言中有“代替”“伴随”“受益者”“原因”“接受者”“处置”6 项语义功能。例如：

（50）渠代我去县里啦。（他代替我去县里了。）（代替）

（51）渠代侬立在门口头说话。（他和你站在门口说话。）（伴随）

（52）我代阿弟看病。（我为弟弟看病。）（受益者）

（53）我真代渠高兴。（我真替你高兴。）（原因）

（54）我代侬倒杯水。（我给你倒杯水。）（接受者）

（55）阿爹代碗端进来啦？（爸爸把碗端进来了吗？）（处置）

瓯语介词“代”有 7 项语义功能，“代替”“伴随”“有生来源”“有生方

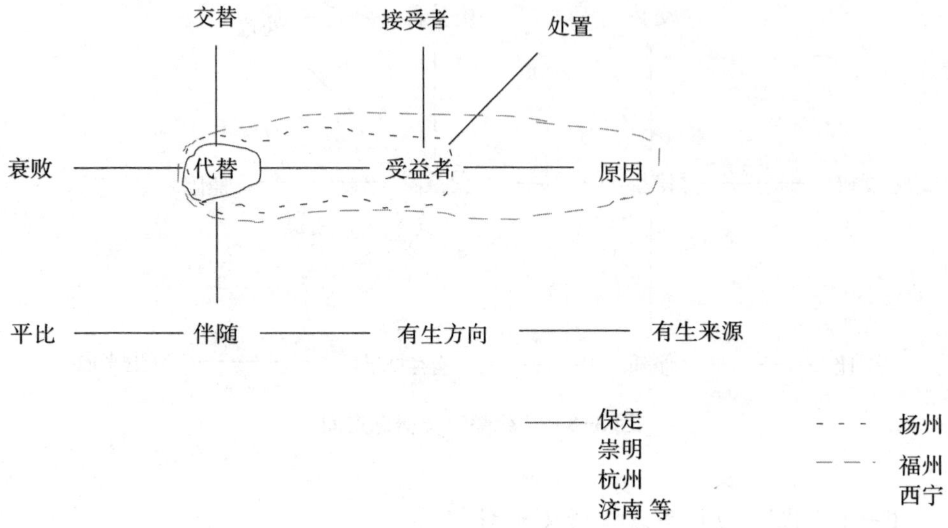

图 3-9 “代”的语义地图（一）

向”“处置”“受益者”“原因”。例如：

（56）渠代领导开会。（代替）

（57）渠代你结婚爻罢？（他和你结婚了吗？）（伴随）①

（58）你好好读书，代我争口气。（受益者）

（59）我代渠高兴。（原因）

（60）你代渠借哪。（你向他借吧。）（有生来源）②

（61）阿宝代阿爷拜年。（阿宝向爷爷拜年。）（有生方向）③

（62）阿宝代碗打艾罢。（阿宝把碗打了。）（处置）④

以上方言中“代”的语义地图如图 3-10 所示：

（二）“替”的相关方言语义地图

扬州、西安、西宁方言中“替”有“代替”“受益者”“原因”3 项语义功能。以西安方言为例：

（63）你今天替我去开会吧。（代替）

（64）我替你把门打开了。（受益者）

---

① 马贝加，陈伊娜. 瓯语介词“代”的功能及其来源［J］. 汉语学报，2006（03）：36.
② 马贝加，陈伊娜. 瓯语介词“代”的功能及其来源［J］. 汉语学报，2006（03）：36.
③ 马贝加，陈伊娜. 瓯语介词“代”的功能及其来源［J］. 汉语学报，2006（03）：36.
④ 马贝加，陈伊娜. 瓯语介词“代”的功能及其来源［J］. 汉语学报，2006（03）：36.

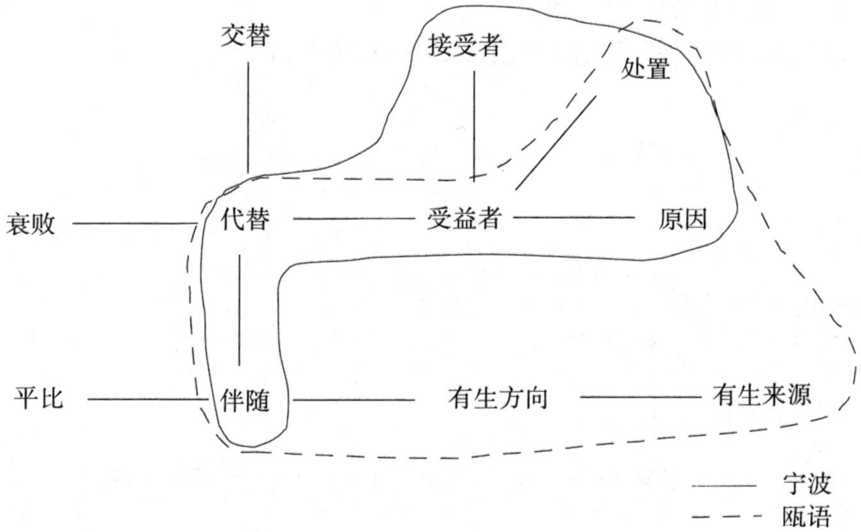

图 3-10 “代”的语义地图（二）

（65）我们都替你感到高兴。（原因）

保定方言中“替”有“代替”“衰败”“受益者”“原因”4 项语义功能，例如：

（66）我替你出面。（代替）

（67）政权兴替。（衰败）

（68）我在替他写信。（受益者）

（69）大家都替他感到高兴。（原因）

济南、银川、洞口、孝感方言中“替”有“代替”“受益者”“接受者”“原因”4 项语义功能。以孝感方言为例：

（70）你替我去上课。（代替）

（71）你替我拿一下杯子。（受益者）

（72）她得了奖，我真替她高兴。（原因）

（73）给这是我替你拿的杯子。（接受者）

安徽天长话中“替”有“代替”“交替”“受益者”“原因”4 项语义功能，例如：

（74）我替你去买菜。（代替）

（75）季节交替。（交替）

（76）我替你出头。（受益者）

(77) 我替你高兴。(原因)

以上方言中“替”的语义地图如图 3-11 所示：

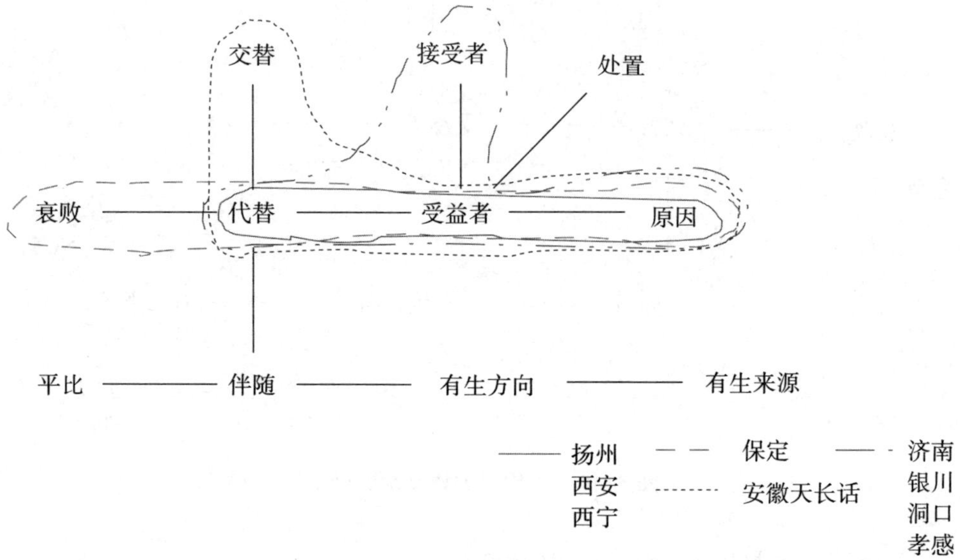

图 3-11 “替”的语义地图（一）

福州方言中“替”有“代替”“交替”“受益者”“接受者”“原因”5 项语义功能，例如：

(78) 乞侬替写呈词。(人家替写状子)(代替)

(79) 我先担担子，汝替肩。(我先担担子，你替换我。)(交替)

(80) 汝替我削苹果。(你替我削苹果。)(受益者)

(81) 替汝侬欢喜。(替你们高兴。)(原因)

(82) 伊替我拾起耳环。(他给我捡起耳环。)(接受者)

临武方言有“代替”“衰败”“受益者”“接受者”“原因”5 项语义功能，例如：

(83) 小王替我写作业。(代替)

(84) 朝代兴替。(衰败)

(85) 妈妈替我剥橘子。(受益者)

(86) 我真替你高兴。(原因)

(87) 我替你拿来一双鞋子。(接受者)

长沙铜官话有“代替”“伴随”“有生来源”“有生方向”“受益者”“接受

者”“原因”“平比”8 项语义功能，例如①：

（88）小林替我去学校。（代替）

（89）文林，替我们一路走罗。（文林，和我们一起走吧。）（伴随）

（90）你替他去帮下忙哕。（你去给他帮帮忙。）（受益者）

（91）我替他高兴。（原因）

（92）你咯只小家伙，替我站哒！（你这小东西，给我站住。）（接受者）

（93）昨日子替周佩借夹十块钱。（昨天向周佩借了十元钱。）（有生来源）

（94）那只路我替你讲过，你又不记得去哒？（那件事我对你说过，你又忘了?）（有生方向）

（95）我替我爷一只脾气。（我和我父亲一个脾气。）（平比）

以上方言中“替”的语义地图如图 3-12 所示：

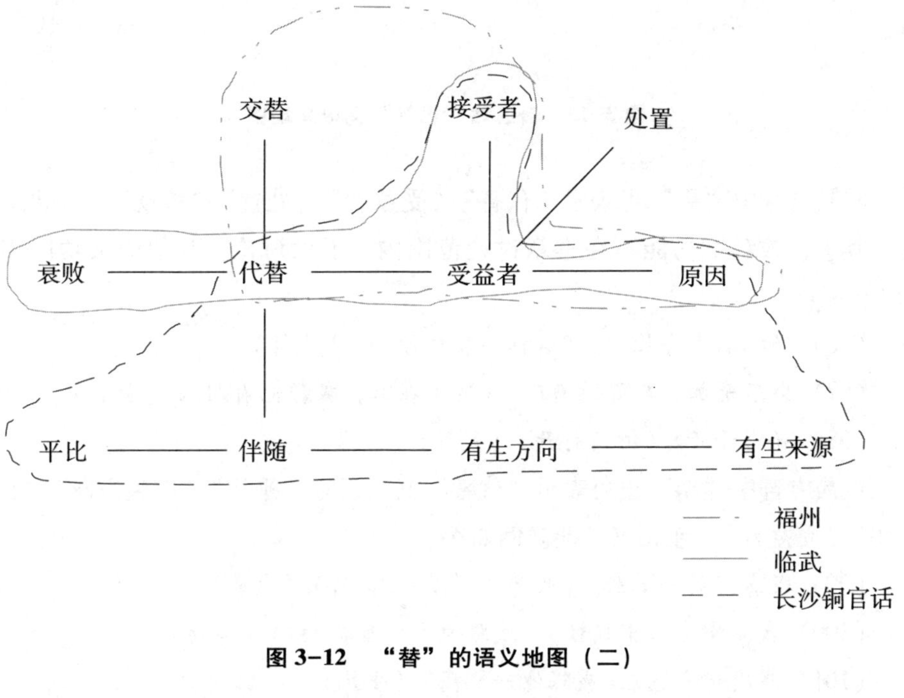

图 3-12 “替”的语义地图（二）

（三）现代汉语“代替”义的相关语义地图

从现代汉语普通话来看，“代”的语义单一，仅有动词“代替”，而“替”

① 夏先培. 铜官话介词“替”与《元曲选》宾白中几个介词的比较［J］. 长沙水电师院社会科学学报，1995（02）：100-101.

的语义较多不仅可作动词还可作介词。参考《现代汉语词典》（第7版）绘制现代汉语普通话“代”和“替”的语义地图。如图3-13所示：

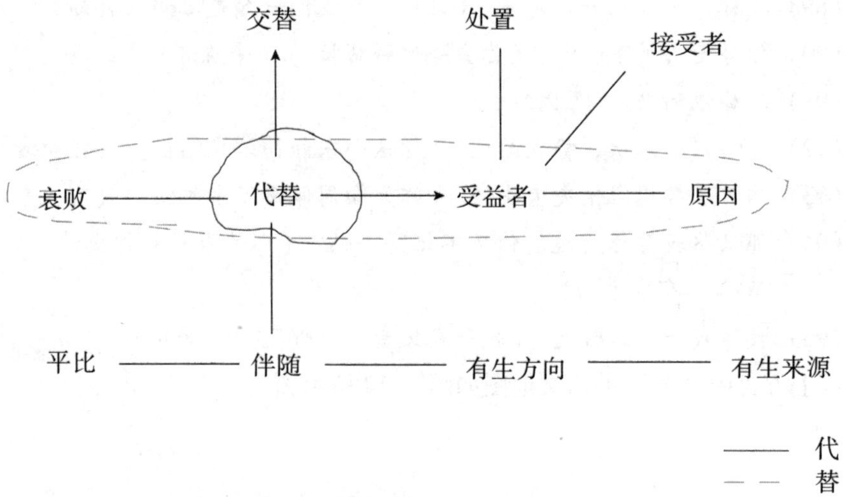

图3-13 普通话“代替”义语义地图

黟县方言中“畀”可表示“代替”“受益者”“处置”“被动”4项语义功能，其中“被动”功能不在本章讨论范围内，不做讨论。其他语义功能用例如下①：

（96）乃杯酒我畀你吃。（这杯酒我替你喝）（代替）

（97）渠不是加，我畀渠看门。（他不在家，我替他看门。）（受益者）

（98）畀门开开。（把门打开）（处置）

屯昌方言中“凑”也可表示“代替”义，还有“平比”“有生方向”“有生来源”“受益者”4项语义功能。例如②：

（99）我凑伊买一本册。（我替他买了一本书。）（代替）

（100）我凑伊去田里换秧。（我跟他去田里拔秧。）（伴随）

（101）我凑伊平悬。（我跟他一样高）（平比）

（101）汝想凑底一侬讲？（你想跟谁说?）（有生方向）

（103）伊凑我借一千银。（他向我借了一千块钱。）（有生来源）

① 伍魏. 黟县方言介词［M］. 李如龙，张双庆. 介词. 广州：暨南大学出版社，2000：101.

② 钱奠香. 屯昌方言的介词［M］//李如龙，张双庆. 介词. 广州：暨南大学出版社，2000：188-230.

(104) 我凑汝 [sua^{213}] 路。(我给你带路。)(受益者)

以上方言的语义地图如图 3-14 所示:

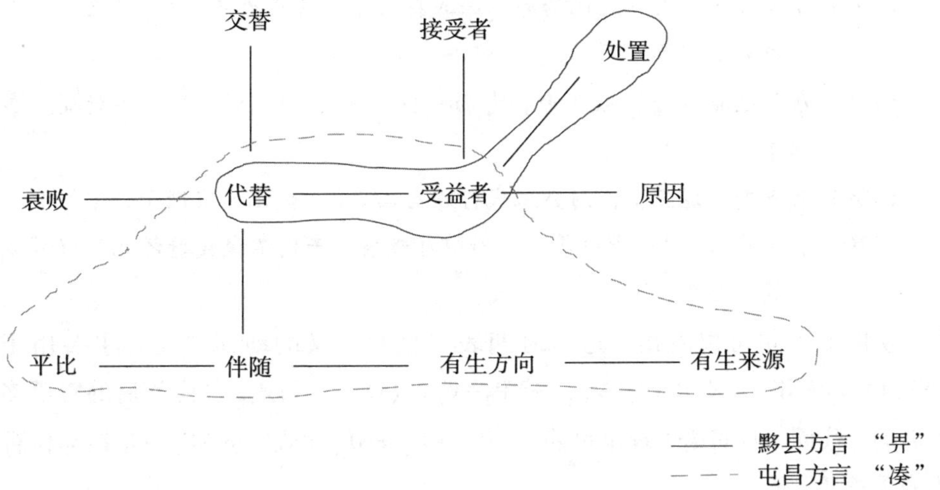

图 3-14 方言“畀”“凑”的语义地图

以上是汉语共时角度“代替”义的语义地图,下文将从历时角度对“代替”义词汇“代”“替”“顶”的语义功能进行考证,在绘制语义地图过程中对已构建的概念空间进行检验,如有违反语义地图连续性假说,则根据语料实际情况对功能节点的联系进行调整修正。

第二节 “代替”义词汇的历时语义考察

一、上古汉语时期“代替”义词汇的语义功能考察

(一) 代

“代”本义为“代替”,即表示以甲换乙、起乙的作用。《说文·人部》:“代,更也。”段玉裁注:“凡以此易彼谓之代,次第相易谓之递代。”先秦用例如:

(105) 执未有言仁之者,此其言人之何?代公执也。(《公羊传·成公十六年》)

（106）闻畏而往，闻丧而还，苟姓实嗣，其谁代之任丧？（《国语·鲁语下》）

（107）子治天下，天下既已治也。而我犹代子，吾将为名乎？（《庄子·逍遥游》）

（108）居赀赎责（债）欲代者，耆弱相当，许之。（《睡虎地秦墓竹简·秦律十八种》）

（109）武王崩，成王少，周公旦代行政当国。（《史记·宋微子世家》）

（110）养由基曰："人皆曰善，子乃曰可教射，子何不代我射之也？"（《战国策·西周》）

从以上例句可以看出，这一时期表"代替"义的动词"代"主要用于"$NP_1+V_{(代)}+NP_2$"及"$NP_1+V_{1(代)}+NP_2+V_2+$（O）"句式，"代"后的宾语多为名词、代词，且宾语可现也可隐。$NP_1+V_{(代)}+NP_2$句式中的NP_2多是指动作行为的受益者。

上古汉语时期，"代"已可处于状语位置，据统计，这一时期的文献中处于状语位置的"代"共见22例。如：

（111）宾出，主人拜送于门外。乃代哭，不以官。（《仪礼·丧服》）

（112）好是稼穑，力民代食；稼穑维宝，代食维好。（《诗经·大雅·桑柔》）

（113）疾而不起，而君相少主，因而代立当国，如伊尹、周公。（《战国策》卷十七·楚策四）

例（111）—（113）中"代"位于状语位置，表示的是V_2动作的方式，整个句子的谓语主要是V_2，因而"代"的动作性减弱，但"代替"义仍然存在。

先秦时期，"代"已由"代替"义引申出"交替、替换"义。如：

（114）日月忽其不淹兮，春与秋其代序。（《楚辞·离骚》）

（115）天灾流行，国家代有。（《左传·僖公十三年》）

（116）及平王之末，而秦、晋、齐、楚代兴，秦景、襄于是乎取周土。（《国语·郑语》）

（117）"不若以归，以要晋国之成，复其君而质其适子，使子父代处秦，国可以无害。"（《国语·晋语三》）

（118）辟如四时之错行，如日月之代明。（《礼记·中庸》）

表"交替、替换"义的"代"主要用于"$NP_1+V_{1(代)}+V_2$"和"NP_1+NP_2+

$V_{1(代)}+V_2+O$”句式，与表“代替”义的动词“代”有所不同。

（二）替

替，本字“朁”，《说文·竝部》：“废也”，本义表“废弃、废止”。用例如：

（119）孔惠孔时，维其尽之。子子孙孙，勿替引之。（《诗经·小雅·楚茨》）

（120）记奸之位，君盟替矣。作而不记，非盛德也。（《左传·僖公七年》）

（121）刓方以为圜兮，常度未替；易初本由兮，君子所鄙。（《史记·屈原贾生列传》）

先秦及西汉文献中“替”基本都表示“废弃、废止”义，仅在《左传》中有3例表“衰败”义。

（122）高仰，骄也，卑俯，替也。骄近乱，替近疾。（《左传·定公十五年》）

（123）不害而不学，则苟而可，于是乎下陵上替，能无乱乎？（《左传·昭公十八年》）

这一时期，“替”主要用于 $NP+V_{(替)}+(O)$ 句式，偶尔用于 $NP_1+V_{1(替)}+V_2+NP_2$ 句式，“替”仍为动词。

（三）小结

上古汉语时期表“代替”义的动词以“代”为主导词。此时，“替”作为动词，表“废止、衰落”义，尚未产生“代替”义。“顶”作为名词，语义范围由本义“头顶”扩大到可以表示“事物的最上部”，如：《淮南子·卷十九修务训》有“九天之顶”的用法。“代”和“替”在上古汉语时期的文献用例情况如表3-5所示：

表 3-5 上古汉语时期“代”与“替”的用例统计①

文献	代		替	
	动词		动词	
	代替	交替	废止	衰败
周易	0	1	0	0
周礼	4	1	0	0
诗经	0	2	2	0
商君书	0	0	0	0
尚书	4	0	5	0
左传	26	6	5	3
公羊传	3	2	0	0
谷梁传	6	0	0	0
仪礼	3	2	0	0
国语	11	5	13	0
管子	12	3	1	0
老子	3	0	0	0
孟子	3	1	0	0
荀子	8	4	0	0
庄子	6	2	1	0
墨子	1	1	0	0
慎子	1	0	0	0
韩非子	12	0	0	0
素问	5	6	0	0
灵枢	13	1	0	0
睡虎地秦墓竹简	5	0	0	0
吕氏春秋	13	1	0	0
淮南子	11	1	0	0
史记	194	71	2	0

① 表 3-5 语料来源于“朱氏语料库”及张美兰教授提供的部分电子文献。

续表

文献	代		替	
	动词		动词	
	代替	交替	废止	衰败
礼记	7	4	0	0
孔子家语	3	0	4	0
韩诗外传	4	1	0	0
马王堆汉墓帛书	4	1	0	0
战国策	9	6	0	0
新书	2	0	0	0
新序	4	2	0	0
新语	1	0	0	0
说苑	5	1	3	0
春秋繁露	11	1	0	0
合计	394	126	36	3

结合上文分析，可以绘制上古汉语时期“代”与“替”的语义地图，如图3-15所示。

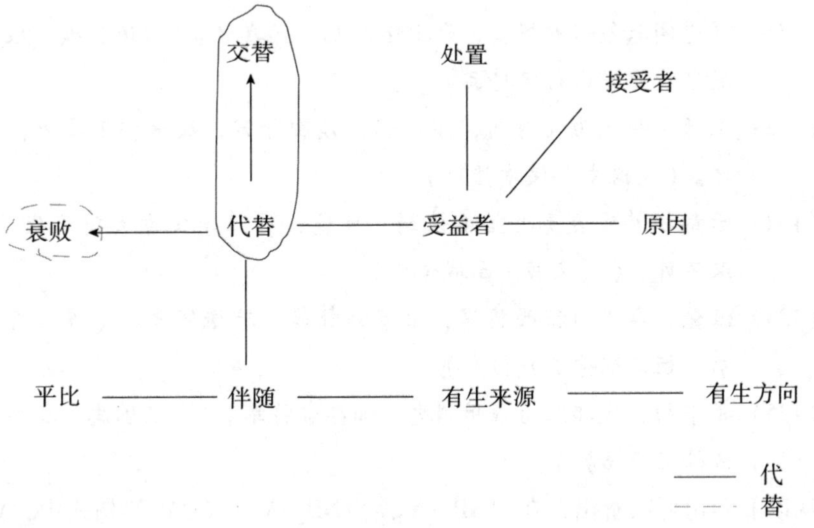

图 3-15 上古汉语时期“代替”义语义地图

二、中古汉语时期“代替”义词汇的语义功能考察

（一）代

中古汉语时期，“代”仍是“代替”义动词的主导词。例如：

（124）五岁，代桃侯舍为丞相。（《汉书·万石卫直周张传》）

（125）以贤代贤谓之顺，以不肖代不肖谓之乱。（《新论·离事》）

（126）魏武将见匈奴使，自以形陋不足雄远国，使崔季珪代。（《世说新语·容止》）

（127）十一月，前将军刘穆之卒，以左司马徐羡之代掌留任。（《宋书·武帝中》）

（128）如无有代，胡可勿忧。（《修行本起经·出家品》）

此外，这一时期还出现了“代”表“替换、更替”义的用例。如：

（129）昔我祖宗钦明，辰居其极，而明晦代序，盈亏有期。（《宋书·武帝中》）

这一时期，“代”的主要句式与上古时期相同，只是用于“$NP_1+V_{1(代)}+V_2+(O)$”句式的用例较上古汉语时期有所增加。例如：

（130）我代其喜，我终不断功德法。（《道行般若经·摩诃般若波罗蜜难问品》）

（131）复得闻深般若波罗蜜，天上诸天无不代喜者。（《道行般若经·摩诃般若波罗蜜道行经持品》）

（132）上舅丁明代为大司马，亦任职，颇害贤宠，及丞相王嘉死，明甚怜之。（《汉书·佞幸传》）

（133）后都护韩宣复奏，星靡怯弱，可免，更以季父左大将乐代为昆弥，汉不许。（《汉书·西域传》）

（134）淮薨，泰代为征西将军，假节都督雍、凉诸军事。（《三国志·魏书·桓二陈徐卫卢传》）

（135）嘉平初，代郭淮为雍州刺史，加奋威将军。（《三国志·魏书·桓二陈徐卫卢传》）

从以上例句可以看出，在“$NP_1+V_{1(代)}+NP_2+V_2+(O)$”句式中，$V_1V_2$之间可省略介引的对象NP，如例（130）中的“代喜”是“代其喜”的省略，例（135）中的“代为”是“代郭淮为”的省略。当动词“代”经常位于另一动词

之前，构成V_1V_2时，句子的重心就开始向V_2转移，但V_1V_2在语义上仍具有高度的关联性，$V_{1(代)}$由原来表示句子的主要功能的动词转为表示次要功能，同时动作性减弱，逐渐由单音词转变成构词语素，其中一些双音词组因经常使用，出现频率较高，V_1V_2便逐渐凝固成为双音词，如“代为”。

（二）替

中古汉语时期，“替”的核心义仍是“废弃、废止”，但表“衰落，衰败”义的用例开始增多。如：

（136）忠孝并替，难以言智。（《三国志·魏书·程郭董刘蒋刘传》）

（137）陈元方兄弟恣柔爱之道，陵夷犹颓替。（《世说新语·德行》）

（138）求诸天数，犹且隆替，矧伊在人，能无终谢？（《南齐书·高帝上》）

对于“替”表“替代”义的产生时间，学界说法不一。真大成（2014）举到：“岑仲勉《唐史馀渖》卷四‘隋唐时俗语’条云，谓‘代’为‘替’，首见《隋书·李德林传》。王凤阳《古辞辨》认为‘替’的替代义是汉魏以后才产生的。马贝加《近代汉语介词》认为‘替’之替代义已见于先秦，并举《国语·周语上》‘欲替其镇，人亦将替之’为例。岑氏以为最早见于《隋书·李德林传》，不确。王说虽不尽精确，但大体不差。马说则显然非是。”同时他还指出“替”当“替代、替换”义讲，最早见于南北朝史书《宋书》，即下例：

（139）高祖遣将军朱龄石替义真镇关中，使义真轻兵疾归。（《宋书·武三王传·庐陵孝献王义真》）

蒋绍愚（2015）指出，一个词所处的句法位置会影响其词义变化。在例（139）中“替”构成的连动结构里“替”的宾语“义真”为第二个动词的受益者对象，因“替”经常处于连动结构V_1的位置，且宾语多为V_2的受益者，故语义逐渐虚化最终成为介引受益者对象的介词。不过“替”虚化为介词的时间较晚，是在近代汉语时期才发生的。

（三）小结

中古汉语时期“代替”义的主导词仍是“代”，但“代”已有明显地向介词过渡的$V_{1(代)}V_2$句式用例，且开始语素化，与其他词一起构成双音词。“替”在中古及以前的核心义一直为“废弃、废止”，魏晋时期引申出“代替”义。“顶”仍用作名词，其中“事物的最上部”用例有所增加，如“山顶”“树顶”等。“代”和“替”在中古汉语时期的文献用例情况如表3-6所示：

表 3-6 中古汉语时期“代”与“替”的用例统计①

文献	代			替		
	动词			动词		
	代替	V_1V_2	替换	代替	废止	衰落
新论	3	0	1	0	0	0
汉书	158	7	27	0	8	15
太平经	4	0	0	0	0	0
论衡	22	0	2	0	0	0
释名	1	0	0	0	0	0
风俗通义	4	0	1	0	2	0
修行地道经	1	0	0	0	0	0
道行般若经	5	9	0	0	0	0
修行本起经	2	0	1	0	0	0
中本起经	1	0	0	0	1	0
成具光明定意经	1	0	0	0	0	0
般舟三昧经	1	0	0	0	0	0
三国志	93	7	5	0	15	2
抱朴子	18	0	1	0	17	0
搜神记	3	0	1	0	1	0
世说新语	3	0	0		2	0
后汉书	261	37	32		14	3
宋书	197	15	51	1	49	12
南齐书	70	7	7		13	9
齐民要术	4	0	1		0	0
洛阳伽蓝记	3					1
魏书	244	12	38	0	45	8
合计	1099	94	168	1	167	50

① 表 3-6 中“代”下表头部分“V_1V_2”词义认为是动词“代替”义，将它单列出来，是因为从句式角度这种“代+V_2”用例具有介词的倾向，虽保留动词词义，还不能完全视为介词，但具有特殊性，故分别统计。

结合上文分析，绘制中古汉语时期“代”与“替”的语义地图，如图 3-16 所示：

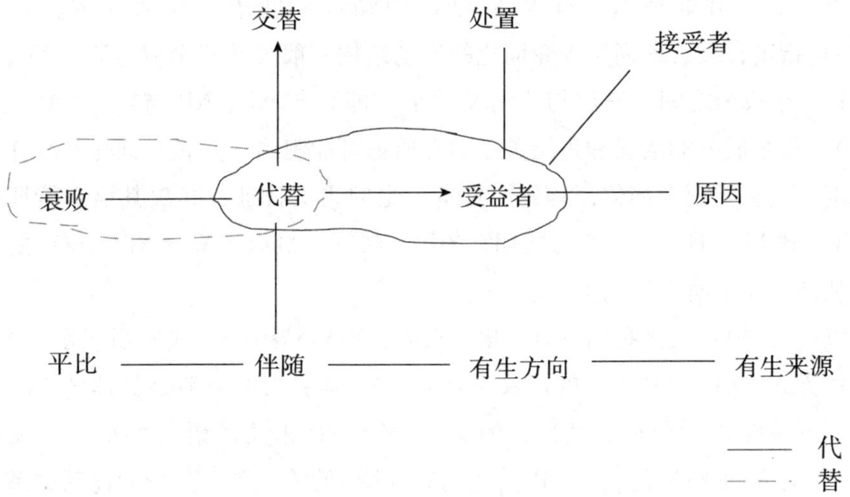

图 3-16 中古汉语时期“代替”义语义地图

三、近代汉语时期“代替”义词汇的语义功能考察

(一) 代

近代汉语时期，“代”主要用作动词，表“代替”义，其可出现的句式同中古时期基本相同，且V_1V_2连动结构的用例迅速增多，V_1逐渐语素化，由其构成的双音词增多。例如：

(140) 爱子情深，终不代君受苦。(《敦煌变文集·破魔变文》)(代替)

(141) 你家大叔要做几件铜器家伙，托我代寻的匠人。你向后边说去。(《歧路灯》七十六回)(代替)

(142) 张姑娘代说明了缘故。(《儿女英雄传》四十回)(代替)

(143) 他又怕烦，常请金粟、子玉等代笔。(《品花宝鉴》四十八回)(代替)

“汉语史上V_1V_2的句法结构容易发生语法化，且发生语法化演变的动词大都是由于句法位置的改变，进入偏正式的连动结构中，作为非中心动词成分，这些动词在结构和语义上依附于其前或其后的中心动词。这种处境和地位导致这些动词的动作性减弱，词义发生抽象化。与此同时，其语法功能也会相应变化，或在中心动词前作状语，或在中心动词后作补语。词义的进一步虚化，又使得这些动词发生语法化：作状语的动词转变为介词，作补语的动词转化为助词。"① 不过，并非所有处于V_1V_2结构的动词都能语法化为介词。何洪峰（2014）指出，汉语动词实现介词化的连动结构一般关涉三个成分V_1、NP、V_2，以及这三个成分之间的三层句法语义关系（即V_1与NP、NP与V_2、"V_1·NP"与V_2）。每个成分的语义和每层关系的性质都可能制约V_1是否介词化及其介词化的程度。V_1要实现介词化，首先要具备一定的语义特征；其次其语义特征要能"溢出"到NP，即NP应有与之相宜的语义特征；最后"V_1·NP"与V_2的关系也应从连动关系演变为偏正关系。

以例（140）为例我们可以看出，首先，V_1V_2结构中"代"虽表示"受苦"的动作方式，但从NP本身的语义来观察，$V_{1(代)}$引出的一般是具体的人，语义较实，不易虚化为介词。其次，$NP_{(君)}$与$V_{1(代)}$有相关的语义特征，这仅说明"代"具有介词化的倾向，"$NP_{(君)}$"与V_2（受）的关系既可分析为连动关系也可分析为偏正关系，$V_{1(代)}$是所谓的"半介词"（即可分析为动词也有介词的特征）。总的来说，汉语动词介词化的主要机制是结构扩展和去语义化，二者缺一不可。V_1V_2结构中"代"虽具备了一定的句法机制，但因其核心义用法牢固，没有完成"去语义化"的过程，不具备介词化的语义条件，即使在连动结构中$V_{1(代)}$仍然保留有动词"代替"义。且唐以后，随着汉语词汇复音化的进一步发展，V_1V_2结构中$V_{1(代)}$后几乎都省略了宾语，V_1与V_2之间的语义融合度进一步提高，"代"逐渐降级为词素，与V_2一起构成双音词，如"代书""代办""代答"等。但是在清末的域外汉语教材中，多次出现"代"表"受益者"功能的用法。例如：

（144）到衙门替他领赃去。那个人就应了，替他去了。（《官话指南》北京官话版）

（145）到衙门替他领赃去。那个人就应了，替他去了。（《官话指南》南方官话版）

（146）到衙门里领赃去。邻舍咊应承之，代伊去者。（《官话指南》上海方言版）

（147）代佢去领。个同屋住应承代佢去。（《官话指南》粤方言版）

---

① 刘坚，曹广顺，吴福祥. 论诱发汉语词汇语法化的若干因素［J］. 中国语文，1995（03）：161-169.

张美兰（2016）以《官话指南》6种版本为例探讨汉语常用词的历时演变在共时层面的不平衡对应分布时指出：《官话指南》有6种版本，北京官话版是所有文本的底本，其他5个版本都是在北京官话版基础上，通过逐条对译形成，分别是南方官话版、沪语版2种、粤语版2种。北京官话版多使用明清代以来新见常用词，粤语、沪语版都使用了大量的方言特征词，粤语改写本有较多的中古汉语常用词，沪语改写本词汇则较多受元明以后官话影响。两种版本对古代常用词保留的形式不一，用词分别向南方官话、北京官话靠近。① 从《官话指南》用例也可以看出在清末官话中表示"代替"义的口语常用"替"，而在用词较古的沪语、粤语版中用"代"。

此外，我们从民国初年域外汉语教材《官话问答》② 中发现民国时期表示"代替"义时口语多用"替"，书面语用"代"，而表示"受益者"功能时北方用"给"，通语和南方用"替"通语词用"代"。例如：

（148a）不会找一个替工儿么？我的事不好找人替。——不可觅人代替乎？予之事不易觅人代。（《官话问答·第五十一课》）

（148b）我替你不行么？——予代汝可乎？（《官话问答便语·第三十三课》）

（148c）到家都替我问好。——到府上代予请安问候。（《官话问答便语·第十课》）

（148d）我有点儿事，你给我办办。——予有一事，求汝代予为之。（《官话问答便语·第一百零四课》）

（148e）跟你说，你也替我办不了。——向汝言，汝亦不能代我。（《官话问答便语·第一百二十八课》）

近代汉语时期还出现了"代替""替代"连用的用例，其中"代替"仅见3例，而"替代"见27例。如：

（149）其主典替代者，文案皆立正案，分付后人，违者，杖一百。（《唐律

① 张美兰. 常用词的历时演变在共时层面的不平衡对应分布——以《官话指南》及其沪语粤语改写本为例［J］. 清华大学学报（哲学社会科学版），2016，31（06）：54-63，192-193.

② 《官话问答》是一部文白双语会话体教科书，收入《汉语会话书续编》（2010）中。张美兰（2018）从文中的相关信息大致推测其抄写时段为从1915年到1924年的民国期间，是朝鲜后期的域外北京官话会话书系列。每课一问一答的对话，白话在前，文言对译在后，其白话以北京官话口语为主。

疏议》卷第二十七·杂律）

（150）葛贴写道："你细细访一访，如果真没有进场，这就了不得，必定有个顶名代替的了。"（《品花宝鉴》三十二回）

（151）胡统领上船之后，要茶要水，全是龙珠一人承值，龙珠偶然有事，便是凤珠替代。（《官场现形记》十二回）

"代"作为动词及构词语素都很强势，所以表示"代替"义的最初的双音词组合一般都是"代+X"，或由"代+X"推导出现的"替+X"，如"代手"与"替手"。唐代开始，"替+X"用例增多。或许可以这样说，"替代"用例多于"代替"这种双向的推导也能从侧面说明"代替"义已成为"替"的基本义位之一。

（二）替

唐宋时期，"替"主要用作动词表"代替"义和介词"受益者"，表示"为、给"义，以介引施事涉及的对象。例如：

（152）怨家煞人贼，即是短命子。生儿拟替翁，长大抛我死。（《王梵志诗·怨家煞人贼》）（代替）

（153）诸子莫错用心，无人替汝，亦无汝用心处。（《五灯会元·南岳下二世》）（代替）

（154）惟愿狱主放孃，我身替孃长受苦。（《敦煌变文集·大目干连冥间救母变文》）（受益者）

（155）太子勿虑，臣替太子死去。（《五灯会元·南岳下十四世》）（受益者）

（156）孩儿今日救了储君，替了亲爷，他须是为国于家。（《元刊杂剧三十种·晋文公火烧介子推》）（受益者）

例（152）（153）中"替"表动词"代替"，例（154）—（156）为介词用法。太田辰夫在《中国语文法》介词一章中指出白居易诗中"低红如解替君愁"及《目连变文》中"我身替孃长受苦"的两例"替"已用为介词。

近代汉语时期，动词"替"可出现的句式主要是$NP_1+V_{(替)}+NP_2+$（O），介词"替"的主要句式是$NP_1+P_{(替)}+NP_2+V_2+O$。动词"替"与介词"替"的句式用差异较大，介词"替"除本身语义特征具有介词语义域介引受事的特点外，NP的范围不再局限于具体的人，还可泛指抽象的事物。同时NP_2具有与"替"相同的语义范畴域，NP的语义可从"替"的语义环境中预测得到，这种情况下"替"的动词性减弱，整个句子的动作性是由V_2承担的，而"替"主要功能是引进对象V_2动作的受益者或受损者。“$P_{(替)}+NP_2$”与V_2之间是偏正关系，如例（159）中“替他”是修饰“送”的状语，“他”是“送”的间接宾语，与“替”之间已脱离动作与受事的关系。从这多方面的特征可判定“替”作为介词已经相当成熟。近代汉语时期，“替”的虚化迅速发展，介词用法广泛运用，尤其是在元曲、明清小说文献中。

元明清时期，在北方方言中“替”的介词用例大为增加，随着可介引的对象范围进一步扩大，其介词的语法功能得到进一步巩固。如：

（157）就如读书人，心不时时刻刻钻到书缝里面，古圣贤便不曾替你代过笔。（《歧路灯》六十九回）（受益者）

（158）忙命小丫头子来替他捶着，彼此捶打了一会歇下。（《红楼梦》第五十三回）（受益者）

（159）到晚夕要吃茶，淫妇就起来连忙替他送茶。（《金瓶梅》第七十二回）（接受者）

（160）凤姐先忙着要干净家伙来，替宝玉拣菜。（《红楼梦》第三十五回）（接受者）

（161）绳祖即拿过二十两，递与李魁道：“你替谭叔送去。”（《歧路灯》第三十三回）（接受者）

随着“替”后可介引宾语进一步扩大，元明时期“随”也出现了一些新的功能，如“原因”“有生来源”和“平比”功能。

（162）遇时辰我替你忧，家堂我替你愁。（《关汉卿戏曲集·感天动地窦娥冤》）（原因）

（163）却说那林黛玉听见贾政叫了宝玉去了，一日不回来，心中也替他忧虑。（《红楼梦》第二十六回）（原因）

（164）那潘金莲嘴快，插口道：“好老气的孩儿！谁在这里替你磕头哩？俺们磕着你，你站着。”（《金瓶梅》第二十一回）（有生方向）

（165）请狄大嫂进我家坐，我替狄大嫂磕头赔礼。（《醒世姻缘传》第八十九回）（有生方向）

（166）“嘴巴！替我一般的做妖精出身，又不是那里禅和子……”（《西游记》第九十三回）（平比）

（167）“天下多少‘斯文’，若论起肚子里来，正替你我一般哩。”（《西游记》第九十三回）（平比）

唐诗中就经常见“NP_1+替+NP_2+愁/忧/欢喜”等情感类词汇的句式，“替”的语义是“为”，但NP_2并不是NP_1发出动作的受益者，从广义上来说NP_2是NP_1产生某情感的原因。近代汉语中“替”的“有生来源”功能用例较少，这一功能产生后并没有发展扩大，主要是因为该功能对其后宾语和V_2多有限定，V_2通常是“言说”“磕头跪拜”等动作状态。“替”的“平比”功能近代汉语时期仅见2例。

近代汉语时期“替”的“废止”义和“衰落”义用例减少，仍保留在一些习语中。如：

（168）令以本宅还其妻子，俾清风远播，无替聿修。（《北史·长孙嵩传》）

（169）不能常存，八节勿替，念身神，康强无病。（《云笈七签》卷五十五）

（170）宋代以来，或轻或杂，其官渐替。（《隋书·百官上》）（衰败）

（三）顶

“顶”本义为“头顶”，《说文·页部》：“颠也，从页丁声”。上古汉语时期用例以本义居多，引申可指“事物的最上部”，但仅见1例。例如：

（171）所谓言者，齐于众而同于俗。今不称九天之顶……何可以公。（《淮南子》卷十九修务训）

中古时期，“顶”表示“事物的最上部”的文献用例增加，例如：

（172）时诸释等甚用惊怪，犹如山顶瀑水流注触崖回波，而作是言。（《大庄严论经》卷第八）

（173）叶叶相加，花色蓊郁，如天庄饰，天幡在树顶。是则为元吉。（《修行本起经》卷下）

近代汉语时期，“顶”的句式由原来的“N+顶”如“山顶”“天顶”“首顶”等发生“位移”提前至谓语之前，如“顶好”“顶高”“顶细”等，“顶”后的谓语多是表示程度的形容词，从语义上来看“顶”的义素由最初［+人的头部］［+顶端］［+程度］［+比较］发生语义泛华，具体义素［+人的头部］［+顶端］脱落。再加上句法位置上的扩展使得“顶”最终具备语法化的可能，由名词发展为程度副词表示“极比”，该用法最早见于宋代。例如：

（174）星图甚多，只是难得似。圆图说得顶好。（《朱子语类》卷第二理气下天地下）

以此可建立“头顶”和“极比”程度之间的联系，如图 3-17 所示：

图 3-17 “顶”的概念空间（一）

宋元时期，“顶”出现动词和量词用法，例如：

（175）佛教最为害道，今纵不可遽灭……皆留发顶冠执简。（《新刊大宋宣和遗事·亨集》）（以头承戴）

（176）忽值一人，松形鹤体，头顶七星冠……，（《新刊大宋宣和遗事·亨集》）（以头承戴）

（177）待取阿速鲁打扮出来，头戴一顶金水镀的头盔……（《五代史平话·晋史平话》卷上）（以头承戴）

（178）那时节正年少为钱少，恨不得去问人强要，则争不戴着一顶红头巾仗剑提刀。（《元刊杂剧三十种·散家财天赐老生儿》）（量词）

从语法化的角度看，量词由名词发展而来，可建立“头顶”和“量词”，“头顶”和“顶戴”之间的联系，如图 3-18 所示：

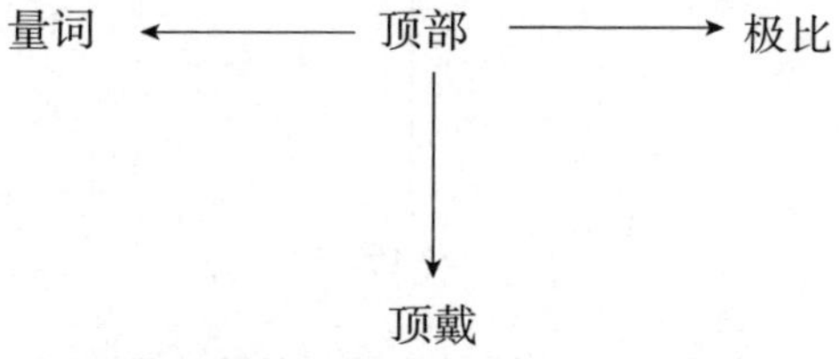

图 3-18 “顶”的概念空间（二）

关于“顶”的“代替”义，《汉语大字典》（2006）第 4355 页，“顶”，在“顶替”义项下举宋代《文献通考·马政》中为例。杨琳（2015）在对“顶缸”一词探源时指出“顶”至少在宋代就已经有顶替的含义，并举以下四例①：

（179）一军之中，某为真立功人，某为顶冒人，唯主帅尤知其详。（宋刘克庄《后村集》卷八十六《辛酉三月十八日》）

（180）所收诸州配隶、强盗、贷命之人，久不问落，顶冒实多，滋长奸宄。（宋罗愿《（淳熙）新安志》载曹径愕仔州太守存《斋先生罗公

① 杨琳.“抬杠”与“顶缸”考源［J］. 文化学刊，2015（12）：16.

传》)

(181) 甲寅乙卯年间签军时，有管民官司令（宋）全等顶替逃户誉德、王仲充军（《元典章·户部》卷三逃亡）

(182) 又统制官占马至四十五匹，名料马，岂特占请马料，每二匹必有一卒以顶其名而盗取其钱以入己者。（元马端临《文献通考》卷一百六十兵考十二）

我们认为，从语义来源上看“顶”的“代替”义是由动词“顶戴”进一步引申而来，如“顶其名而盗取其钱”字面义也可解释为“头顶着他的名字而盗取他的钱财”，经常使用之后，“顶着他的名字”即表示“顶替/假冒别人”，近代汉语中常有“顶冒”“顶替”连用的用法。因此，可以建立“顶戴”和“代替”的关联，如图 3-19 所示：

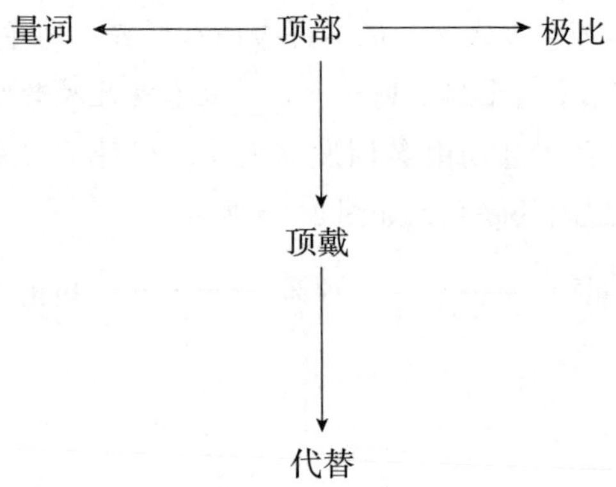

图 3-19　“顶”的概念空间（三）

明代以后“顶”的动词语义增多，引申出“抵住”“撞击”“相当”等义。例如：

(183) 那婆子却待揪他……那猴子死顶住在壁上。（《水浒传》第二十五回）（抵住）

(184) 那妇人顶住着门，慌做一团……（《水浒传》第二十五回）（抵住）

(185) “你一变个什么虫蛭儿……只苦了我们不会变的，便在此顶缸受罪哩！”（《西游记》第二十五回）（顶替）

(186) “死了一个，还有一个顶窝儿的。”（《金瓶梅》第七十五回）（顶替）

(187) 那童儿忽的顶开柜盖……钻出来。(《西游记》第四十六回)（撞击）

（188）“一言既出，驷马难追，岂又有污言顶你？”（《西游记》第八十三回）（撞击）

（189）今早在俺家央俺主人家，寻的九顶十的银子二十两，叫我替他送来。（《歧路灯》第三十三回）（相当）

（190）这本是十里地，就顶十二里走。（《醒世姻缘》第四十一回）（相当）

近代汉语时期“顶”的文献用例统计如表 3-7 所示：

表 3-7 近代汉语时期“顶”的文献用例统计

文献	名词	动词					副词	量词
	顶部	顶戴	代替	撞击	抵住	相当	极比	
敦煌变文集	39							
祖堂集	22							
大唐三藏取经诗话								
朱子语类	13	1					1	
新刊大宋宣和遗事	3	3						
永乐大典戏文三种								
五代史平话	1							1
全相平话五种	4	7						1
关汉卿戏曲集		1						1
元刊杂剧三十种	7	3		1	1			2
老乞大谚解	1	1			1			
朴通事谚解	2							
水浒传	10	20			8			27
西游记	24	27	6	4	7			15
金瓶梅	14	16	14	16	10			62
三遂平妖传	2	6		1			1	8
醒世姻缘	13	10	6	2	19	3		91
儒林外史		2	1	2		1		29
红楼梦	7	3	3	11	1		2	8

续表

文献	名词	动词					副词	量词
	顶部	顶戴	代替	撞击	抵住	相当	极比	
歧路灯	1	6	5	1	7	2	5	17
合计	163	106	35	38	54	6	9	262

从文献的时间和表3-7用例统计来看，根据语义引申规律我们推测“顶戴”语义上包含［+头］［+承受］［+接触］［+放在……之上］义素，其后所带宾语范围的扩大及［+承受］［+接触］义素在语用中进一步凸显引申出“抵住”义。“撞击”义指“用头或言语顶撞”先由“顶戴”引申出“头部的顶撞”，即［+头］［+攻击］［+主动］［+接触］［+向上］义素，经转喻进一步引申出“言语上的顶撞”，即［+言语］［+攻击］［+主动］［+非接触］［+对上位者］义素。故可建立“顶戴”和“抵住”“撞击”的关系。

“顶”的“代替”义表示“以甲换乙、起乙的作用。”其语义包含［+替换］［+地位相同］［+作用相当］，其中［+作用相当］义素凸显，引申出“相当”语义，可建立“代替”和“相当”的关系。“顶”的概念空间如图3-20所示。

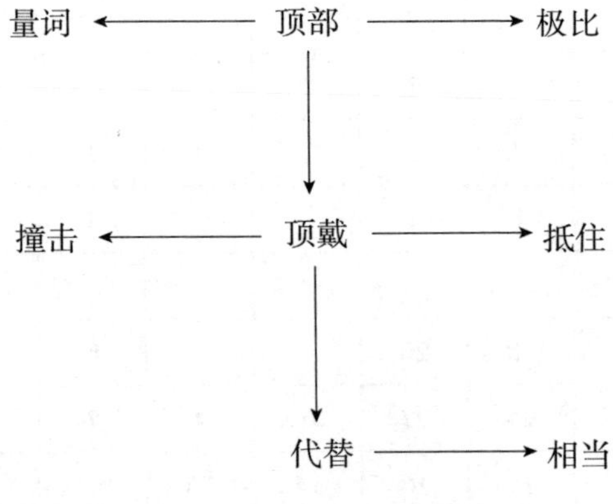

图3-20　“顶”的概念空间（四）

此外，“顶”在近代汉语文献中还有一些用例极少的语义用例，“拜”“挨着，靠近”“迎着”等因用例极少，且不属于本章讨论内容，故不做讨论。

下面我们参考前文对“顶”的共时语义功能的考察，来验证“顶”历时概念空间的有效性。

普通话、西安方言中“顶”有“顶部”“顶戴”“抵住”“撞击”“代替”“相当”“极比”“量词”8项语义功能；太原方言中“顶”有“顶部”“顶戴”“撞击”“代替”“相当”“量词”“抵住”7项语义功能；银川、哈尔滨、绩溪、丹阳方言中“顶”有“顶部”“顶戴”“撞击”“代替”“相当”“极比”“量词”7项语义功能；济南方言中“顶”有“顶部”“顶戴”“撞击”“代替”“相当”“极比”6项语义功能；南昌方言中“顶”有“顶部”“顶戴”“极比”“量词”4项语义功能。以上方言“顶”的语义地图如图3-21所示：

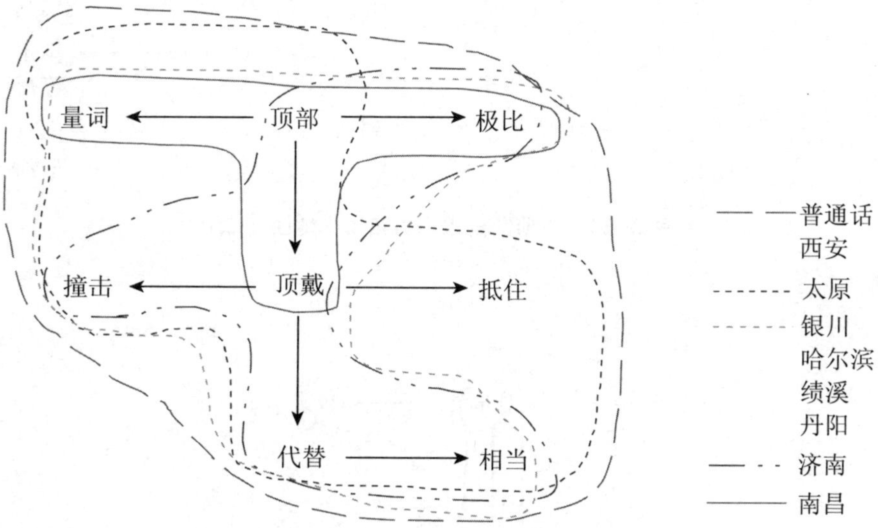

图3-21 “顶”的汉语方言语义地图（一）

萍乡、金华、温州方言中“顶”有“顶部”“极比”“量词”“撞击”“顶戴”“抵住”6项语义功能；扬州、苏州方言“顶”有“顶部”“顶戴”“撞击”“量词”“极比”5项语义功能；南京方言中“顶”有“抵住”“极比”“量词”3项语义功能；于都方言中“顶”有“顶部”“顶戴”“抵住”“代替”“量词”5项语义功能。以上方言“顶”的语义地图如图3-22所示：

东莞方言中“顶”有“顶部”“顶戴”“抵住”“代替”“撞击”“量词”6项语义功能；南宁方言中“顶”有“顶部”“顶戴”“代替”“相当”“极比”“量词”5项语义功能；宁波方言中“顶”有“顶部”“顶戴”“代替”“极比”“量词”6项语义功能；福州方言中“顶”有“顶部”“顶戴”“代替”3项语义功能。以上方言“顶”的语义地图如图3-23所示：

经过汉语方言的验证，本章依据历时词汇语义演变建立的“顶”的概念空

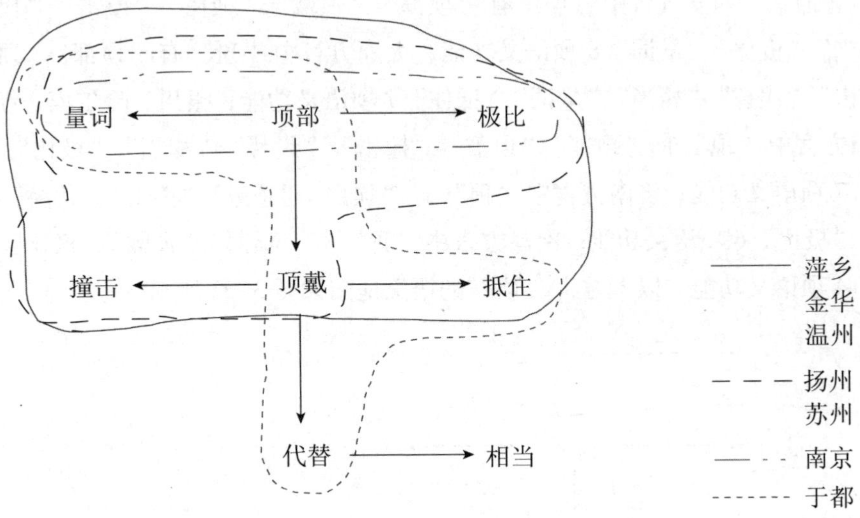

图 3-22 “顶”的汉语方言语义地图（二）

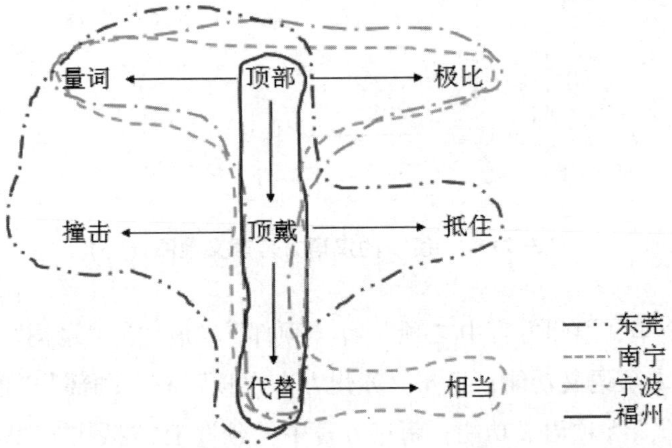

图 3-23 “顶”的汉语方言语义地图（三）

间具有一定的合理性。下面我们利用共同功能节点的联系，对近代汉语时期“代替”义的概念空间进行整合，构建一个更广泛的“代替”义汉语的概念空间。

（四）小结

近代汉语时期，“代”和“替”在“代替”概念场展开激烈竞争。近代汉语时期“代替”义主导动词仍是“代”，但“替”在口语性的文献中用例已经超过“代”。而“顶”在明代进入“代替”概念场，但“代替”义自产生至今一直都是“顶”的非核心义项，在“代替”概念场不具备竞争力，一直是边缘成员，故下表仅对“代”和“替”在近代汉语时期的文献用例统计如表 3-8 所示。

中古时期相比“替”表“代替”义的用例增多。但在唐宋时期“替”的介词用例已和动词“代替”义的用例数总数相差不多。介词“替”产生于唐代，发展于宋代，兴盛于元明清时期。“替”的“代替”义由引申义“衰落、衰败”发展而来，介词“替”是由“代替”义动词语法化，及“代”的影响内外推动所致。

早在中古时期“代”与“替”在语义方面就开始各有分工，到近代汉语时期这种分工进一步明确。“代”一直是“代替”概念场的主导词，核心义牢固、构词能力增强，在近代汉语时期多作为构词语素构成双音词。“替”的义项众多，时昌桂（2009）指出：隋以前“替”作动词有“废弃、衰落、携带、停止、改变、替换、代替”等义项；此外还可作介词表“为、给”义；作名词表“替身”；作量词表“代/辈”义等等。在汉语史上，同一概念场内动词在不同时期的历时演变中存在竞争关系，最终能够成为主导词的往往是语义较为单一的词。当一个词义项过多时，就会影响说者表达的准确性，也会增加听者的理解负担。“替”如此众多的义，词义负担过重，对语境依赖性大，必然造成沟通上的不经济性，在表“代替”义上不得不让位给语义较为单一的“代”，可以说一个词的语义是否明确、单一是影响词汇兴替的一个重要因素。

结合上文分析，我们为“代替”义概念空间的相关功能节点之间的联系加上箭头，并绘制出近代汉语时期“代”与“替”的语义地图，如图 3-24 所示。

从近代汉语“替”的语义地图来看，“有生方向”“平比”和其他功能节点之间没有关联，这违背了“语义地图连续性假说”。“平比”功能用例仅见《西游记》中的 2 例，且其后谓语都是“一般”，整句话主要借助 V_2 “一般”才能辨析出“替”表示相同（或相似）的语义。“平比”功能的产生具有偶然性，故不将其绘入近代汉语的语义地图中。

近代汉语时期，“替”没有“伴随”功能，那么“有生方向”又与哪个语义功能有联系呢？从语义表达来看“替”无论是“受益者”“有生来源”“有生方向”还是“原因”等功能，都与其后 V_2 的语义息息相关。“有生方向”后的

表 3-8　近代汉语时期“代”与“替”的用例统计①

时期	文献	代			替									
		动词			动词				介词					其他
		代替	V_1V_2	替换	代替	废止	衰败	交替	受益者	原因	接受者	平比	有生方向	
唐宋时期	王梵志诗	3			4				4					
	敦煌变文集	4	1	6	7				4					3
	北齐书	33	8	1	2	2								2
	隋书	70	40	7	2	5	10	2	2					1
	唐律疏议	59	10	1	10	1	0							
	北史	163	60	9	3	21	5		1					2
	南史	119	68	12	1	14	4	3	6					1
	祖堂集	4	143	6	4	5			1					
	云笈七签	48	12	6	4	13		8	1					21
	五灯会元	20	165	1	3			2	2					1
	朱子语类	50	15	6	2	3	3	1	10					8
	张协状元								1					1
	刘知远诸宫调					1								
	合计	573	522	55	42	65	22	16	32					40

① 表 3-8 中“代”下表头部分“V_1V_2”词义为动词“代替”义，将它单列出来，是因为从句式角度这种“代+V_2”用例具有介词的倾向，虽保留动词词义，还不能完全视为介词，但具有特殊性，故分别统计。

续表

时期	文献	代			替										
		动词			动词				介词						其他
		代替	V_1V_2	替换	代替	废止	衰败	交替	受益者	原因	接受者	平比	有生方向		
元明清时期	全相平话五种	4		2	1				1						
	大宋宣和遗事	1	1		1										
	元刊杂剧三十种	1			1				6						1
	老乞大谚解								2						1
	水浒传				6			5	87						3
	西游记	4	4		7				71			2			
	金瓶梅	2	3		13				476	2	20		1		12
	三遂平妖传		1	1	3				31		1				
	朴通事谚解								2		4				
	醒世姻缘传	3	25	1	18				527	6	1		12		8
	儒林外史	3	13	4	3				220	1	3		3		
	红楼梦	8		13	7				270	5	2				
	歧路灯	8	24	2	7	1			113						5
	品花宝鉴	45	25		5				145	4					
	儿女英雄传	24	14		1	1		3	123	5					
	合计	103	110	23	73	2	0	8	2074	23	31	2	16		30

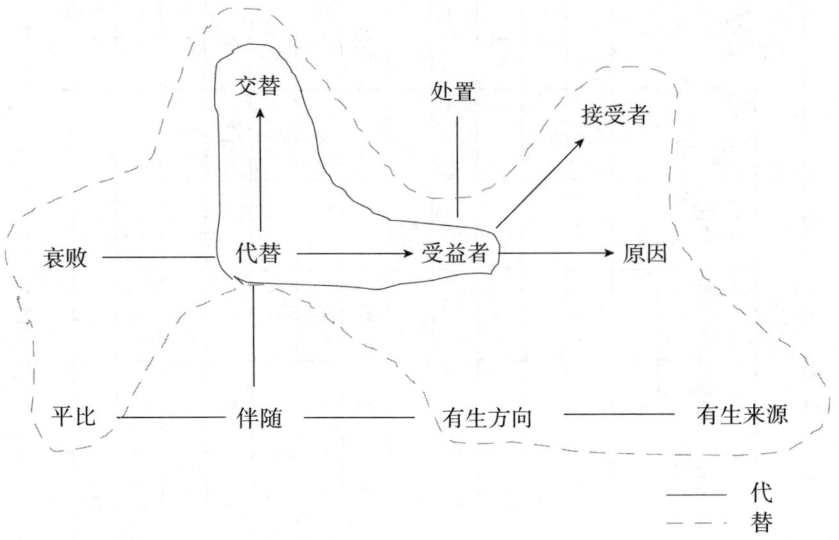

图 3-24　近代汉语时期“代替”义语义地图（一）

V_2一般是“言说”等行为义动词，其后宾语多是言说等行为所达及或指向的人。从“代替”行为的关涉者引申出动作行为的所达者，其后宾语一般也是有指人名词。从语义角度来看，“有生方向”功能也可能是由“代替”义转喻引申而来。故修正概念空间添加“代替”和“有生方向”之间的联系，修正后的近代汉语时期“代替”义语义地图，如图 3-25 所示。

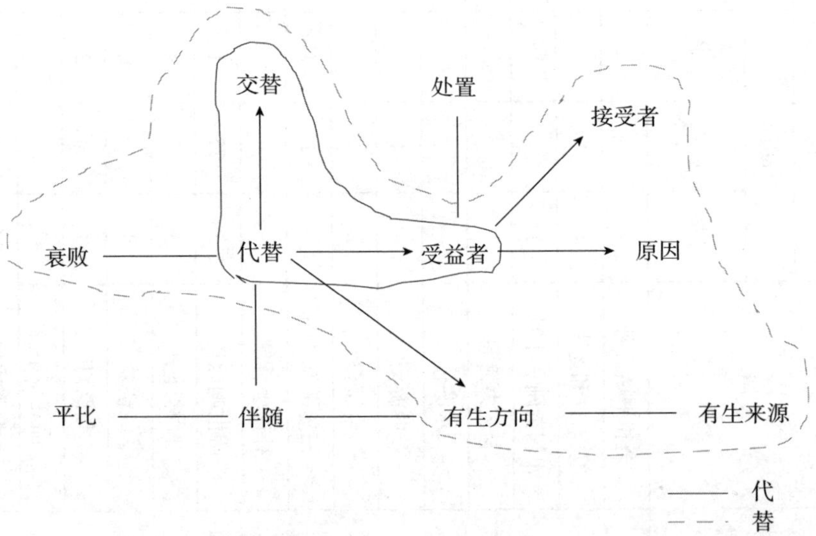

图 3-25　近代汉语时期“代替”义语义地图（二）

通过“顶”共同功能节点的联系，对近代汉语时期“代替”义的概念空间整合，最终构建出更广泛的“代替”义的语义地图，如图3-26所示。

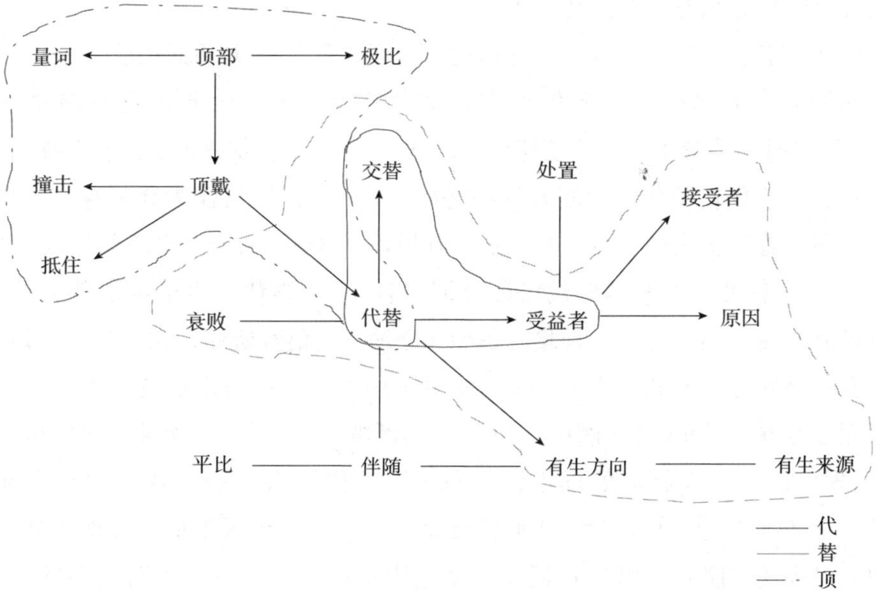

图3-26 近代汉语时期“代替”义语义地图（三）

第三节 本章小结

汉语史上，从先秦至清代“代”始终是动词“替代”概念场的主导词，“顶”在明代中后期才发展出“代替”义，且受其词源义制约一直是“代替”概念场的边缘成员。魏晋时期“替”产生了“替代”义，并在唐宋时期逐渐展现出较强的组合能力，但从历史文献中的用例来看，“替”始终未战胜“代”成为“代替”义概念场的主导词。这一现象是由“替”的语法化及语言内部的经济原则和语义的择一性共同影响所致。

对于“替”语法化的原因和“替”与“代”的历时兴替关系，我们认为：“代”由于经常处于V_1V_2这样的连动结构中，致使它有了语法化的倾向，但因其介词化的语义条件不充分，被“替”分走了介词用法，故最终未在通语里语法化为介词。但在现代汉语某些方言中有“代”作为介词的用例，如扬州、南京等方言。《南京方言词典》中指出，“代”与“替”均可表示服务对象的介词，相当于普通话“给、替、帮”，不过，在“替”词条下仍注释说，作介词表服务对象时更通俗的说法是“代”。

此外，南京方言中“替”还可作动词，而“代”并无动词用法，仅在“代书”一词中作为构词语素还保留有动词“代替”义。由此可见在南京话中“代”和“替”的分工与通语正相反，动词“代”的用法完全让位于“替”，动词“代替”义仅在某些常用复音词中得以保留；“代”仅作为介词存在，且它是比介词“替”更古的成分。马贝加、陈伊娜（2006）指出，“瓯语介词‘代’［de^{22}］的源头可以追溯到近代汉语介词‘替’。当强势方言影响弱势方言时，就有可能出现‘同义替换’现象。不能孤立地进行语言研究，尤其是词汇研究，必须要结合社会与历史等情况，才能跟更全面地窥探语言发展的全貌。宋元时期，在江淮方言、北部吴语中有一个十分活跃的介词‘替’，南部吴语引进介词‘替’时，由于没有相应的词汇，用同义词‘代’来表示‘替’的意义和功能。”① 但我们知道，唐以后由于政治变动、军事战争等因素造成几次大规模的中原人口南迁，使宋元以后官话不断地向南推移，从而造成了对吴语的影响。太湖片的吴语比南片吴语带有更多的北方话成分，官话化最为显著。这也说明北部吴语受北方官话的影响较多，而相对的南部吴语中则较多保留了较古的汉语成分。从本章分析来看，瓯语中的介词“代”可能是古汉语的保留，不是因介词“替”的同义替代产生的，应该是北部吴语受北方官话的影响介词“代”被“替”所取代。民国初年域外汉语教材《官话问答》在表示介词“为、给、替”时，通语/南方用“替”，北方话用“给”，通语旧词为“代”。“替”在北方一些方言中表“代替”义，偶尔也可用“给”。总之，“替”的介词化受到了自身语法位置，以及其对介词“代”的同义替代的影响。从词汇演变的内部规律来看，最终成为某一概念场主导词的一定是语义比较单一的词。在动词“代替”概念场“替”之所以没有取代“代”，一是在语义上“替”仅取代了“代”的指人之间代替的语义，即只是代替了“代”的部分语义，二是“替”发生了介词化，语义不再单一。随着“替”的介词化，“代”在动词“代替”概念场的地位更加稳固。

---

① 马贝加，陈伊娜. 瓯语介词“代”的功能及其来源［J］. 汉语学报，2006（03）：35.

第四章

"跟随"义动词的历时演变与语义地图

本章主要讨论动词"跟随"概念场常用词的历时兴替，构建"跟随"义概念空间，通过语义地图方法分析该概念场主要词汇演变的路径及方向，进一步探索该概念场内各词语法化为介词的动因。

汉语史上表示"跟随"义的动词有"从、跟、随"。从现代汉语普通话来看，"从"已经基本退出该概念场，而"随"和"跟"有明显的语体色彩上的差异，"跟"较多用于口语，"随"较多用于书面语。"从"的退出主要是因为其语义众多，核心义发生转移。"与"在动词"跟随"概念场中一直是边缘成员，故不讨论。王凤阳（1993）指出："'随'和'从'意思都是跟在别人后面，和别人向同一方向前进。但这两个词有细微的差别，'随'主观上是被动的，不强调随从者的主观意志，别人到哪里就跟着到哪里。而'从'则含有跟随者的主动性在内，是自愿地、有意识地跟在后面。这种区别鲜明地体现在它们各自的引申义中。"① 现代汉语方言中除"从、跟、随"三个词外，闽语平和方言的"趁"，龙岗方言的"赢"，永胜方言的"搭"也可表示"跟随"义。

目前学界对"跟随"概念场常用词的历时兴替的研究不多，主要集中于对该概念场内单个词的语法化研究。介词"从"的研究成果丰硕，专家学者多从历史角度考察介词"从"的产生及其发展演变。例如：吕叔湘（1942）指出"从"可以表示动作的出发点、经由、范围；黄伟嘉（1987）对甲骨文、金文中"从"的介词用法进行研究，指出"从"介引动作发生的处所和动作关涉的对象；陈虎、崔永东（1990）对甲骨文中的虚词进行研究，指出"从"在甲骨文中可用作介词介引处所起点和时间起点，还可以用作副词；马贝加等（2002）对介词"从"的产生和发展演变进行了探讨，指出"从"由动词虚化为介词，先产生表"经由"的功能，进而引申出表示处所起点的功能，又由表处所起点

① 王凤阳. 古辞辨［M］. 长春：吉林文史出版社，1993：731－732.

的功能继续虚化，成为“于”“在”的同义词；张赪（2002）研究指出介词“从”在先秦时期已经产生，用例非常少，主要用来介引进动作的起点，也可介引动词经过的场所，到西汉时期还可用于介引动作的对象；陈勇（2005）论述了“从”引进处所、时间用法的产生过程。史冬青（2008）从重新分析的角度对“从”由表“跟随”的动词虚化为方所介词的过程进行了分析，探讨了“从”作起点题元标记和停点题元标记的用法；曾仪菲（2012）考察“从”的语法化过程，探讨了“从”语法化的动因和机制。此外，还有从专书的角度对介词“从”的产生、发展进行的研究，如：刘子瑜（2013）、王玉红（2012）、王用源等（2012）的研究。

关于介词“随”的产生，目前学界的看法较为一致，认为先秦“随”就有了介词的用法。《古代汉语虚词通释》《古汉语虚词词典》中均指出：介词“随”用来“介引动作施行时遵循的路线和依凭的对象”，即“沿着”“依照”，并举《尚书·益程》“予乘四载，随山刊木”一例，作为介词“随”出现的最早出现的例证。马贝加（2003）也将“随山刊木”的“随”看作动词向介词转化的临界点，但她指出这一例还不能完全看作介词。吴福祥（2003）从类型学角度对汉语“伴随介词”语法化进行研究，从共时和历时角度对汉语中“伴随”义词汇进行描写分析，概括出在汉语中存在由“伴随动词”语法化为“伴随介词”进一步语法化为“并列连词”的模式。于飞（2008）对两汉常用词进行研究，指出表示“跟随”义的词，现代汉语中用“跟”，两汉时期主要用“随”和“从”，西汉开始“从”和“随”的地位开始发生变化，“随”虽是后起，但发展迅速，在东汉汉译佛经中“随”的出现频率已经远远超过“从”。吴波（2012）指出“随”在西汉只是出现了个别类似于介词的用例。随着“随N+VP”句式的大量使用，“随”逐渐由动词语法化为伴随介词，之后又进一步发展为经由介词和凭据介词。

学界围绕“跟”的研究也较多。《现代汉语八百词》（1999）第230页指出“跟”可以作名词、动词、介词、连词、副词等。朱德熙（1983）从语义层面对介词“跟”及其搭配成分进行讨论。李炜等（2010）对北京话语料进行历史的考察和分析，指出北京话中表达与事范畴相与关系和指涉关系的介词“跟”是在清中叶以后产生的，连词“跟”在清代晚期产生。李炜、石佩璇（2015）认为北京话中“跟”有三种用法，分别是跟随动词、与事介词和并列连词。此外，学界在对“和”类虚词进行研究时，往往也都涉及虚词“跟”的产生时间及语法化方面的讨论，如刘坚（1989）、马贝加（1993）、于江（1996）、王菲宇（2012）等的研究。值得一提的是王菲宇（2012）运用语义地图方法来研究现代汉语普通话和方言中表示并列、伴随关系的“关联项”，她根据普通话和合肥方言“跟”的各种语义初步建立伴随格的概念空间，并以“跟”的历时语义演变情况对已有概念空间进行修正，最后绘制了现代汉语普通话及方言中的伴随格语义地图。

从历史角度系统地对“跟随”义概念场词汇进行考察的，目前仅见郭家翔（2013）对“从、随、跟”的演变模式的讨论。他认为“从、随、跟”这三词源义相同但介词义形成分工和互补，其语法化过程各异。

从共时平面来看，“跟随”义词汇的研究相对薄弱，目前见到的研究成果仅有对部分汉语方言介词“跟”的研究。如：胡云晚（2007）对湖南洞口方言（老湘语）的“跟”进行考察，指出在老湘语中“跟”具有引出受物者的功能，她认为此功能是介引动作所为者的“替”“和”词义渗透的结果。黄亚芳（2014）考察九江官话中的“跟”，指出九江官话中“跟”的语义功能有“伴随”“有生来源”“有生方向”“关涉”“关联”“处所”“平比”等功能。李炜等（2015）对北京话的“与事介词”进行考察，指出北京话“跟”的与事介词用法始于清中叶，其语法化途径是“跟随义动词>指涉关系介词>相与关系介词>并列连词”。唐浩（2017）对东海（驼峰）话的“跟”进行考察，指出东海（驼峰）话中“跟”的处置功能来源于受益者功能。金小栋、吴福祥（2018）较为全面地考察了汉语方言多功能语素“跟”的语义演变，指出汉语方言中“跟”可用作动词、介词、连词，其语义功能有 22 种，如：跟随、伴随、关联、平比、受益者、经由、处所源点、时间源点、并列等。

与以往的研究不同，本章关注的是把历时和共时结合起来对“跟随”义常用词“从、跟、随”的历时演变及语义功能变化进行研究，重在揭示“跟随”义词汇在演变中存在的语义的蕴涵及发生演化的机制和动因。

第一节 “跟随”义词汇的共时语义功能考察

一、“跟随”义词汇的语义功能界定

（一）“从”① 的功能节点的界定

《现代汉语词典》（第 7 版）第 217 页，“从”有如下义项：

❶动，跟随：~征。

❷动，顺从；听从：胁~｜力不~心。

❸动，从事；参加：~艺｜~军｜~商。

❹动，采取某种方针或态度：~缓｜~简｜~宽｜~严。

❺名，跟随的人：随~｜侍~。

❻形，从属的；次要的（跟“主”相对）：主~｜~犯。

❼名，堂房（亲属）：~兄｜~叔。

❽介，a）起于，“从”表示“拿……做起点”：~上海到北京｜~这儿往西｜~现在起｜~不懂到懂｜~无到有｜~少到多。

b）表示经过，用在表示处所的词语前面：~窗缝里往外望｜你~桥上过，我~桥下走｜~他们前面经过。

c）表示根据：~笔迹看，这字像孩子写的。

❾副，用在否定词前面，表示自过去到现在：~没有听说过｜~未看见中国人民像现在这样意气风发，斗志昂扬。

❿（Cóng）名，姓。

《现代汉语八百词》第 130—131 页，“从”有以下义项：

［介］①表示起点。常跟“到、往、向”等配合使用。a）指处所、来源。跟处所词语、方位词语组合。~东到西｜知识~实践中来。b）指时间。跟时间词语、动词短语或小句组合。~早到晚｜~上回大家给我提了意见，我就经常注

---

① 本书讨论的“从”读音为 cóng，疾容切，“跟随”义相关义项。在历史文献中“从”也可作“纵”的古字，音为 zòng，即容切。义项有①直。南北曰从，东西曰横②合纵③放纵④纵然等。此等用法不在本书讨论范围内，在下文语料统计中均排除与此相关用例。《现代汉语词典》（第 7 版）注⑤⑥⑦旧读 zòng。

意改正。c）指范围。跟名词、动词短语或小句组合。~头到尾｜今天~李自成攻克洛阳讲起。d）指发展、变化。跟名、动、形数量组合。~无到有｜~简到繁。

②表示经过的路线、场所。跟处所词语、方位词语组合。~小路走｜~空中运输。

③示凭借、根据。跟名词组合。~工作上考虑｜~实际情况出发。

④意思同“从来”。只用在“不”“未”前，有文言色彩。后面必须用双音节动词或动词短语。~不推辞｜~不向困难低头。

本节结合词典释义、前人研究成果和方言调查，选取“从”的功能节点，并尝试构建以“跟随”义为核心的“从”的概念空间，进而绘制出相关的语义地图。

我们考察的“从”的语义功能大体涵盖以下 13 项：跟随、听从、从来、伴随、凭借、有生来源、处所源点、时间源点、状态源点、经由、处所、范围、沿着。结合以往研究成果的论述，现将这些功能简要界定如下：

A. 跟随，从后面紧接着向同一方向行动。

（1）若有宾客，则从后。（《周礼·天官冢宰》）

（2）张良从沛公之时。（《史记·项羽本纪》）

B. 听从，表示行为上的听任、依从。

（3）对此事我真是力不从心啊。

（4）这件事你就从了他吧。（荣成方言：这件事你就听从他的意见吧。）

C. 从来，时间副词表示历来、向来。

（5）他上学从没迟到过。

（6）母亲从没听说过此事。

D. 伴随

（7）伴从嫁。（福州方言：随家丫头。）

E. 凭借

（8）从这方面来看他不是什么好人。

（9）从她的眼神中我感到对这件事的愤怒。

F. 有生来源

（10）你从他要一点吧。（保定方言：你向他要一点吧。）

（11）从妇求酒。（向妇求酒。）（《世说新语》）

G. 处所源点

（12）从校门往北走便是中央主楼。

（13）这是从国外寄来的包裹。

H. 状态源点

（14）一切从实际出发。

（15）从老师成为朋友。

I. 经由

（16）你从前面过。

（17）我从田里小路那边来的。

J. 处所

（18）我从商店里买的手套。（延安方言：我在商店里买的手套。）

（19）小林从学校吃的饭。（延安方言：小林在学校吃的饭。）

K. 时间源点

（20）我从今天开始要好好学习。

（21）北京的天气从五月份开始就热了起来。

L. 范围

（22）从头至尾。

（23）从历史的长河里……

在以上语义功能界定的基础上，我们调查和整理了 20 种汉语方言和普通话中的“从”的语义和功能，根据《现代汉语词典》普通话中“从”具有“听从”“从来”“凭借”“处所源点”“时间源点”“状态源点”“经由”“范围”8个功能节点。其他方言点“连”的语义功能如表 4-1 所示：

（二）“随”功能节点的界定

《现代汉语词典》（第 7 版）第 1252 页，“随”有如下义项：

❶动，跟②：跟~｜~军｜~大溜。

❷动，顺从：~顺｜~风转舵｜只要你们做得对，我都~着。

❸动，任凭：~意｜~便｜去不去~你吧。

❹顺便：~手。

❺〈方〉像：他长得~他父亲。

❻（Suí）姓。

《现代汉语八百词》第 517 页，“随”有以下义项：

表 4-1 “从”的方言调查整合表

方言点	动词		副词	介词										语料来源
	跟随	听从	从来	伴随	凭借	有生来源	处所源点	时间源点	状态源点	经由	处所	范围	沿着	
保定		+	+		+	+	+	+	+	+	+	+		笔者调查
济南							+	+			+	+		《济南方言词典》
荣成		+	+		+		+	+	+	+	+	+		笔者调查
成都			+				+	+	+	+		+		《成都方言词典》
贵阳							+	+	+	+		+		《贵阳方言词典》
乌鲁木齐			+				+	+		+		+		《乌鲁木齐方言词典》
银川			+					+		+		+		《银川方言词典》
延安		+	+		+		+	+	+		+			笔者调查
西安			+				+	+	+	+		+		笔者调查
扬州			+				+	+		+				《扬州方言词典》
临武			+		+	+	+	+	+	+		+		笔者调查
柳州							+	+	+	+	+	+		《柳州方言词典》
丹阳			+				+	+		+		+		《丹阳方言词典》
金华			+					+				+		《金华方言词典》

续表

方言点	动词		副词	介词										语料来源
	跟随	听从	从来	伴随	凭借	有生来源	处所源点	时间源点	状态源点	经由	处所	范围	沿着	
长沙							+	+		+				《长沙方言词典》
苏州							+	+		+		+		笔者调查
徐州								+						《徐州方言词典》
南昌			+				+	+	+			+		《南昌言词典》
萍乡								+				+		《萍乡方言词典》
福州		+		+										《福州方言词典》
南宁			+				+							《南宁方言词典》

［动］①跟随。常带“着”。必带名词宾语。~着经济建设高潮的到来……

②任凭，由着。必带名词宾语。多用于无主句，前边多用动词或小句。去不去~你｜五块钱一张票，~你坐多少站。

本节结合前人研究成果和方言调查的基础上，选取“随”的 7 项语义功能：跟随、听从、任凭、随即、伴随、凭借、沿着。结合以往研究成果，将这些功能简要界定如下：

A. 跟随，从后面紧接着向同一方向行动。

（24）我随着我，别乱跑。

（25）小张随父亲回老家了。

B. 听从，表示行为上的听任、依从。

（26）找对象的事你就随我的意吧。

（27）这件事随他去，爱怎么办就怎么办。

C. 任凭，表示对他人的行为意愿不加干涉任由其决定。

（28）去不去随你。

（29）衣服已经买了，穿不穿随你。

D. 随即，表示副词立刻、马上。

（30）随吃随做。

（31）随来随投票。

E. 伴随

（32）你随我一起去学校吧。

（33）小张随朋友回老家了。

F. 凭借

（36）随吃多少而做多少。（临武方言：依据吃多少而做多少。）

（37）这个做豆豉的方法要随做多少而摘豆子。（这个做豆豉的方法啊，要根据你做多少而摘豆子）。

G. 沿着

（38）随水流向下找，应该能找得到。

（39）这座城市是随河流而建设的。（这座城市是沿着河流建设的。）

在以上语义功能界定的基础上，我们调查和整理了 20 种汉语方言和普通话中的“随”的语义和功能，根据《现代汉语词典》普通话“随”具有“跟随”

“听从”“任凭”“随即”“伴随”“凭借”“沿着”7个功能节点。其他方言点“随”的语义功能如表4-2所示：

表4-2 “随”的方言调查整合表

方言点	动词			副词	介词			语料来源
	跟随	听从	任凭	随即	伴随	凭借	沿着	
保定	+	+	+	+		+	+	笔者调查
济南	+	+	+					《济南方言词典》
荣成	+	+	+			+		笔者调查
西安		+	+	+		+		笔者调查
延安	+	+	+	+	+	+		笔者调查
乌鲁木齐	+	+						《乌鲁木齐方言词典》
银川	+	+		+				笔者调查
成都			+		+			《成都方言词典》
贵阳			+					《贵阳方言词典》
柳州					+			《柳州方言词典》
扬州			+	+				《扬州方言词典》
临武		+	+	+		+	+	笔者调查
苏州			+					笔者调查
徐州		+	+					《徐州方言词典》
丹阳			+	+	+			《丹阳方言词典》
金华			+					《金华方言词典》
长沙			+					《长沙方言词典》
南昌		+	+	+				《南昌方言词典》
萍乡					+			《萍乡方言词典》
福州			+					《福州方言词典》
南宁			+					《南宁方言词典》

（三）“跟”功能节点的界定

《现代汉语词典》（第7版）第445页，“跟”有如下义项：

❶（~儿）名，脚的后部或鞋袜的后部：脚后~｜高~儿鞋。

❷动，在后面紧接着向同一方向行动：他跑得再快，我也~得上◇~上形势。

❸动，指嫁给某人：他要是不好好儿工作，我就不~他。

❹介，引进动作的对象。a）同：有事要~群众商量。b）向：你这主意好，快~大家说说。

❺介，引进比较或比拟的对象；同：高山上的气压~平地上不一样｜他的脾气从小就~他爸爸非常相像｜脸白得~纸一样。

❻连，表示并列关系；和：车上装的是机器~材料｜他的胳膊~大腿都受了伤。

《现代汉语八百词》第230页，“跟”有如下义项：

［动］在后面紧接着向同一方向行动。不能单用，必须加趋向动词或在前后加介词短语。你走慢一点，快了老太太~不上。

［介］①表示共同，协同。只跟指人的名词组合。你去~老王研究一下｜我~你一起去。a）否定词“不”用在“跟”前，表示主观意愿。我不~他在一起。用在“跟”后，表示客观事实。我~他不在一起。b）否定词“没”在前在后意思相同。我没~他在一起（=我~他没在一起）。

②指示与动作有关的对方。只跟指人的名词组合。a）对。把你的想法~大家谈谈。b）从……那里。这本书你~谁借的。

③表示与某事物有无联系。他~这事没关系｜这事~我有牵连。

④引进用来比较的对象。后面常用“比、相同、不同、一样、差不多、相像”等词。女儿长得~妈妈一个样儿｜我的看法~你不同。

［连］表示平等的联合关系，和。一般连接名词、代词。小李~我都是山西人。

本节结合前人研究成果和方言调查，选取“跟”义词汇的功能节点。我们选取的“跟”语义和功能大体涵盖以下16项：跟随、伴随、关联、平比、差比、有生方向、有生来源、处所、经由、处所源点、处所终点、时间源点、沿着、受益者、接受者、并列。

A. 跟随，从后面紧接着向同一方向行动。

（40）你走慢一点，要不她跟不上。

（41）紧跟时代步伐。

B. 伴随

(42) 跟我去学校。

(43) 我跟你一起去。

C. 关联

(44) 这个事情跟你一点儿关系都没有。

(45) 听说老王跟孙家的那位是棋友。

D. 受益者

(46) 你跟我值一天班好啵？(九江话：你替我值一天班好吗？)①

E. 接受者

(47) 屋人跟我寄了点东西。(九江话：给我寄了点东西。)②

F. 平比

(48) 这块料子不跟那块好。(北京方言：这块料子不比那块好。)

(49) 他跟我一样大。

G. 差比

(50) 我的饭量跟他的饭量大些。（安陆方言：我的饭量比他的饭量大一些。)

(51) 这间房子跟那间可大多了。(北京话：这间房子比那间大多了。)

H. 有生方向

(52) 你跟你妈说说这事去。

(53) 老师跟家长商量了比赛的具体事情。

J. 有生来源

(54) 他究竟跟你借了多少钱？

(55) 你跟你妈要去。(宁夏中卫沙坡头方言：你和你妈妈要去。)

K. 处所源点

(56) 我刚跟家来的。(荣成方言：我刚从家来的。)

(59) 我刚跟乡下来。(北京方言：我刚从乡下来。)

L. 处所终点

(57) 你跟屋里坐会儿。(荣成方言：你到屋里坐会儿。)

---

① 黄亚芳. 江西九江话介词“跟”的研究［J］. 艺术科技，2014，27（06）：163 .

② 黄亚芳. 江西九江话介词“跟”的研究［J］. 艺术科技，2014，27（06）：163 .

（58）咱们跟学校走。（荣成方言：咱们到学校去。）

M. 处所

（59）他们跟街上站着呢。（北京方言：他们在街上站着呢。）

（60）您跟家住呢吗?（北京方言：您在家住吗?）

N. 经由介词

（61）跟这儿穿过去。（北京方言：从这里穿过去。）

（62）你跟那头走。（保定方言：你从那边走。）

O. 时间源点

（63）我跟今儿开始跑步去。（我从今天开始跑步。）

P. 凭借，介引作为依据或根据的对象。

（64）跟俺来看，这件事倒不是不可能。（荣成方言：依我看这件事倒不是不可能。）

（65）跟这么看他是个好人。（荣成方言：从这方面看他是个好人。）

Q. 沿着

（66）跟那条路往前走就是学校了。（延安方言：从那条小路往前走就是他家了。）

（67）跟河边过去取就是他家。

R. 并列

（68）我跟你都是属虎的。

（69）你跟我都是到上海去的。

在以上语义功能界定的基础上，我们调查和整理了 22 种汉语方言和普通话中的“跟”的语义和功能，根据《现代汉语词典》普通话中“跟”具有“跟随”“伴随”“关涉”“平比”“关联”“有生方向”“有生来源”7 个功能节点。其他方言点“跟”的语义功能如表 4-3 所示：

二、“跟随”义概念空间的建立

从上述方言调查来看，“从”“随”“跟”这三个词的语义功能都较多，且很多方言中动词源义都已消失，无法从方言实际用法中建立各语义功能间的关系。我们在下文将通过对“跟随”义词汇的历时语义考察，结合语法化和语义演变的路径，从历时角度建立“跟随”义各功能节点的联系，然后再利用方言语料绘制共时语义地图对历时的概念空间进行验证。

表 4-3 “跟”的方言调查整合表

方言	动词	副词	介词																连词	语料来源
	跟随	随即	伴随	受益者	关涉	接受者	处置	平比	差比	关联	有生方向	有生来源	处所源点	处所终点	经由	处所	时间源点	凭借	沿着	并列	
北京话	+		+					+					+		+	+					《北京方言词典》
保定	+		+					+	+	+	+	+	+		+	+				+	笔者调查
济南	+		+								+									+	《济南方言词典》
荣成	+		+					+	+	+	+	+	+		+		+	+		+	笔者调查
西安	+		+					+			+									+	笔者调查
延安	+	+	+					+	+	+	+	+				+				+	笔者调查
乌鲁木齐	+		+								+										《乌鲁木齐方言词典》
银川	+																				《银川方言词典》
临武	+																				笔者调查
成都	+	+																	+		《成都方言词典》
贵阳	+		+		+	+				+	+	+							+	+	《贵阳方言词典》
柳州	+							+			+		+		+					+	《柳州方言词典》
扬州	+	+	+							+	+									+	《扬州方言词典》

续表

方言	动词	副词	介词																	连词	语料来源
	跟随	随即	伴随	受益者	关涉	接受者	处置	平比	差比	关联	有生方向	有生来源	处所源点	处所终点	经由	处所	时间源点	凭借	沿着	并列	
东海	+		+	+	+	+	+				+									+	笔者调查
徐州	+	+																			《徐州方言词典》
丹阳	+	+									+									+	《丹阳方言词典》
金华			+					+			+										《金华方言词典》
长沙	+				+			+	+		+	+								+	《长沙方言词典》
南昌	+			+							+	+								+	《南昌方言词典》
萍乡	+		+					+	+		+	+							+	+	《萍乡方言词典》
福州	+																				《福州方言词典》
南宁	+	+											+						+		《南宁方言词典》
九江	+		+	+	+	+		+	+	+	+	+				+					黄亚芳《江西九江话介词“跟”的研究》（2014年）

第二节 “跟随”义词汇的历时语义考察

一、上古汉语时期“跟随”义词汇的语义功能考察

（一）从

“从”在先秦就已是介词。马贝加（2002）指出先秦两汉时期汉语介词范畴的特点是：“一个介词兼有多种功能，一种功能由多个介词承担。可概括为‘数目少，兼职多’六个字。”① 这也体现了“从”在上古汉语早期语法化程度已经较高。

“从”，《说文·从部》：“从，相听也。”“從，随行也。”“从”和“從”为古今字，其基本义项是“跟随”。先秦时期“从”由动词“跟随”义引申出“率领”“顺从”“听从”等义，并且已经虚化为介词，表示处所源点、状态源点、时间源点、经由、范围、有生来源等。例如：

（70）二人从行，谁为此祸？（《诗经·小雅·何人斯》）（跟随）

（71）瘈狗入于华臣氏，国人从之。（《左传·襄公》）（跟随）

（72）主人与客让登，主人先登，客从之，拾级聚足，连步以上。（《礼记·曲礼上第一》）（跟随）

“从”在上古汉语时期的文献用例情况如表 4-4 所示：

表 4-4 上古汉语时期“从”的文献用例统计

文献	动词		介词							
	跟随	听从	经由	处所源点	时间源点	状态源点	处所	范围	凭借	有生来源
尚书	9	26								
诗经	18	12								
周易	9	14								
仪礼	102	38		1						

① 马贝加. 近代汉语介词［M］. 北京：中华书局，2002：2.

续表

文献	动词		介词							
	跟随	听从	经由	处所源点	时间源点	状态源点	处所	范围	凭借	有生来源
周礼	22	12								
礼记	54	61		3			1	1		
春秋公羊传	20	21								
春秋谷梁传	14	16								
左传	188	284	5	3	1		1	1		
国语	48	88			1		1			
战国策	53	45		13	2	2	1	6	3	
论语	7	14			3					
孟子	13	18		1						
墨子	17	26		8				6		
庄子	15	19		2						
荀子	13	64		4		1				
韩非子	25	39		11	2	1	2	1	1	
吕氏春秋	22	24	1	14	12	2		1	6	
老子		1								
商君书	6	6								
管子	47	62	1	9		1	1	2	1	
晏子	26	19	2	3				2		
孙子	3	4						1		
大戴	24	23		2		2				
韩诗外传	27	23	1	5	1		1	3		
吴子	2	8		1						
尉缭	2	8						1		
六韬	3	4		4			1	1	2	
司马法	1	1								

续表

文献	动词		介词							
	跟随	听从	经由	处所源点	时间源点	状态源点	处所	范围	凭借	有生来源
慎子	1	4	1	1						
通玄真经	11	17		2	1			1		
关尹子	2	5								
鹖冠子	10	5		3	1	1		4	1	
邓析子	2	3								
孝经		2								
素问	29	76	7	18		3	10	10		
灵枢	1	7	29	38		4		21	4	
孔子家语	38	51			1		1		1	
孔丛子	15	9		1				1		
史记	469	199	35	136	8	3	8	22	10	2
新语	3	5								
春秋繁露	6	31	1	8				5	1	
淮南	27	36	2	19	1	5	5	8	3	
新序	21	27		13		1	1	2	4	
说苑	47	53	5	17			1	1	2	
新书	18	21								
马王堆汉墓帛书	2	6		4				3		
睡虎地秦墓竹简	4	8								
合计	1496	1545	90	344	34	26	35	104	39	2

“从”的“听从”义的产生是由本义实际行为方面的“跟在后面”通过隐喻引申出来。

（73）强言霸说于曹伯，曹伯从之，乃背晋而奸宋。（《左传·哀公》）（听从）

(74) 愿大王从臣之计。大王不从臣之计，今见大王事必不成而语先泄也。(《史记·淮南衡山列传》)(听从)

由此可先建立“跟随”与“听从”之间的关联。如图 4-1 所示：

跟随 ——→ 听从

图 4-1 “从”的概念空间（一）

这一时期“从”也经常出现在“$NP_1+V_{1(从)}+NP_2+V_2+$（O）”的连动句式中，例如：

(75) 昔臣习于知伯，是以佐之，非能贤也。请从伯游。(《左传·襄公》)(跟随)

(76) 有一妇人，遂从窦入，得至公所。(《管子·小称第三十二》)(跟随)

(77) 吾尝从君济于河，鼋衔左骖，以入砥柱之中流。(《晏子·内篇谏下》)(跟随)

(78)“先帝后宫非有子者，出焉不宜。”皆令从死，死者甚众。(《史记·秦始皇本纪》)(跟随/伴随)

例（75）（76）中$V_{1(从)}$仍然含有动词性，不能视为介词。“跟随”动词本身含有的义素是：[+跟在后面][+共同做某事]（NP_1和NP_2之间是主从关系）[+运行][+位移][+路径]。例（77）（78）中$V_{1(从)}$的动词性已经减弱，语义功能处于动词与介词的中间状态。例如“从死”可以解释为“一起死/跟随死”，虽然语义里仍包含［+跟在后面］和［+共同做某事］，但是这只涉及“时间上的先后”和“NP_1同一动作的协同者”，［+位移］［+路径］两个语素已经完全消失。在 4.1.1“从”的功能界定中已经说过介词“伴随”是介引动作行为的另一参与者，相当于“和、与、同”。从语义上来说例（78）中$V_{1(从)}$已经有了“伴随”的语义，但这种用例在上古汉语时期相当少见，而且经常会造成动词介词难辨的局面，故受语言经济性的制约，“伴随”功能一直未能有较大发展。众所周知，连动结构是语法化的前提条件，但仅凭借这种句法结构位置，并不一定会发生语法化，必须加之语义上隐喻的可能性，且不会造成人们日常理解的困难。吴福祥（2003）考察了汉语史“和”类虚词的语法化历程，指出“跟随”义的语源可以语法化为“伴随”功能。江蓝生（2012）指出伴随动词本身就含有“偕同、连带”的词汇义，演变为伴随介词只是把词汇义转变为语法义，基于以上分析，我们建立“从”的“跟随”与“伴随”的关联。如图4-2所示：

跟随 ——→ 伴随

图4-2 “从”的概念空间（二）

从表4-4可看出，整个上古时期“从”用例最多的还是动词“跟随”义，其次是“听从”义；介词功能用例多少依次是“处所源点”“范围”“经由”“时间源点”“状态源点”“凭借”“有生来源”“沿着”。

从文献语料调查来看，先秦时期“从”已经是一个多功能介词。“从”的介词功能究竟是从何时产生的呢？陈梦家《殷墟卜辞综述》（1953）、管燮初《殷墟甲骨刻辞的语法研究》（1988）、张玉金《甲骨文虚词词典》（2007）中均认定甲骨文中“从”已可作为介词。黄伟嘉（1987）指出：甲骨文中“从”字已引申为介词，介引动作发生或进行的处所，其后多跟方位词、处所指示代词等，组成的介词短语多作宾语。如：“贞，乎田从北。贞，乎田从东”（《甲骨文合集》10621·一期）。金文中“从”有用作介引动作行为发生或进行所关涉的对象，组成的介词短语在句中多作状语，如：“豐乍从彝”（《三代吉金文存》6·25·1簋）。张玉金（2011）也指出：在战国出土文献中，“从”后可跟“以南”“以北”等方位短语表示范围。当“从”后的宾语由人发展为表示处所位置的名词，这种变化使整个句子的语义由与人相随发展到空间上的相随，“从”就完成了动词向介词的转变。由当前研究成果来看“从”的介词功能在上古早期的甲骨文、金文中就已经出现了。

介词在产生之初，往往功能单一，其后所带宾语也有限。但随着语言的发展，表意的需求扩大，句子的结构越来越复杂，介词所介引的成分也越来越多，宾语范围因此扩大，这也促使介词功能越来越细化。“从”如此兼数职，我们可以从其后所带宾语的情况来进一步讨论各功能之间的联系。

“从”的“经由”功能具有［+相随］［+运行］［+位移］［+路径］义素，其后的宾语多是“道路、地点标志”，其后V_2多是运行性或取向性的动词，如“来”“走”“进”等。例如：

（79）丙戌，单子从阪道，刘子从尹道伐尹。（《左传·昭公》）（经由）

（80）顷之，上行出中渭桥，有一人从桥下走出，乘舆马惊。（《史记·张释之冯唐列传》）（经由）

马贝加（2002）指出“从”在表示“跟随”义时，“含有人与人或人与物始终相随，即主体和客体始终在一起的意思。而经由某处时，人与处所也始终在一起。主体由与人相随发展到与空间相随。”“从”由“经由”引申出表示行为动作的始发点即“处所源点”，接着引申出“处所”义。曾仪菲（2012）研究指出早在甲骨文中“从”的意义就已经虚化，由“经由”引申出表示处所起点和时间起点的“自、从”。“从”的“处所源点”功能具有［+运行］［+位置］［+位移］［+起点］的义素。其后宾语多是表示位置处所性质的名词、代词、名词性短语，V_2多是带有趋向性或者移动（运行）性的动词，如“来”“入”等（见例82—83）。“时间源点”功能后的宾语多是时间名词或具有时间起始性的代词，如例（81）“从是而不睦”中“是”指代的是“三十二年春，宣王伐鲁，立孝公”这个具有标志性的事件时间。例如：

（81）三十二年春，宣王伐鲁，立孝公，诸侯从是而不睦。（《国语·周语上》）（时间源点）

（82）孔子之弟子从远方来者，孔子荷杖而问之曰……（《吕氏春秋·孟冬纪》）（处所源点）

（83）傧者更道从大门入，见楚王。（《晏子·内篇杂下》）（处所源点）

（84）恃险与马，不可以为固也，从古以然。（《左传·昭公四年》）（时间源点）

结合语义隐喻由空间向时间的投射模式，可建立“跟随”“经由”“时间源点”“处所源点”之间的关联。如图4-3所示：

跟随 ——→ 经由 ——→ 处所源点 ——→ 时间源点

图4-3　“从”的概念空间（三）

“从”后V_2动词的小类变化：位移动词［+运行］扩展为非位移动词，如视看、言谈、居住等动词，例如：

（85）晋灵公不君，厚敛以雕墙。从台上弹人，而观其辟丸也。（《左传·宣公二年》）（处所）

（86）孔子从鲁闻之曰：“美哉！令尹子西，谏之于十里之前，而权之于百世之后者也。”（《说苑》卷第九正谏）（处所）

随着“从”后V_2动词的变化，介词“从”的功能扩展，出现“处所”功能，即含有［+相随］［-运行］［-位移］［+地点］义素，可建立“经由”和

“处所”之间的联系。如图 4-4 所示：

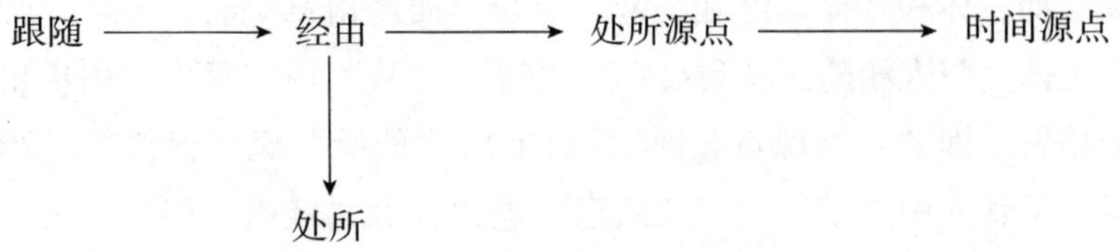

图 4-4 “从”的概念空间（四）

“状态源点”功能后的宾语多是形容词或名词用作形容词，如“冥冥”形容“昏暗”的状态，“布衣”形容平民阶层的人，例如：

（87）从冥冥见炤炤，犹尚肆然而喜，又况出室坐堂，见日月光乎！（《淮南子·卷二十泰族训》）（状态源点）

（88）时至，有从布衣而为天子者，有从千乘而得天下者，有从卑贱而佐三王者，有从匹夫而报万乘者。（《吕氏春秋·孝行览第二》）（状态源点）

（89）物乎物芬芬份份，孰不从一出？（《鹖冠子·能天第十八》）（状态源点）

从语义变化由实到虚的规律来看，“状态源点”只能源于“处所源点”，而非语义更虚的“时间源点”，故建立“处所源点”和“状态源点”间的关联。如图 4-5 所示：

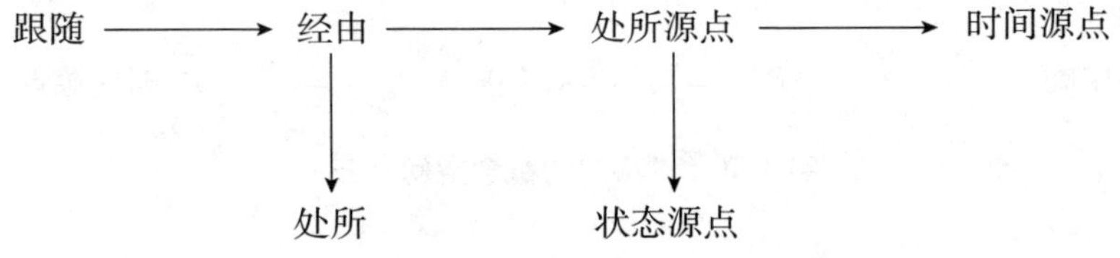

图 4-5 “从”的概念空间（五）

“范围”功能具有［+空间］或［+时间］义素，其后的宾语多是方位名词、时间名词等，其后V_2多是“至”或“到”，例如：

（90）从此以东，梁地十余城皆恐，莫肯下矣。（《史记·项羽本纪》）（范围）

（91）足之六阳，从足上至头，八尺，六八四丈八尺。（《灵枢·脉度第十七》）（范围）

“从”由“空间相随”引申出可表示空间范围或者时间范围的功能，可建立“经由”和“范围”之间的联系。如图 4-6 所示：

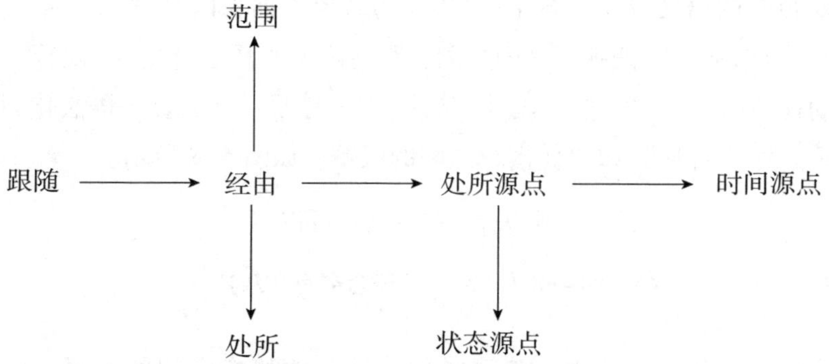

图 4-6 “从”的概念空间（六）

“有生来源”功能后的宾语是具体“求索”的对象，多是指人名词，V_2一般为“求索”义动词，如“贷”“贳”等，整个句子表示一种乞求语义。例如：

（92）从昆弟假贷，犹足为生，何至自苦如此。（《史记·司马相如列传》）（有生来源）

（93）县官无钱，从民贳马。民或匿马，马不具。（《史记·汲郑列传》）（有生来源）

在前文图 2-12“连接”义的语义地图中我们建立了“伴随——有生方向——有生来源”的关联，从这一时期“从”的语义功能来看，缺失了“有生方向”功能，根据语义的引申关系，我们先建立“伴随”和“有生来源”的关联，之后再进行验证。如图 4-7 所示：

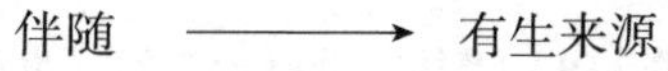

图 4-7 “从”的概念空间（七）

“凭借”功能后的宾语多是动作实现所借助的工具、方式、条件等，V_2多是推测义动词，例如：

（94）文仲三年而为一兆……凭从此之见，若问三人之贤与不贤，所未敢识也。（《孔子家语·好生第十》）（凭借）

（95）君臣无礼，何从有福？（《史记·龟策列传》）（凭借）

“从”由动词“听从”引申为“凭借”，具备语义上隐喻的可能性，从行为上的“听从、依从”，引申出行为上的“依据、凭借”。何洪峰等（2015）指出“随行”义的次义域发展出依凭义介词用法，“跟随”义动词有［+跟从］［+伴随］［+路径］的语义特征，当［+跟从］的对象为抽象内容时，［+跟随］义虚化为具有［+依从］［+遵循］义的介词。我们认为“从”先由［+随行］义弱化引申出动词“听从”义，然后因［+依从］［+遵循］义凸显，语法化为凭借介词。故可建立“听从”和“凭借”之间的联系。如图 4-8 所示：

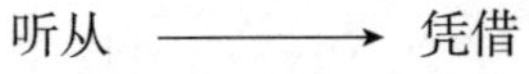

图 4-8　“从”的概念空间（八）

结合以上分析，构建上古汉语时期“从”的概念空间的联系，如图 4-9 所示：

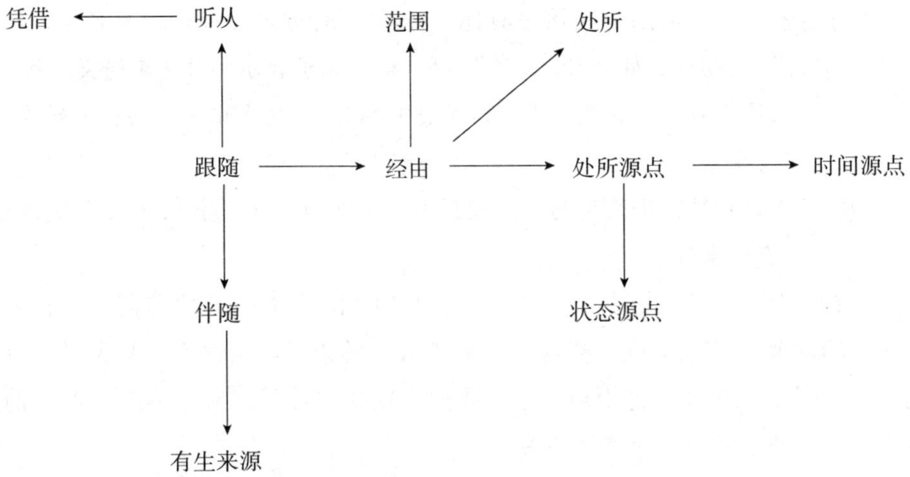

图 4-9　“从”的概念空间（九）

（二）随

“随”本义“跟随”，《说文·辵部》：“随，从也。”上古汉语时期，“随”的核心义是“跟随”。此外，还有动词“听从”、副词“随即”、介词“凭借”“沿着”的语义功能。关于介词“随”的产生，目前学界比较一致地认为先秦就有了，详见马贝加（2002）、何乐士等（1999）、吴波（2012）等的研究。

上古汉语时期“随”的“跟随”“听从”义的文献用例如下：

（96）使者入，及众介随入，北面东上。（《仪礼·聘礼》）（跟随）

(97) 十一月，克减侯宣多，而随蔡侯以朝于执事。(《左传·文公》)(跟随)

(98) 自吾执斧斤以随子，未尝见材如此其美也。(《庄子·人间世》)(跟随)

(99) 夫物有常容，因乘以导之，因随物之容。(《韩非子·喻老》)(听从)

(100) 秦叶阳、昆阳与舞阳邻，听使者之恶之，随安陵氏而亡之。(《史记·魏世家》)(听从)

从以上文例可看出“随”在先秦时期是动作性很强的实意动词，宾语多是指人名词。偶见$NP_1+V_{1(随)}+NP_2+$而/以$+V_2$或$NP_1+V_{1(随)}+NP_2+V_2$句式，如例(96)，与“从”的“跟随”义的义素相似，“随”也包含［+跟在后面］、［+共同做某事］(NP_1和NP_2之间是主从关系)、［+运行］、［+位移］4项义素。例(97)“随蔡侯以朝于执事”中“随”包含四项义素，故也视为动词。中间有“而/以”连接，不具备语法化的条件。在这种两可理解的语境中，一种可理解为$V_{1(随)}V_2$动作之间是连续性的，另一种又可以理解为$V_{1(随)}$是V_2动作发生的前提或基础。当“随”后的宾语由指人的名词变为无生命的事物时，所指内容较为抽象，“随”的动词义开始虚化。

同时“随”也由实际行为方面的［+跟在后面］义，通过隐喻引申出主观意愿上的“跟随”别人的意见做某事的概念，产生“听从”语义，如例(99)(100)。上古汉语时期“随”的文献用例统计如表4-5所示：

表4-5 上古汉语时期“随”的文献用例统计

文献	动词		副词	介词		文献	动词		副词	介词	
	跟随	听从	随即	凭借	沿着		跟随	听从	随即	凭借	沿着
尚书					2	韩诗外传	4	1			
诗经						吴子	1				
周易	7					尉缭	1				
仪礼	5		1	2		六韬	3				
周礼						司马法				1	
礼记	5		1			慎子					
春秋公羊传						通玄真经	7				

续表

文献	动词		副词	介词		文献	动词		副词	介词	
	跟随	听从	随即	凭借	沿着		跟随	听从	随即	凭借	沿着
春秋谷梁传	2					关尹子	3	1			
左传	2					鹖冠子	4			3	
国语	5			1		邓析子	1				
战国策	25	1		1		孝经					
论语				1		素问	19				2
孟子						灵枢	16	2		7	1
墨子	7		1			孔子家语	5			3	
庄子	19					孔丛子	4	1			
荀子	4		1			史记	75	1	3	1	3
韩非子	25	2				新语	1			9	
吕氏春秋	10			10		春秋繁露	20	1		3	
老子	3			1		淮南	25	1		7	1
商君书	5					新序	12			12	1
管子	20	2		3	1	说苑	11			1	1
晏子	1			3		新书	4				
孙子	1			1		马王堆汉墓帛书	2		1		
大戴				1		合计	364	13	8	71	12

这一时期，“随”主要介词功能是“凭借”，即表示“依据、按照”义。用例如下：

（101）欲生而不事……贵之而弗喜，随其天资而安之不极。（《淮南·卷七精神训》）（凭借）

（102）上多喜善赏，不随其功，则士不为用。（《管子·七臣七主第五十二》）（凭借）

（103）故欲成方圆而随其规矩，则万事之功形矣。（《韩非子·第二十篇解老》）（凭借）

（104）知夫此物，如梦中物，随情所见者，可以凝精作物而驾八荒。（《关尹子·四符》）（凭借）

最初，“随”后的宾语都是指具体的人，然后连动结构中“随”的宾语扩展，从前代的“时、俗”扩展为“天资”“规矩”等抽象概念做宾语。“随变”“随时”较之“随山”“随之”进一步语法化。但这种结构出现的频率很少，加上“随”的动词特性没有完全消失，例（101）—（104）中的“随”既可以理解为动词表示“遵从”义，又可以理解为介词“凭借”义。

从古汉语“随”的语义演变的路径来看，“随”由本义“跟随”引申出“听从”义，由“听从”义引申出“凭借”义。这从另一方面也验证了上文“从”的“听从”与“凭借”义之间的联系的假设。如图 4-10 所示：

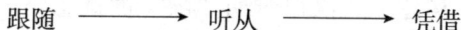

跟随 ⟶ 听从 ⟶ 凭借

图 4-10 “随”的概念空间（一）

“随”的时间副词“随即”功能是由动词“跟随”义引申而来，表示两件事发生的先后顺序，强调后一事件紧跟在前一事件之后发生。例如：

（105）兼执足，左首，随入，西上，参分庭一，在南。（《仪礼·士昏礼》）（随即）

（106）列星随旋，日月递炤，四时代御，阴阳大化。（《荀子·天论篇第十七》）（随即）

（107）父以足受，笑而去。良殊大惊，随目之。（《史记·留侯世家》）（随即）

故建立“跟随”和“随即”之间的关联。如图 4-11 所示：

跟随 ⟶ 随即

图 4-11 “随”的概念空间（二）

“随”后的宾语为“水、河流”时，引申出动词“沿着”义，常见句式为 $NP_1+V_{1(随)}+NP_2+(V_2)$，但此时“随”多理解为动词，例如：

（108）于是乃命西征，随流而攘，风之所被，罔不披靡。（《汉书·司马相如传》）（沿着）

（109）岐伯曰：风气留其处，疟气随经络，沉以内薄，故卫气应乃作。（《灵枢·岁露论第七十九》）（沿着）

“跟随”义包含的义素有［+跟在后面］［+共同做某事］（NP_1和NP_2之间是主从关系）［+运行］［+位移］［+线路］。“沿着”包含的义素有［+运行］［+位移］［+线路］。吴波（2012）指出跟随别人，跟随者一定要沿着被跟随者的线路行进，所以“跟随”与“沿着”有相通之处。当“随”所带宾语变为不具备动作行为的能力的对象时，“随”的动词“跟随”义就完全消失了，这时“随”就只能理解为介词“经由”功能。从语义的引申可建立“跟随”和“沿着”之间的关联。如图 4-12 所示：

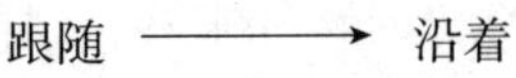

图 4-12 “随”的概念空间（三）

结合以上分析，构建上古汉语时期“随”的概念空间的联系，如图 4-13 所示：

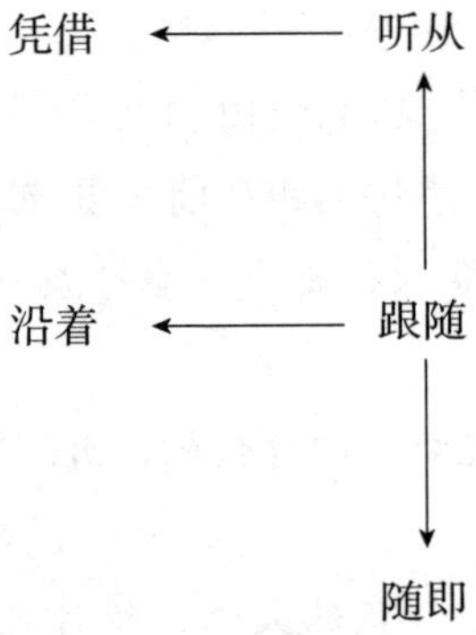

图 4-13 “随”的概念空间（四）

（三）小结

上古汉语时期，表“跟随”义的主导词是“从”，“随”用例较少。“跟”此时主要用法是名词“脚后跟”，尚未有动词用法。先秦时期动词“从”后所带宾语的种类不断扩展，由带指人宾语到指物宾语再到处所宾语、时间宾语等等，其词义也不断扩展。“从”的语义功能有“跟随”“听从”“处所源点”“范围”“经由”“时间源点”“状态源点”“凭借”“有生来源”“沿着”。

这一时期，共见 3 例“随从”连用的用例，都表示动词“跟随”义，文献用例如下：

（110）是故豪杰皆可变业，务学诗书，随从外权，上可以得显，下可以得

官爵。(《商君书·农战第三》)(跟随)

(111) 是故豪杰皆可变业,务学诗书,随从外权,上可以得显,下可以得官爵。(《商君书·农战第三》)(跟随)

(112) 法正之道,正本而末应……靡不变化随从,可谓法正也。(《春秋繁露·三代改制质文第二十三》)(跟随)

将“从”和“随”的概念空间按“跟随”义连接,可得出上古汉语时期“跟随”义的概念空间,如图4-14所示:

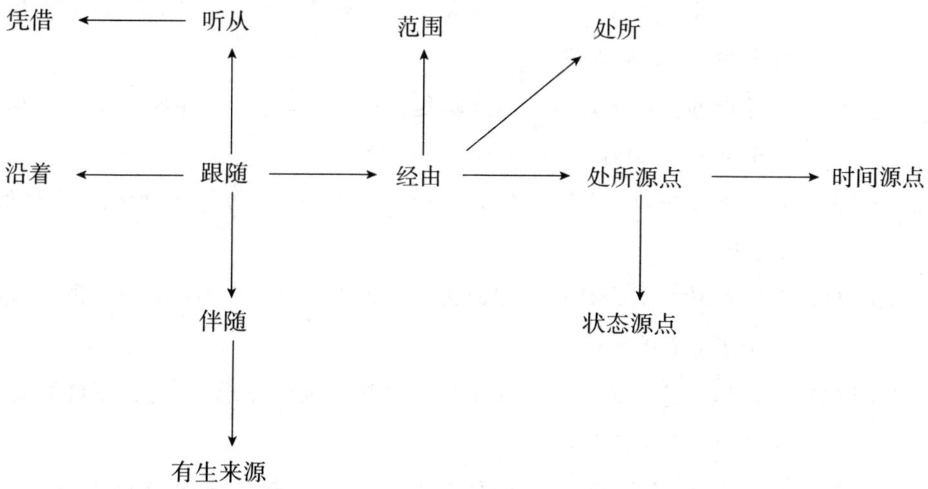

图4-14 “跟随”义的概念空间(一)

二、中古汉语时期“跟随”义词汇的语义功能考察

(一)从

中古汉语时期,“从”的动词用法相较之前有所减少,介词各功能的用例较上古时期迅速增加,其中使用最多的是“处所源点”“凭借”功能。“从”动词用例如下:

(113) 孝昌初,妖贼四侵……从戎者拜旷掖将军、偏将军、裨将军。(《洛阳伽蓝记》卷三)(动词,跟随)

(114) 仁者瞿昙。师为是谁?从谁出家?(《佛本行集经》卷第三十三)(动词,跟随)

(115) 拔牙处血出。从膊而流下。(《大庄严论经》卷第十四)(动词,沿

着）

（116）持把贯珠垂若幡，从其贯珠其水流下。（《佛说阿阇世王经》卷下）（动词，沿着）

这一时期“从”与之前相同的语义功能有“处所源点”“时间源点”“状态源点”“经由”“处所”“范围”“有生来源”等，文献用例如下：

（117）有人故从来，就其乞火。然如是人，从生湿木。（《佛本行集经》卷第二十四）（处所源点）

（118）我从今日，当常承事。大圣太子，我今请仁。（《佛本行集经》卷第二十四）（时间源点）

（119）尔时世尊，日下西时，从三昧起，出草精舍。（《佛本行集经》卷第三十六）（状态源点）

（120）扣门者相告曰：“今当从后门往。”其人便往。（《搜神记》卷十九）（经由）

（121）尔时树神，从帝释边，闻此语已，心大欢喜。（《佛本行集经》卷第三十五）（处所）

（122）三热恼中恚最为上，火所焚烧从欲界乃至初禅地。（《出曜经》经卷第二十九）（范围）

（123）见彼仙人步行而来，入迦毘罗，复从小巷，趣向净饭大王宫门。（《佛本行集经》卷第九）（经由）

（124）亮问吏曰：“黄门从汝求蜜耶?”（《三国志·吴书·三嗣主传》）（有生来源）

上古汉语时期“从”的核心用法一直是“处所源点”，“凭借”功能用例不多。魏晋南北朝，随着“从”后宾语的扩展，介词的“凭借”用法逐渐成熟，“从”的“凭借”功能后宾语多是状态形容词或工具、方式等名词。文献用例如下：

（125）不净诸物满其间，是业皆从爱所生，譬如造轮为碾硙。（《佛本行集经》卷第二十八）（凭借）

（126）十方今现在不可复计佛，悉从般若波罗蜜成就得佛。（《道行般若经》卷第九）（凭借）

（127）从此观之，万物之生死也，与其变化也，非通神之思，虽求诸己，恶识所自来。（《搜神记》卷十二）（凭借）

（128）务在宽恕，罪疑从轻。（《三国志·魏书·王朗传》）（凭借）

“从”的“有生来源”功能最早见于西汉。魏晋时期有所发展，但因其后宾语NP_2仅限于指人的名词，V_2仅限于“求索”义动词，受NP_2和V_2语义的制约，该功能在后期并没有进一步发展。

（129）亭长从人借牛而不肯还之，牛主讼于恭。（《后汉书·鲁恭传》）（有生来源）

（130）吴时有徐光者，尝行术于市里：从人乞瓜，其主勿与，便从索瓣，杖地种之。（《搜神记》卷一）（有生来源）

（131）大王我今已度彼岸，但为拔脱烦恼淤泥所溺众生故，从彼乞。（《佛本行集经》卷第五十九）（有生来源）

中古汉语时期“从”的文献用例统计如表4-6所示。

与上古汉语时期相比，中古汉语时期“从”出现了“处所终点”“有生方向”和“从来”的语义功能，用例如下：

（132）道德清净，佛与正觉，无所从来、无所从去、亦无所住。（《彼岸而光赞经》卷第八）（处所终点）

（133）来亦不知所从来，去亦不知所从去，犹如热铁丸渐渐至冷不知热之所凑。（《出曜经》卷第二十七）（处所终点）

（134）无所从来、无所从去、亦无所住。（《光赞经》卷第八）（处所终点）

佛经文献中经常有“无所从来，无所从去”的用例，因韵律及语用上的对称，使“处所源点”功能的“从”产生了与之相对，表示“处所终点”的功能。可建立“处所源点”和“处所终点”的联系。如图4-15所示：

处所源点 ——→ 处所终点

图4-15 “从”的概念空间（十）

“从”表示“有生方向”功能的文献用例如下：

（135）舍利弗从其众会言：“是事微妙，快乃知是。”（《佛说阿阇世王经》卷下）（有生方向）

（136）见无财宝，遍行求索，不知所凑，乃从人闻。（《生经》卷第一）（有生方向）

表 4-6　中古汉语时期“从”的文献用例统计

文献	动词		介词											
	跟随	听从	伴随	经由	处所源点	时间源点	状态源点	处所	处所终点	范围	凭借	有生来源	有生方向	沿着
抱朴子内篇	20	9		1	10	1	2	2		4	3			
世说新语	11	19	1	4	17			3		3	2	3		
搜神记	39	9		5	41	1	1	4		3	3	4	1	
洛阳伽蓝记	7	5		2	16		1	1		1	1			
颜氏家训	4	6			2		1							
道行般若经	26	9		3	95	4	33	14	4	14	95	2	1	
佛说兜沙经		0			12						1			
阿门佛国经	2	1		1	16	1		2		4	1			
佛说遗日摩尼宝经	1	0		1	7		2	1		2	6		1	
佛说般舟三昧经	4	0			7	1					3			
般舟三昧经	11	3		1	24	1	3	1	2	2	20			
文殊师利问菩萨署经	7	9			1		1	1		1	10			
法镜经	2	1			2		1				3	3		
阿含口解十二因缘经	3	4			4		3			1	26	1		
中本起经	17	2		2	15		1	2		5	12			

续表

文献	动词		介词											
	跟随	听从	伴随	经由	处所源点	时间源点	状态源点	处所	处所终点	范围	凭借	有生来源	有生方向	沿着
修行本起经	6	1		3	9		1	1		3	5			
梵摩渝经		1					1				1			
佛说义足经	33	9		2	20	5	10	3		6	41	5	1	
大明度经	18	2		2	59	1	18	9		10	55		1	
佛说菩萨本业经	1	0		1	1		1				3			
了本生死经		0					4				23			
佛说四愿经		0					1							
六度集经	28	33			7		3	1		2	4	8	1	
生经	17	27		6	40		1	1		2	14	8	1	
佛说普曜经	21	7		1	35	1	19	1		14	48			
光赞经	15	19			48	17	13	12	13	11	40	1		
大楼炭经	6	1		12	34	14	9	4		5	27		1	1
阿育王传	19	7		2	15	2	7	1		6	8	1		
出曜经	45	38		15	107	9	35	14	3	69	69	8	6	1
大庄严论经	6	6		4	30	3	9	3		6	24	2	5	1

续表

文献	动词		介词											
	跟随	听从	伴随	经由	处所源点	时间源点	状态源点	处所	处所终点	范围	凭借	有生来源	有生方向	沿着
妙法莲华经	24	3			47	7	10	2		6	10			
悲华经	10	0		4	16		11	2		4	8	10	4	
百喻经	1	1		1	7		3				10	1		
佛本行集经	85	17		31	395	53	64	103	1	49	74	45	17	
佛说伅真陀罗所问如来三昧经	3	6		5	30	1	6	1	2	6	19		1	
佛说阿阇世王经	20	12		3	40		6	1	2	3	34	3	6	1
齐民要术	7	4		4	18	1	1			18	4			
合计	519	271	1	116	1227	123	282	190	27	260	707	105	47	4

参考图 2-12“连接”义的概念空间，可建立“伴随”和“有生方向”之间的联系。如图 4-16 所示：

伴随 ⟶ 有生方向

图 4-16 “从”的概念空间（十一）

“从来”，即时间副词，表示“历来、向来”。在表 4-6 的文献中，我们检索“从+来”共见 25 例，但只有 2 例具有“从来”的功能。例如：

（137）昔苏峻事公，于白石祠中祈福，许赛其牛。从来未解。（《搜神记》卷九）（从来）

（138）“颛顼”字项当为许录反……遂谓朝士言：“从来谬音‘专旭’当音‘专翲’耳。”（《颜氏家训·勉学》）（从来）

学界对“从来”一词的词汇化过程有过众多讨论，如董志翘等（1994）、马贝加（2002）、梁银峰（2009）、匡鹏飞（2010）等都曾从不同角度对汉语史上的“从来”进行讨论，他们均认为时间副词“从来”源于“所从来”的结构，最早见于魏晋南北朝时期，“所从来”由表示“从……地方来”的“动作源点”功能，引申出可表示“时间源点”的功能，结合其后“来”的虚化，“从来”固化成时间副词，语义上表示现在以前的状态，如图 4-17 所示：

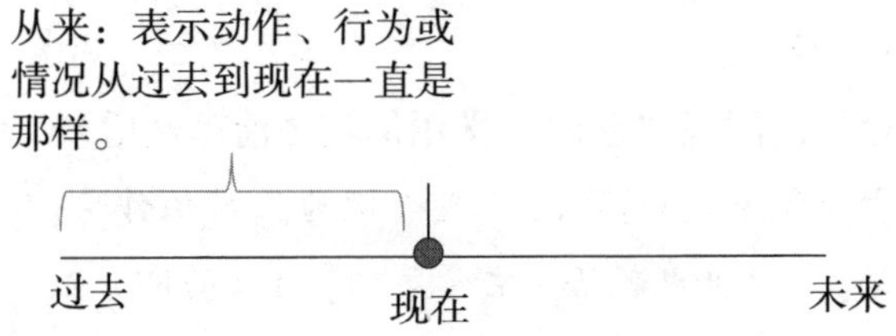
从来：表示动作、行为或
情况从过去到现在一直是
那样。
过去
现在
未来

图 4-17 “从来”语义分析

故可建立“时间源点”和“从来”的联系，如图 4-18 所示：

时间源点 ⟶ 从来

图 4-18 “从”的概念空间（十二）

最终，中古时期“从”的概念空间如图 4-19 所示：

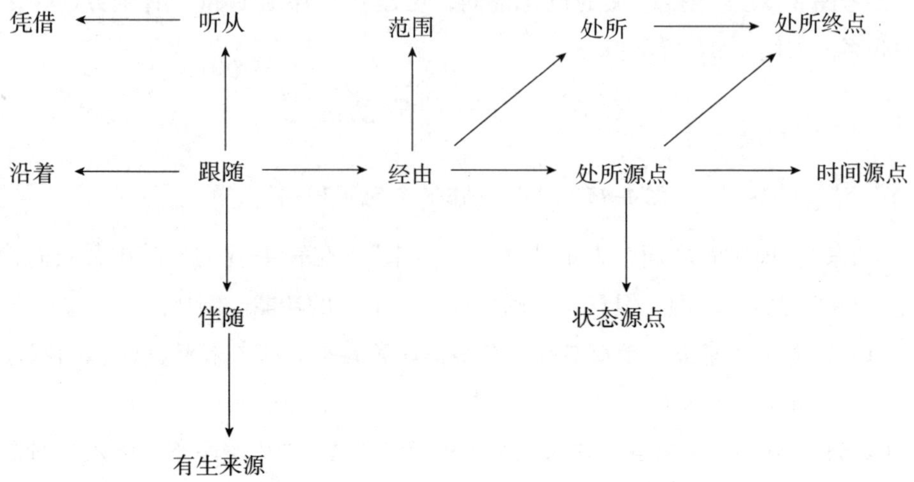

图 4-19 “从”的概念空间（十三）

（二）随

中古汉语时期，在动词“跟随”概念场，“随”的文献用例已经超过“从”。例如：

（139）公卿百僚，皆随其后，到河上，乃得还。（《搜神记》卷六）（跟随）

（140）南无尊者大丈夫身，礼拜太子，随太子行。（《佛本行集经》卷第十七）（跟随）

这一时期“随”的副词“随即”义用例较之前迅速增多。例如：

（141）桓玄尝登江陵城南楼云：“我今欲为王孝伯作诔。”因吟啸良久，随而下笔。（《世说新语·文学第四》）（随即）

（142）补复之益，未得根据，而疾随复作，所以克伐之事，亦何缘得长生哉？（《抱朴子内篇·极言卷十三》）（随即）

魏晋南北朝时期，“随”后的宾语范围进一步扩大，“随”的介词功能不断增强完善。这一时期“随”用例较多的介词功能是“凭借”，“凭借”功能后的宾语更加抽象，除了可作为依据准则的名词，还增加了表示喜好、意愿等可以作为衡量准则的心理动词。例如：

（143）自地亢后，但所耕地，随饷盖之。（《齐民要术·杂说》）（介词，凭借）

（144）以狐血鹤血涂一丸，内爪中，以指万物，随口变化，即山行木徙，

人皆见之。(《抱朴子内篇·黄白卷十六》)(凭借)

(145) 行恶事大者，司命夺纪，小过夺算，随所犯轻重，故所夺有多少也。(《抱朴子内篇·对俗卷三》)(凭借)

(146) 不以一事二事成，有师、有咒、有聚人，随所喜化现之。(《大明度经·法来阎士品》)(凭借)

中古时期“随”的文献用例统计如表 4-7 所示：

表 4-7 中古汉语时期“随”的文献用统计

文献	动词		副词	介词						
	跟随	听从	随即	伴随	经由	凭借	任凭	有生方向	有生来源	沿着
抱朴子内篇	9	1	1							
世说新语	3		1			8				
搜神记	24	1	3	2		6				1
洛阳伽蓝记	5					2	1		2	
颜氏家训	6		3			4	2			
道行般若经	72	22	1	1		6		1		
佛说兜沙经						95				
阿门佛国经	1	1								
佛说遗日摩尼宝经	3	3				6				
佛说般舟三昧经	5	2				9				
般舟三昧经	14	4		1		2				
文殊师利问菩萨署经	4					9				
法镜经	1	2				5				
阿含口解十二因缘经	2					3				
中本起经	2	3				2	3			2
修行本起经	4	1	2			5				
梵摩渝经						4				
佛说义足经	5	4	1				2			1

续表

文献	动词		副词	介词						
	跟随	听从	随即	伴随	经由	凭借	任凭	有生方向	有生来源	沿着
大明度经	35	21	1			7		2		1
佛说菩萨本业经	1	1				31	2			
了本生死经		1				2				
佛说四愿经	5	1								
六度集经	14	3		2		1	2			
生经	18	3		1		8	2			2
佛说普曜经	11	1				19	1			1
光赞经	6	2				19				
大楼炭经	11	1	6			16	6			
阿育王传	8	4	2			1	5			
出曜经	70	14	2	1	2	9	30		1	6
大庄严论经	30	13	2	1		101	5	1	2	
妙法莲华经	13	5	1			22	8			
悲华经	10	5	2			31	17			
百喻经	1	3				35				
佛本行集经	119	29	9	1		2	84	4	2	4
佛说伅真陀罗所问如来三昧经	12	6	1			95				
佛说阿阇世王经	8	1				24				
齐民要术	11	4	5			8	6			1
合计	543	162	43	10	2	597	176	8	7	19

中古时期“随”新产生的介词功能还有“沿着”“伴随”“经由”“任凭”“有生来源”“有生方向”，从表4-7来看这些功能的用例并不多。

首先，“沿着”义在这一时期已经语法化为介词。例如：

（147）以渍米汁随瓮边稍稍沃之，勿使曲发饭起。（《齐民要术》卷八）（沿着）

（148）见诸梵志衣被什物及事火具，随流漂下。（《中本起经》卷上）（沿着）

（149）道路崄难不遇良伴，舍其大道随其细径不达所至。（《出曜经》卷第二十五）（沿着）

其次，"经由""处所""伴随""有生来源""有生方向"义用例如下：

（150）伴在后进不见伴退，畏盗贼便随邪径御车涉路。（《出曜经》卷第六）（经由）

（151）妇曰："敬诺。明日即随母行睹佛。"（《六度集经》卷第六）（伴随）

（152）证知诸法，建立无畏，度诸疑网，不随他语。（《佛本行集经》卷第三十八）（有生方向）

（153）若疾悔之，随我言者，我日来问讯。（《大明度经》卷第四）（有生方向）

（154）而今圣夫将我与彼行于世事，从其随索多少钱物，得以而为彼大沙门作食布施。（《佛本行集经》卷第四十）（有生来源）

（162）足偿王物，寻往至彼随王乞索。（《出曜经》卷第二十五）（有生来源）

此外，"随"在中古时期还产生了介词"任凭"功能，"任凭"是由动词"听从"义发展而来，从表示对他人的行为意愿不加干涉任由其决定，即包含［+服从］［+不干涉］［+言语］［+意愿］3个义素。"随"经常出现在$NP_1+V_{1(随)}+NP_2+V_2$句式中，当其后宾语扩展具体的行为、逐渐演化为介词"任凭"的功能。

（155）唯道可贵，皆作沙门，随其教化。（《六度集经》卷第八）（任凭）

（156）是时佛告摩那婆言，汝摩那婆，随所有问，我当为解。（《佛本行集经》卷第三十七）（任凭）

（157）卿便谏我须待七日随王杀之，时诸侍女即往娱乐未经时顷。（《出曜经》卷第六）（任凭）

由此可建立"任凭"和"听从"之间的联系。结合以上分析，在中古汉语时期"随"的概念空间的联系，如图4-20所示：

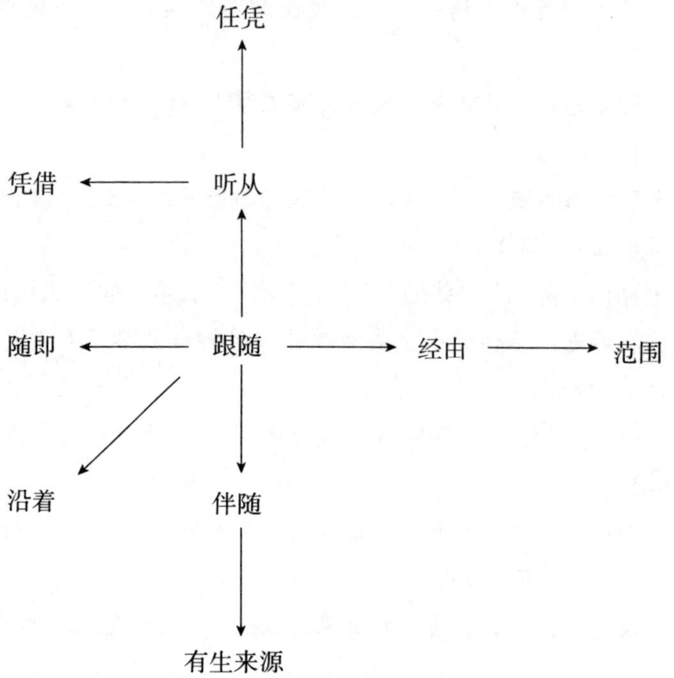

图 4-20 “随”的概念空间（六）

（三）小结

中古汉语时期，“随”和“从”在表“跟随”义上展开了激烈的竞争，从文献用例和组合能力来看，“随”战胜“从”成为该概念场的主导词。“跟”主要表示“脚后跟”，尚无动词、介词用法。

这一时期共见 38 例“随从”连用的情况，都表示动词“跟随”义，用例如下：

（158）唯逆王边诸恶臣耳，供养恭敬随从入城。（《阿育王传》卷第一）（跟随）

（159）更复别有无量无边童男童女，随从太子，将升学堂。（《佛本行集经》卷第十一）（跟随）

（160）七头鬼将军及鵙摩越等，各从五百鬼，合为千众，俱到佛所，皆头面礼佛，住一面。（《义足经》卷下）（跟随）

将“从”和“随”的概念空间按相同的功能拼合，可得出中古汉语时期“跟随”义的概念空间，如图 4-21 所示：

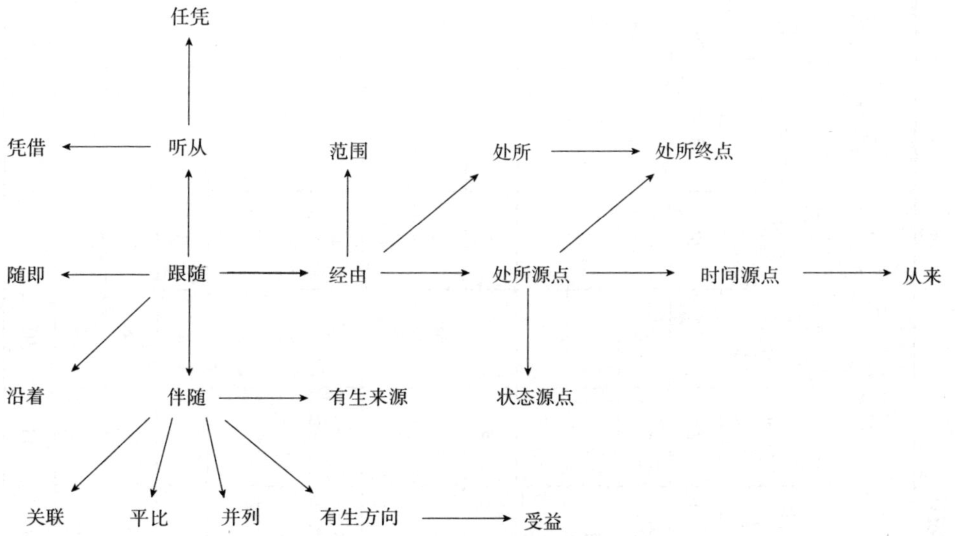

图 4-21 "跟随"义的概念空间(二)

三、近代汉语时期"跟随"义词汇的语义功能考察

(一)从

近代汉语时期"从"的"跟随"义用例进一步减少,例如:

(161)上从诸佛乞法,下从檀越乞食。(《敦煌变文集·佛说阿弥陀经讲经文》)(跟随)

(162)万道之花筵。夫人据行,频妃从后。(《敦煌变文集·太子成道经一卷》)(跟随)

近代汉语时期"从"的文献用例统计如表 4-8 所示。

"从"的介词功能较中古时期出现萎缩态势,其中"处所源点"依旧是其核心功能,"时间源点""范围""经由"用例小幅增加。用例如下:

(163)弥勒承于圣旨,忙忙从座起来。(《敦煌变文集·维摩诘经讲经文(四》)(处所源点)

(164)"汝从何方而来?有何所求?"惠能云:"从新州来,求作佛。"(《祖堂集》第三十三祖惠能和尚)(处所源点)

(165)维摩便语王孙曰,事从头要改更。(《敦煌变文集·维摩碎金》)(范围)

表 4-8 近代汉语时期“从”的文献用例统计

文献	动词		时间副词	介词								
	跟随	听从	从来	经由	处所源点	时间源点	状态源点	处所	范围	凭借	有生来源	有生方向
敦煌变文集	27	36	6	17	75	6	11	2	23	24	8	2
祖堂集	10	21	5	8	134	7	5	2	7	18	4	7
大唐三藏取经诗话	2	1		2	3	1	1					
新刊大宋宣和遗事	11	21	1		4	2						
五代史平话	21	24		12	12	4	2	2		3		
全相平话五种	21	63		1	13	2			5	2		
关汉卿戏曲集	2	5			1	1			5			
元刊杂剧三十种	4	17	1		14	7	3	1	13	4		
老乞大谚解		0			4	2			2			
朴通事谚解		1			2	1			1			
永乐大典戏文三种	2	2			3	3	1		4	2		
水浒传	19	40	1	99	302	21	19	5	38	17		
西游记	22	35	3	22	111	1	10	2	24	6		
金瓶梅	8	7	2	23	181	79	9	11	30	5		1

续表

文献	动词		时间副词	介词								
	跟随	听从	从来	经由	处所源点	时间源点	状态源点	处所	范围	凭借	有生来源	有生方向
平妖传	3	12	10	9	61	3	16	2	18	2		1
醒世姻缘传	22	24	28	34	263	105	25	30	90	16	1	3
儒林外史	5	2	13	24	98	13	4	4	18	2		3
红楼梦	5	26	55	32	194	27	20	15	57	11		6
歧路灯	23	18	21	15	115	6	7	2	5	9		
合计	207	355	146	298	1590	291	133	78	340	121	13	23

（166）侍书道："这是从那里说起？"（《红楼梦》第九十回）（范围）

（167）那白兔从筵前过，傍若无人，出没走跃。（《五代史平话·五代梁史平话卷上》）（经由）

（168）李俊和张横先带了四五十个会水的火家，棹两只快船，从芦苇深处，探路过去。（《水浒传》第五十五回）（经由）

（169）师曰：若与摩则不从今日去也。（《祖堂集》天皇和尚）（时间源点）

（170）原来从那日狄希陈在他家吃茶回来……（《醒世姻缘传》第三十七回）（时间源点）

这一时期"从"的"状态源点""处所""有生来源""有生方向""凭借"功能萎缩，文献用例减少，其中"处所终点""无生方向""沿着"功能消失。例如：

（171）且说张横将引三二百人，从芦苇中间，藏踪蹑迹，直到寨边。（《水浒传》第六十四回）（处所）

（172）一面分付丫鬟，从新房中放桌儿，都是留下伺候西门庆的嗄饭菜蔬、细巧果仁，摆了一张桌子。（《金瓶梅》第十四回）（处所）

（173）王陵台刀南伴斫，将士初从梦里惊。帐下来去犹未醒，杀何曾识姓名。（《敦煌变文集·汉将王陵变》）（状态源点）

（174）宝玉从梦中惊醒，睁眼一看，不是别人，却是林黛玉。（《红楼梦》第三十四回）（状态源点）

（175）上从诸佛乞法，下从檀越乞食。（《敦煌变文集·佛说阿弥陀经讲经文（一）》）（有生来源）

（176）仰面向天叹而言曰："我昔逃逝至此，遂从女子求餐；其女亦不相违……"（《敦煌变文集·伍子胥变文》）（有生来源）

（177）启王言："我种种安隐，唯有一愿，从王乞，王赐我。"（《祖堂集·第七释迦牟尼佛》）（有生方向）

（178）师曰：说时即从汝听，不说时听什摩？（《祖堂集·云岳和尚》）（有生方向）

（179）狄大叔是虽今日才告诉咱，这事我从那一遍就知道了。（《醒世姻缘传》第七十五回）（凭借）

（180）……再送一份大礼，还可以复审，从轻定案。（《红楼梦》第八十六回）（凭借）

“处所源点”功能后的宾语多是方位名词，V_2是趋向动词，包含［+方位］［+位移］义素。“处所”功能后的宾语也表示位置信息的名词，但V_2动作多是不具位移性的动词，如例（171）（172）。“状态源点”功能后的宾语多是“梦”“醉酒”等状态名词，且V_2多是表示状态变化的动词，如例（173）（174）。

值得注意的是，“从”发展出“凭借”功能后一直到清代，“凭借”功能都没成为它的核心语义功能，但在现代汉语中“从”的“凭借”功能使用范围极大地扩展了，“从”不仅可以表示动作行为依据的标准，还可以构成“从……（上/来）看/说/讲”结构，表示根据某方面的情况来看。因“从”在近代汉语时期并没有新的语义功能产生，故概念空间参前一时期即可。

（二）随

近代汉语时期，“随”的核心用法是动词“跟随”。例如：

（181）须达既蒙受请，更得圣者相随……至舍卫之城。（《敦煌变文新书·降魔变文一卷》）（跟随）

（182）随了吴家太太登楼上阁，串殿游廊。（《醒世姻缘传》第七十八回）（跟随）

唐宋以降，“随”的常用功能还有介词“任凭”和副词“随即”功能。例如：

（183）“五娘说那里话！小的又不赖他，有一句说一句。随爹怎的问，也只是这等说。”（《金瓶梅》第二十五回）（任凭）

（184）原来那些小妖自进园门来……任意随心耍子，让那妖精与唐僧两个自在叙情儿。（《西游记》第八十二回）（任凭）

（185）车上站一个木人……随你车儿左施右转，这木人一手一指，准准的对着南方。（《平妖传》第二回）（任凭）

（186）童奶奶绰了这个口气，随道……（《醒世姻缘传》第七十回）（随即）

（187）三藏称赞不已。随取袈裟穿了拜佛，举步登堂观看。（《西游记》第九十六回）（随即）

与中古时期相比部分介词各功能开始萎缩，如介词“凭借”功能用例大幅减少。例如：

（188）五湖四海随缘去，到处为家一不归。（《祖堂集·伏牛和尚》）（凭借）

（189）你既爱青灯黄卷，却不要随机而变。（《元刊杂剧三十种·闺怨佳人拜月亭》）（凭借）

（190）走在垂杨树下自缢，惊动天上太白李金星，教他寻茶讨饭，随缘度日。（《金瓶梅》第三十九回）（凭借）

这一时期“随”的“伴随”功能用例虽较前一时期有所增加，但总体用例占比仍少。例如：

（191）陵左手揽发，右手抬刀，头随刃落，血洒流四方。（《敦煌变文集·汉将王陵变》）（伴随）

（192）那后生被杨志挥刀一斫，只见颈随刀落。（《新刊大宋宣和遗事·元集》）（伴随）

（193）忽地随潮归去，果然无处跟寻。（《水浒传》第一百十九回）（伴随）

此外，“随”还存在一些用例极少的边缘功能如“沿着”，因语义方面的限制，这些功能在后期也并没有发展起来。例如：

（194）其僧问出山路，师指随流而去。其僧归到盐官处，具陈上事。（《祖堂集·大梅和尚》）（沿着）

（195）随路传报，直到西门庆家中大门首。（《金瓶梅》第六十五回）（沿着）

（196）贪战贼兵，直赶入乱山深处，迷踪失径，迤随路寻去。（《水浒传》第一百十九回）（沿着）

近代汉语中“随”的文献用例统计如表4-9所示：

表4-9 近代汉语时期“随”的文献用例统计

文献	动词		副词	介词			
	跟随	听从	随即	伴随	凭借	任凭	沿着
敦煌变文集	109	4	6	8		12	2
祖堂集	32	1		2	35	2	1
大唐三藏取经诗话					35		
新刊大宋宣和遗事	5		3	1			
五代史平话	9		1		4	1	
全相平话五种	53		4		1		1
关汉卿戏曲集	21	1		2	6	1	

续表

文献	动词		副词	介词			
	跟随	听从	随即	伴随	凭借	任凭	沿着
元刊杂剧三十种	29	1		1			
老乞大谚解					7		
朴通事谚解			2				
永乐大典戏文三种	25	1					
水浒传	208	1	13	5	1	8	2
西游记	158	1	58	8	14	15	1
金瓶梅	44	1	17	4	23	122	8
平妖传	71		1		13	18	
醒世姻缘传	72		62	3	4	22	
儒林外史	12	1	24		10	12	
红楼梦	104	2	14	1	1	68	1
歧路灯	74	3	11	3	19	9	1
合计	1026	17	216	38	173	290	17

总的来看，近代汉语时期“随”的核心义是“跟随”，介词“随”功能的文献用例开始减少，其中不见“经由”“有生来源”“有生方向”的文献用例。副词“随即”功能在元明清时期迅速发展。因“随”在近代汉语时期并没有新的语义功能产生，故概念空间参前一时期即可。

（三）跟

《说文》：“跟，足踵也”，本义为“脚后跟”。在唐代以前的文献中“跟”的语义均用为“脚后跟”，语义未发生引申。唐代以后偶尔可见引申为“脚的后部或鞋袜的后部”的用例，“跟”由本义通过转喻机制由身体部位转移到相关事物，引申出“鞋袜的后部”。宋代以前的文献中未见“跟”的动词用例，宋代“跟”的动词文献用例也并不多见，直到元明以后才开始增多。表 4-10 中“跟”的宋代文献统计共有 7 例，全用作动词“跟随”义，用例如下：

(197) 从行者曰：“吾不食数日矣，何面目复跟虏主南下?”（《五代史平话·五代晋史平话卷下》）(跟随)

（198）买臣到任，其妻跟后夫同治桥道，买臣见之，载后车以归。（《五代史平话·五代汉史平话卷上》）（跟随）

（199）诸军且跟着明皇入蜀。（《新刊大宋宣和遗事·元集》）（跟随）

近代汉语时期“跟”的文献用例统计如表 4-10 所示：

表 4-10　近代汉语时期“跟”的文献用例统计

文献	动词	介词							连词
	跟随	伴随	处所终点	关联	受益者	有生来源	有生方向	平比	并列
敦煌变文集									
祖堂集									
大唐三藏取经诗话									
新刊大宋宣和遗事	1								
五代史平话	4	2							
全相平话五种	1	3		1					
关汉卿戏曲集	8	5							
元刊杂剧三十种	1								
老乞大谚解									
朴通事谚解	5	2							
永乐大典戏文三种									
水浒传	143	50		1		1			
西游记	75	55		5	1		1		
金瓶梅	166	26	1		1	1			2
平妖传	19	2							
醒世姻缘传	338	14		2				1	
儒林外史	99	2							
红楼梦	365	31	1	1			2		
歧路灯	211	39		3		1	4	2	3
合计	1436	231	2	13	2	3	7	3	5

马贝加（2014）指出：“跟”的动词“跟随”义从“踵”而来，“踵”本义名词“脚后跟”，先秦时“踵”已见动词“跟随”用例。我们也认为，“跟”

因先进入"踵"的概念场，受场内主导词"踵"的影响，通过认知隐喻产生动词"跟随"义，在进入"跟随"概念场后，随着时间它的核心义发生转移。在我们调查的近代汉语时期文献中"跟"用例共1707例，名词用法只有5例。

在表4-10中元代文献统计共见"跟"23例，其中22例用为动词，其中有1例处于语法化的临界环境。

(200) 亢曰："免忧！众文武都跟我来出内。"(《全相平话五种·前汉书平话》)(跟随)

(201) 石丙自思："俺跟到没人处，杀这瘸汉！"(《全相平话五种·七国春秋平话》)(跟随)

(202) 〔卢医云〕婆婆，我家里无银子，你跟我庄上去取银子还你。〔卜儿云〕我跟你去。(《关汉卿戏曲集·感天动地窦娥冤》)(跟随)

(203) "秀才，你肯跟贫道去，你一帆清风，不用盘缠便到。"(《元刊杂剧三十种·陈季卿悟道竹叶舟》)(跟随)

(204) 猛觑了那容姿，不觉的下阶址，下场头少不的跟官长厅前死。(《关汉卿戏曲集·钱大尹智宠谢天香》)(伴随)

元代"跟"的常见句式有$NP_1+V_{1(跟)}$+着$+NP_2+V_2+$（O）和NP_1+V_1（跟）$+NP_2+V_2+$（O）。NP_1和NP_2是V_2动作的共同参与者，其中NP_1和NP_2是主从关系，NP_2占主要地位，NP_1处于从属地位，V_2多是趋向动词"来""去"等。这一时期已见"跟"的介词"伴随"功能萌芽。上文已指出"跟随"动词本身含有的典型义素是：[+跟在后面]、[+共同做某事]（NP_1和NP_2之间是主从关系）、[+运行][+位移]，而这一时期$NP_1+V_{1(跟)}+NP_2+V_2+$（O）句式中"跟"有的文献用例已经出现了[-运行][-位移]义位特征，如例（204）V_2是状态动词"死"。

明代开始，"跟"表动词"跟随"义已非常普遍。《正字通·足部》记载："跟，俗谓随行，曰'跟'。"表4-10的统计中明清文献中"跟"共见557例，其中动词"跟随"408例，介词"伴随"功能135例、"有生来源"功能2例、"有生方向"功能1例、"受益者"功能2例、"处所终点"功能1例、"关联"功能6例、"平比"功能1例，"并列"功能1例。用例如下：

(205) "你这两个撮鸟，快搀兄弟都跟洒家来！"(《水浒传》第九回)(跟随)

（206）妖王道：“你跟来。”（《西游记》第四十一回）（跟随）

（207）玳安丢下画童，和琴童儿两个，随着轿子，跟了先来家了。（《金瓶梅》第三十五回）（跟随）

这一时期“跟”常见$NP_1+V_{1(跟)}$+着/了$+NP_2+V_2+$（O）和$NP_1+V_{1(跟)}+NP_2+V_2+$（O）句式用法。例（205）—（207）中“跟”含有5个义素［+跟在后面］、［+共同做某事］（NP_1和NP_2之间是主从关系）、［+运行］、［+位移］、［路线］。例（208）（209）中“跟”失去了［+跟在后面］［+行进］［+位移］项义素。

（208）柴进说与蔡福：“你快跟我去家中保护老小。”（《水浒传》第六十六回）（伴随）

（209）那呆子有些怕他……溜阿溜的溜在那一千二三百猴子当中挤着，也跟那些猴子磕头。（《西游记》第三十回）（伴随）

随着“跟”后宾语和V_2的扩展，介词的功能不断细化，致使“跟”产生了“关联”“平比”等功能，例如：

（210）“我又粗夯，无甚本事，走路扛风，跟你何益？”（《西游记》第七十五回）（关联）

（211）说那寄姐的不贤良处，也就跟的素姐七七八八的了。（《醒世姻缘传》第八十七回）（平比）

清代以后，“跟”经常与“着、了、的、得”等助词搭配，表4-10中“跟”共1119例，其中表示“跟随”义1013例，介词“伴随”功能86例、“有生方向”功能6例、“平比”功能3例、“关联”功能6例、“有生来源”功能1例、处所终点1例，“并列”功能3例，名词2例。例如：

（212）“环兄弟，出来，跟我顽去。”（《红楼梦》第二十回）（伴随）

（213）好不识抬举的东西！跟我一场子坐坐，就是你前世修下的福了。（《歧路灯》第五十四回）（伴随）

（214）茅拔茹道：“你没在家，出门七八天，我跟谁说话哩？”（《歧路灯》第二十二回）（有生方向）

（215）骂道：“小娼妇，你能上去了几年？你也跟那起轻狂浪小妇学，怎么就管不得你们了？”（《红楼梦》第五十九回）（有生方向）

（216）“他跟你是一家人，这些古董话，我听哩！”（《歧路灯》第五十八

回）（关联）

（217）王氏道：“这几个人我是知道的，果然待咱这一家子，死了跟活着总是一样子，我如今看出来是真的。”（《歧路灯》第一百回）（平比）

（218）大舅子跟谭贤弟一样，中了个副榜，将来有个佐杂官儿做做。（《歧路灯》第一零二回）（平比）

“跟”由于经常处于$NP_1+V_{1(跟)}+NP_2+V_2+$（O）的句式，O 从隐含到呈现，加上“跟”前后的NP_1和NP_2主从地位的弱化，地位逐渐平等，共同作为V_2动作的共同参与者，且互换位置不影响整句的语义。这时就产生了连词“并列”功能。文献用例如下：

（219）天福儿、天喜儿跟花子虚等三人，到后巷吴银儿家，已是二更天气。（《金瓶梅》第十三回）（并列）

（220）一来家兄跟舍侄不依，二来这狗吣他大来找寻他这两口子很紧。（《歧路灯》第六十四回）（并列）

（221）惠养民道：“我跟咱哥对脸坐着，难说我就没见，偏偏你就看见了。”（《歧路灯》第四十回）（并列）

（222）滑玉道：“姐姐呀，你见哩极是。咱三叔跟咱爹分开时，咱三叔就好过，咱就穷。”（《歧路灯》第四十回）（并列）

从表 4-10 来看，“跟”与“从”“随”新产生的功能有“关联”“受益者”“平比”“并列”。吴福祥（2003）指出汉语有伴随介词向并列连词发展的趋势。刘丹青（2003）指出汉语中伴随介词和并列连词总是同形的，“伴随”介词和“并列”连词关系有两种，一种是线性演变关系，由伴随介词进一步语法化为并列连词，一种是平行关系，从动词分别语法化为伴随介词和并列连词。动词“跟”的语法化路径表现为线性的语法化链，“跟随”到“伴随”介词再到“并列”连词。依此建立“伴随”与“并列”的联系。如图 4-22 所示：

伴随 ——→ 并列

图 4-22 “跟”的概念空间（一）

参考图 3-1 张敏“汉语方言主要间接题元语义地图”可建立“有生方向”与“受益者”之间的联系。参考图 2-12“连接”义的概念空间，可建立“伴随”与“平比”的联系。从语义来看“伴随”与“关联”之间的联系如图4-23

所示：

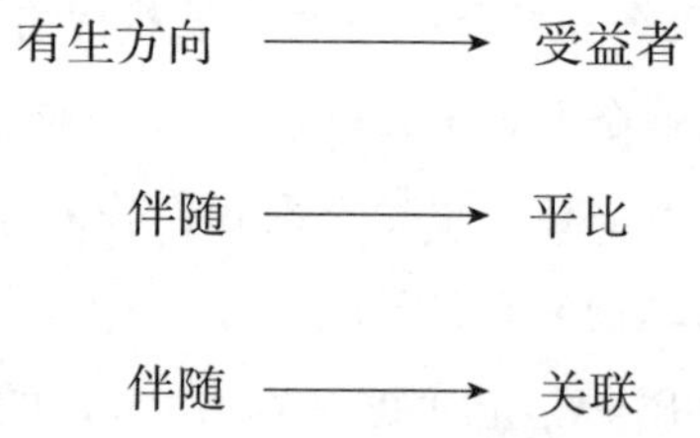

图 4-23 “跟”的概念空间（二）

最终建立近代汉语时期“跟”的概念空间，如图 4-24 所示：

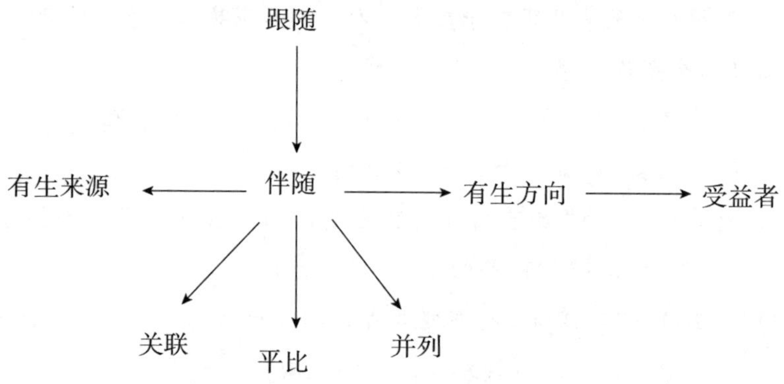

图 4-24 “跟”的概念空间（三）

（四）小结

近代汉语时期，动词“跟随”概念场新词“跟”迅速发展，明代开始与“随”开始竞争，并在清代战胜“随”成为“跟随”概念场的主导词。“跟”于宋代引申出动词“跟随”语义，在进入“跟随”概念场后，受场内核心词“随”的家族性的影响，迅速在“跟随”义的基础上发展出若干介词功能，如：“伴随”“平比”“有生方向”“关联”等功能。并在明代出现“并列”功能。“随”虽然在后期已不是“跟随”概念场的主导词，但其核心义仍是动词“跟随”，同时“随”的副词功能进一步发展，介词各功能呈现萎缩的趋势。“从”的实词用例减少，常用功能是“处所源点”“时间源点”“范围”“经由”等。

根据我们的统计，近代汉语时期“随从”连用共见 50 例，其中 16 例可作名词表示“跟随的人”，34 例表示动词“跟随”义。“跟随”连用共见 250 例，皆表示动词“跟随”义。“跟从”共见 21 例，仅 1 例作名词“跟随的人”，其余皆表示动词“跟随”义。

最终以“跟随”为结合点对“从”“随”和“跟”的概念空间进行整合，得出以“跟随”义为核心的概念空间，如图 4-25 所示：

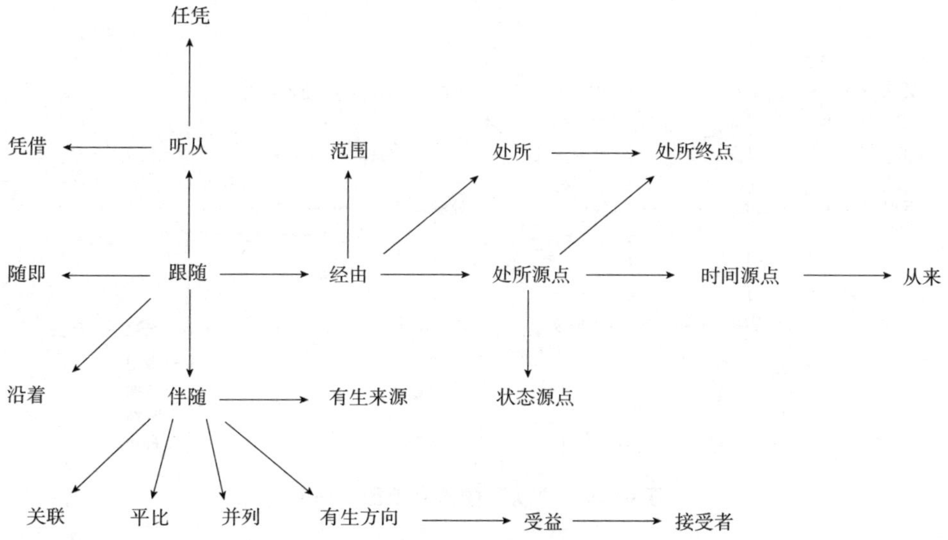

图 4-25 “跟随”义的概念空间（三）

第三节 “跟随”义为核心的相关语义地图

一、汉语“跟随”义共时语义地图

本节我们通过绘制“从”“随”“跟”的汉语方言的语义地图，来验证“跟随”义概念空间的有效性。

（一）“从”的共时语义地图

普通话和延安方言中“从”有“凭借”“听从”“范围”“经由”“处所”“处所源点”“时间源点”“状态源点”“从来”9 项语义功能。保定方言中“从”除普通话的 9 项语义功能外还有“有生来源”功能。济南方言“从”有“范围”“处所源点”“处所”“时间源点”4 项语义功能。临武方言“从”有“凭借”“经由”“范围”“处所源点”“时间源点”“状态源点”“有生来源”

“从来”8 项语义功能。柳州方言“从”有“经由”“范围”“处所源点”“时间源点”“状态源点”5 项语义功能。以上方言“从”的语义地图如图 4-26 所示：

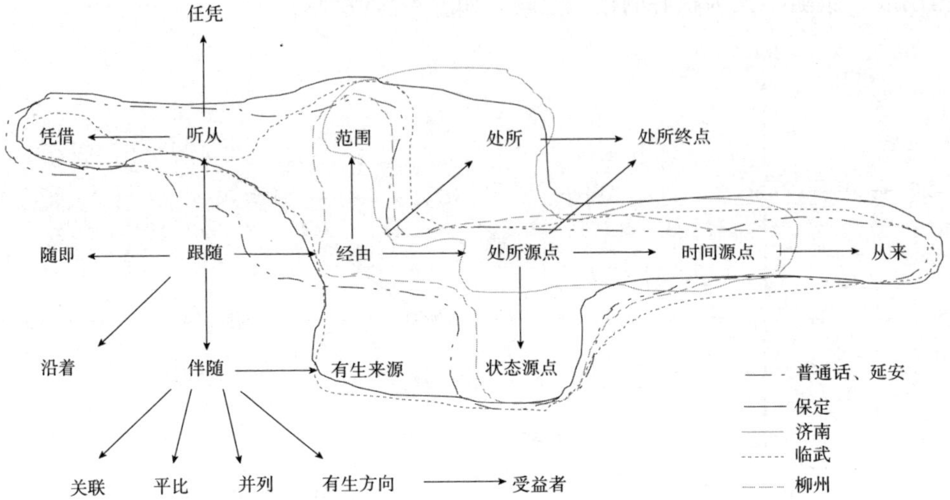

图 4-26 “从”的语义地图（一）

成都、西安方言中“从”有“范围”“经由”“处所源点”“时间源点”“状态源点”“从来”6 项语义功能。贵阳方言中“从”有“范围”“经由”“处所源点”“时间源点”“状态源点”5 项语义功能。乌鲁木齐和丹阳方言中“从”有“范围”“经由”“处所源点”“时间源点”“从来”5 项语义功能。银川方言中“从”有“范围”“经由”“时间源点”3 项语义功能。徐州方言“从”仅有“时间源点”1 项语义功能。扬州方言中“从”有“经由”“处所源点”“时间源点”“从来”4 语义功能。以上方言“从”的语义地图如图 4-27 所示。

荣成方言中“从”有“听从”“凭借”“经由”“范围”“处所”“处所源点”“时间源点”“从来”8 项语义功能。金华方言中“从”有“范围”“时间源点”“从来”3 项语义功能。长沙方言中“从”有“经由”“处所源点”“时间源点”“从来”4 项语义功能。南昌方言中“从”有“范围”“处所源点”“时间源点”“状态源点”“从来”5 项语义功能。以上方言“从”的语义地图如图 4-28 所示。

萍乡方言中“从”有“范围”“时间源点”2 项语义功能。福州方言中“从”有“听从”“伴随”2 项语义功能。萍乡方言中“从”有“处所源点”

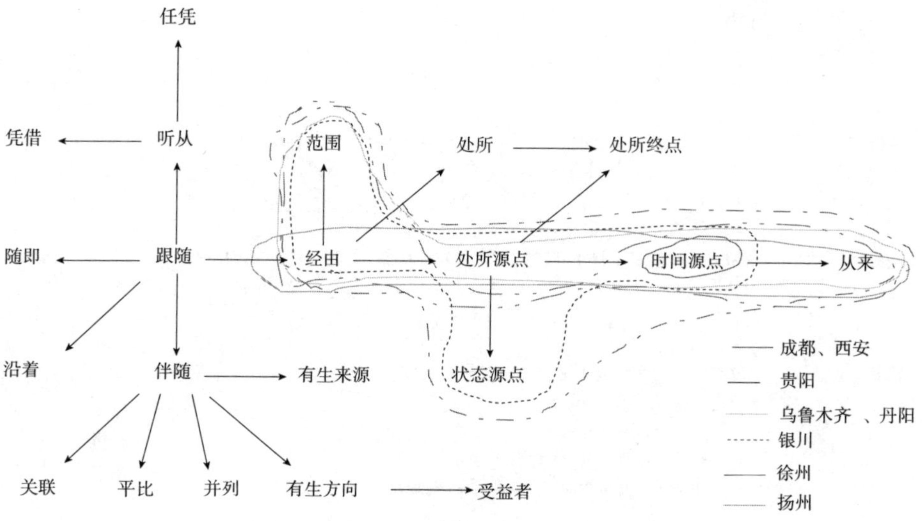

图 4-27 “从”的语义地图（二）

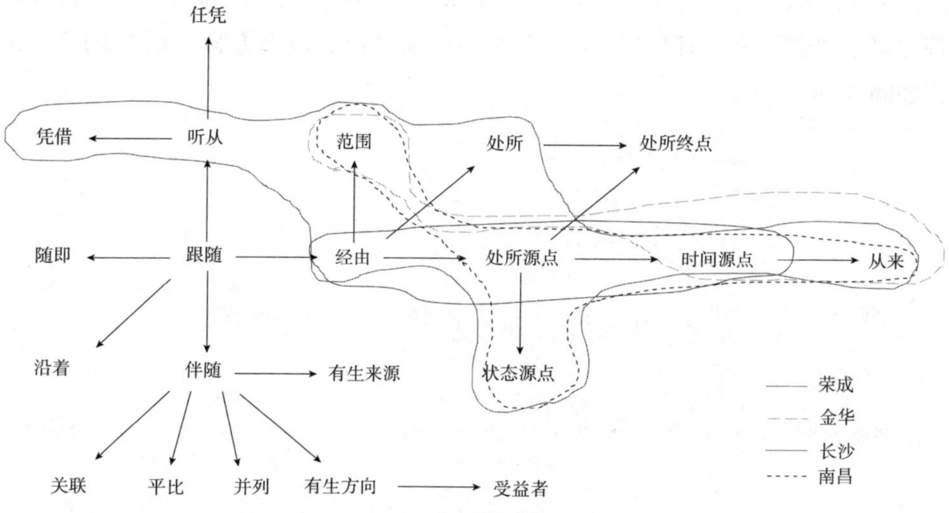

图 4-28 “从”的语义地图（三）

“从来”2 项语义功能。以上方言“从”的语义地图如图 4-29 所示。

（二）“随”的共时语义地图

普通话中“随”有“任凭”“听从”“跟随”“随即”“伴随”5 项语义功能。保定方言中“随”有“凭借”“任凭”“听从”“跟随”“随即”“沿着”6 项语义功能。济南方言中“随”有“任凭”“听从”“跟随”3 项语义功能。临

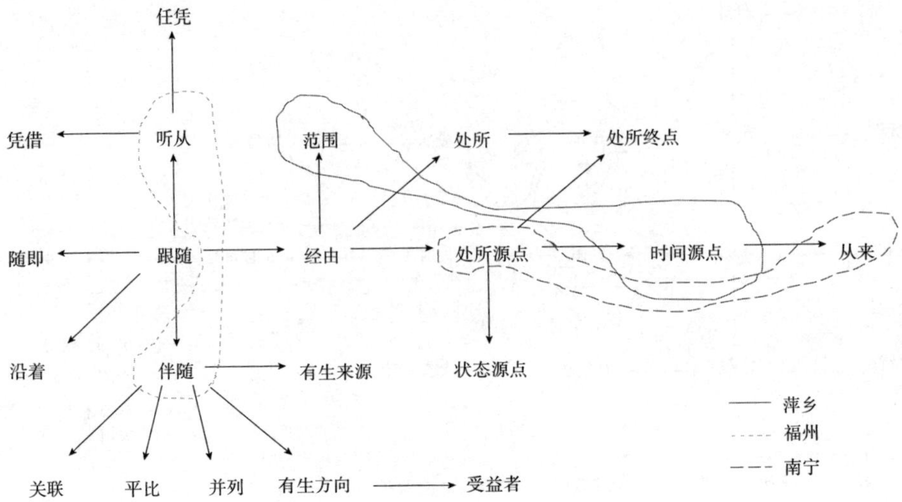

图 4-29 “从”的语义地图（四）

武方言中“随”有“凭借”“任凭”“听从”“随即”“沿着”5 项语义功能。成都方言中“随”有“任凭”“伴随”2 项语义功能。以上方言“随”的语义地图如图 4-30 所示：

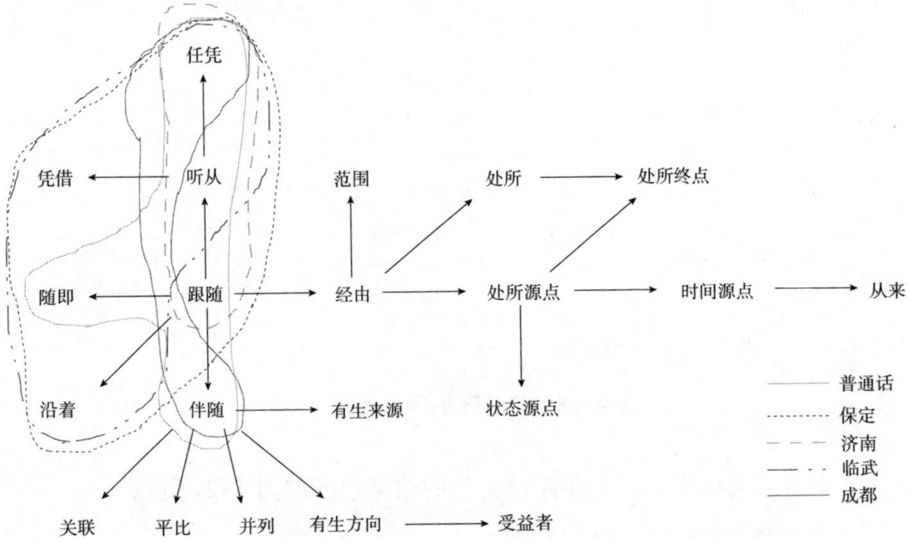

图 4-30 “随”的语义地图（一）

贵阳、金华、长沙、福州、南宁方言中“随”只有“任凭”1 项语义功能。

柳州、萍乡方言中“随”只有“伴随”1项语义功能。乌鲁木齐方言中“随”有“听从”“跟随”2项语义功能。银川方言中“随”有“听从”“跟随”“随即”3项语义功能。扬州方言中“随”有“任凭”“随即”2项语义功能。徐州方言中“随”有“任凭”“听从”2项语义功能。以上方言“随”的语义地图如图4-31所示：

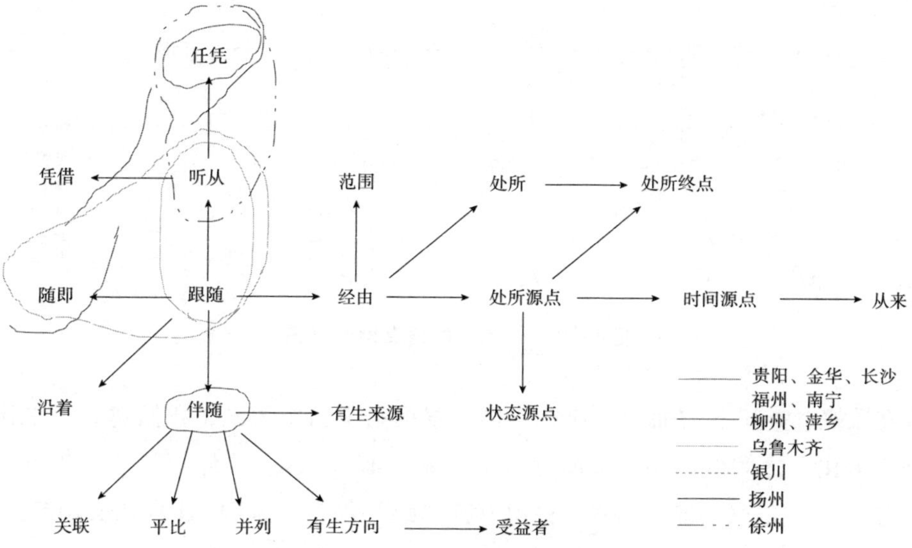

图 4-31 “随”的语义地图（二）

西安方言中“随”有“凭借”“任凭”“听从”“随即”4项语义功能。荣成方言中“随”有“凭借”“任凭”“听从”“随即”“跟随”5项语义功能。丹阳方言中“随”有“任凭”“随即”“伴随”3项语义功能。延安方言中“随”有“听从”“跟随”“任凭”“凭借”“伴随”“随即”6项语义功能。南昌方言中“随”有“任凭”“听从”“随即”3项语义功能。根据以上方言，“随”的语义地图如图4-32所示。

（三）“跟”的共时语义地图

普通话中“跟”有“跟随”“伴随”“关联”“平比”“有生来源”“有生方向”“并列”7项语义功能。北京方言中“跟”有“跟随”“伴随”“平比”“处所源点”“处所”“经由”6项语义功能。保定方言中“跟”有“跟随”“伴随”“关联”“平比”“差比”“有生来源”“有生方向”“经由”“处所”“处所源点”“并列”11项语义功能。“跟随”义历时概念空间中没有“差比”功能，

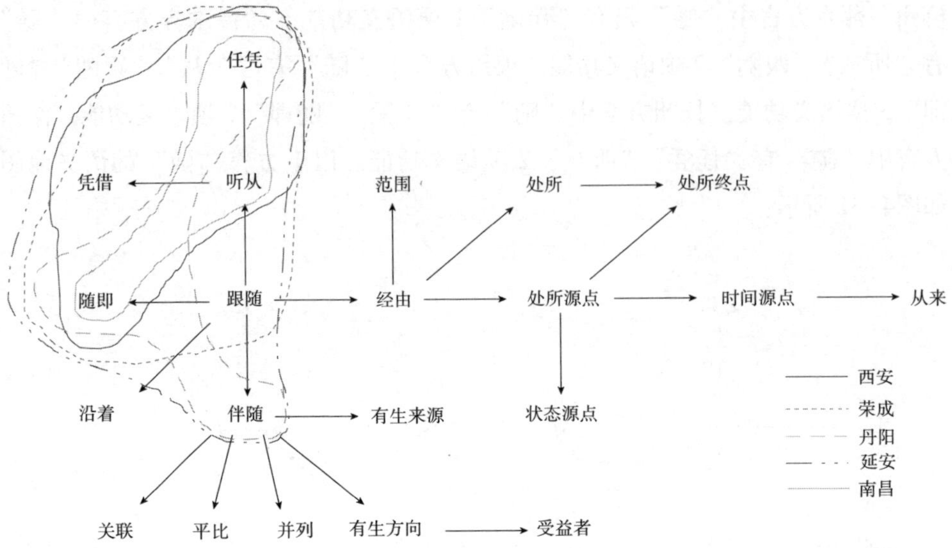

图 4-32　“随”的语义地图（三）

要在原概念空间上增加“差比”功能。根据语义引申关系，我们建立“平比”和“差比”之间的联系。济南方言中“跟”有“跟随”“伴随”“有生方向”“并列”4 项语义功能。临武、银川方言“跟”仅有“跟随”1 项语义功能。成都方言“跟”有“跟随”“随即”“沿着”3 项语义功能。以上方言“跟”的语义地图如图 4-33 所示：

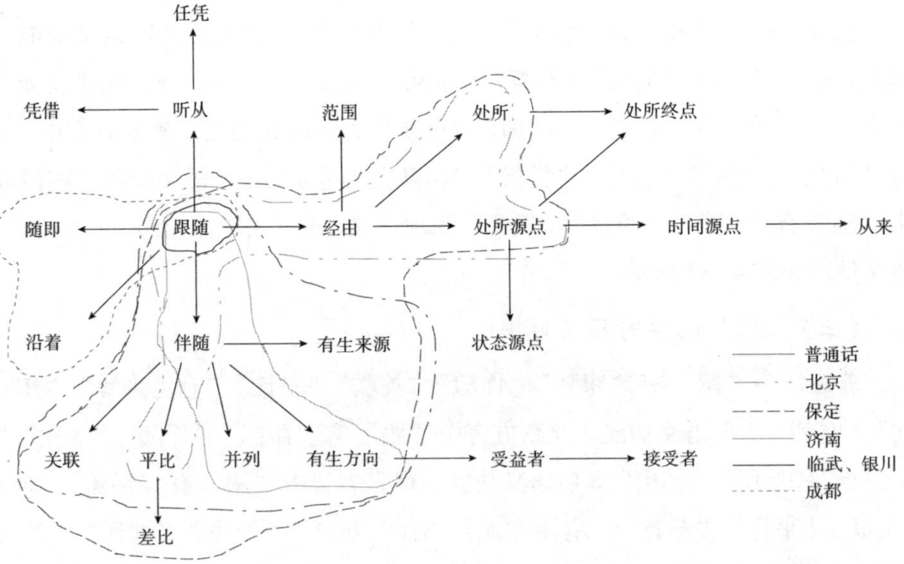

图 4-33　“跟”的语义地图（一）

贵阳方言中“跟”有“跟随”“沿着”“伴随”“平比”“有生来源”“有生方向”“并列”7项语义功能。乌鲁木齐方言中“跟”有“跟随”“伴随”“有生方向”3项语义功能。扬州方言中“跟”有“跟随”“伴随”“随即”“关联”“有生方向”“并列”6项语义功能。东海方言“跟”有“跟随”“伴随”“有生方向”“受益者”“并列”5项语义功能。徐州方言“跟”有“跟随”“随即”2项语义功能。以上方言“跟”的语义地图如图4-34所示：

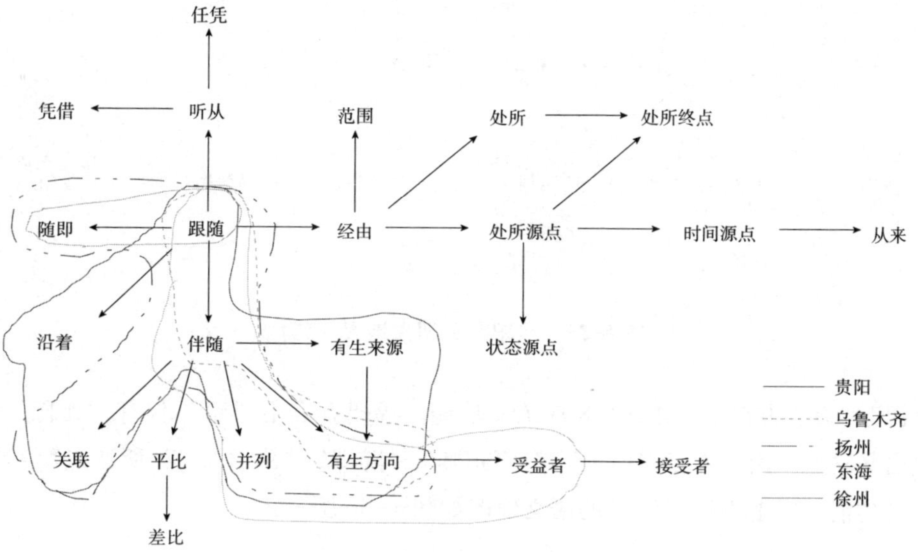

图4-34　“跟”的语义地图（二）

西安方言中“跟”有“跟随”“伴随”“平比”“有生方向”“并列”5项语义功能。荣成方言中“跟”有“跟随”“伴随”“平比”“差比”“关联”“经由”“处所源点”“时间源点”“有生来源”“有生方向”“并列”11项语义功能。丹阳方言中“跟”有“跟随”“随即”“有生方向”“并列”4项语义功能。金华方言“跟”有“跟随”“伴随”“平比”“有生方向”4项语义功能。长沙方言“跟”比金华方言“跟”多了“有生来源”和“差比”2项语义功能。以上方言“跟”的语义地图如图4-35所示：

延安方言中“跟”有“跟随”“随即”“伴随”“关联”“平比”“差比”“有生来源”“有生方向”“经由”“处所”“并列”11项语义功能。南昌方言中“跟”有“跟随”“伴随”“有生来源”“有生方向”“受益者”“并列”6项语义功能。萍乡方言中“跟”有“跟随”“沿着”“伴随”“平比”“差比”“有生

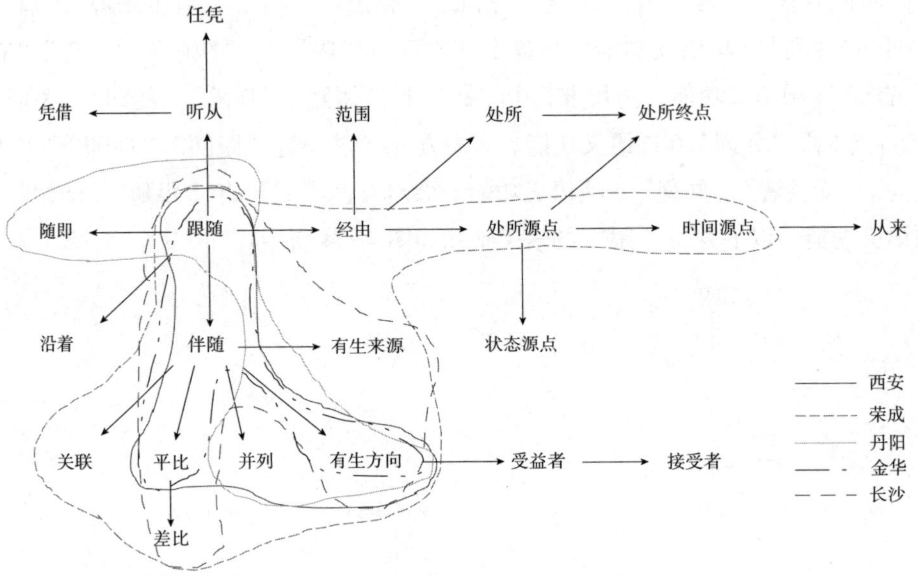

图 4-35 “跟”的语义地图（三）

来源”“有生方向”“并列”8 项语义功能。福州方言中“跟”仅有“跟随”1 项语义功能。南宁方言中“跟”有“跟随”“随即”“沿着”“处所源点”4 项语义功能。以上方言“跟”的语义地图如图 4-36 所示：

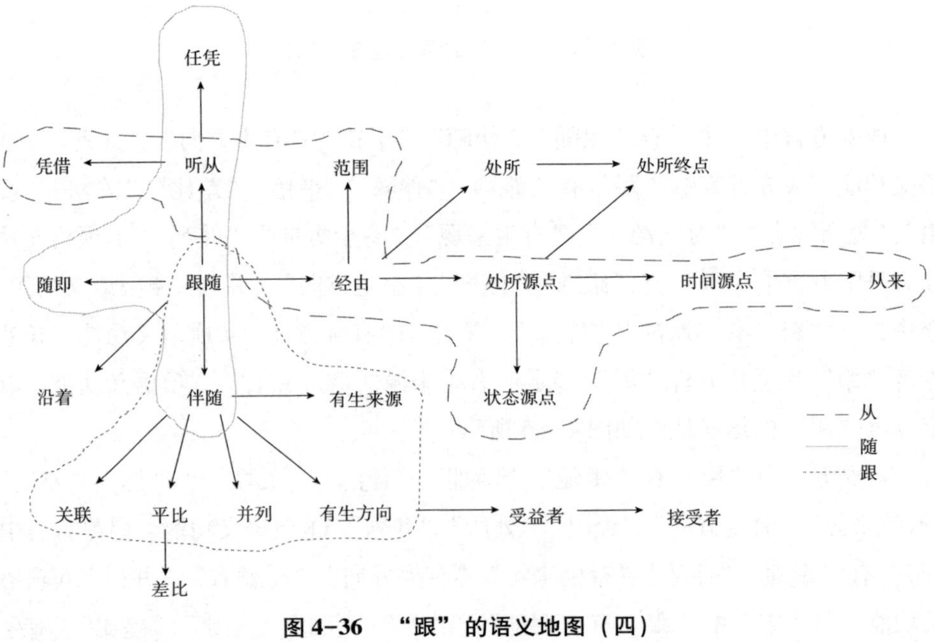

图 4-36 “跟”的语义地图（四）

从“跟随”义方言的语义地图来看，“从”“随”“跟”在现代汉语方言中的功能分布很多都违反了语义地图邻接性要求，汉语方言中“跟随”范畴的许多功能并没有映像到概念空间中的一个连续的区域。汉语方言词汇的语义功能是历史中不同时期的汉语在共时不同地域的沉淀，不同的地域对同一多功能语素的选择和保留不一，汉语方言词汇既具有共同性同时又有自己独特的系统性。Haspelmath（2003）指出历时过程中一个词的形式不能任意地从某功能产生与其没有直接联系的功能，而是要一步一步地逐渐扩展。但是汉语方言中确实存在这种同一词汇形式的多义功能在概念空间上看起来联系甚远，却在实际方言中并存的现象。不过，汉语词汇多功能语素在共时平面看似不具备语义功能上的“邻接性”，但是从历时的角度来看，各功能节点之间的“邻接性”必然是有认知上的联系才产生的，也正是历时层面上的语义演变造成了共时层面的语义功能的多样性。汉语方言中这种反“邻接性”非常值得我们重视，词汇语义功能的共时状态是历时演变的产物，有时可能是词汇语义历时演变的不同阶段的体现，还有可能是在该方言系统内有其他词汇来表达其中的某些语义功能，当然也有可能是方言词汇对历时语义功能的一个任意性的选择。因此对于汉语方言多功能语素进行共时考察时，非常有必要结合其历时语义演变研究，否则可能无法厘清多义词各语义功能间的真正联系。

（四）现代汉语“跟随”义的相关语义地图

我们参考《现代汉语词典》（第7版）绘制了现代汉语普通话“从”“随”“跟”的语义地图，如图4-37所示。

闽语平和方言中“趁”有“跟随”“伴随”“平比”“经由”“沿着”“凭借”“无生方向”“条件”8项语义功能，其中“无生方向”“条件”不在本章讨论范围内，不做讨论。其他语义功能用例如下①：

（223）汝趁伊去。（你跟他去。）（跟随）

（224）伊细汉仔就趁侬落田做空课。（他小时候就跟人家下田干活。）（伴随）

（225）汝无闲我也趁汝无闲。（你不得清闲，我也跟你一样不得清闲。）（平比）

（226）趁小路行近。（沿着小路走比较近。）（沿着）

（227）一只加令仔飞趁厝顶尾过去。（一只八哥儿从屋顶上飞过去了。）（经由）

（228）汝着趁伊吩咐的去做。（你得按照他吩咐的去办。）（凭借）

① 庄初升. 闽语平和方言的介词［J］. 韶关大学学报（社会科学版），1998（04）：61-70.

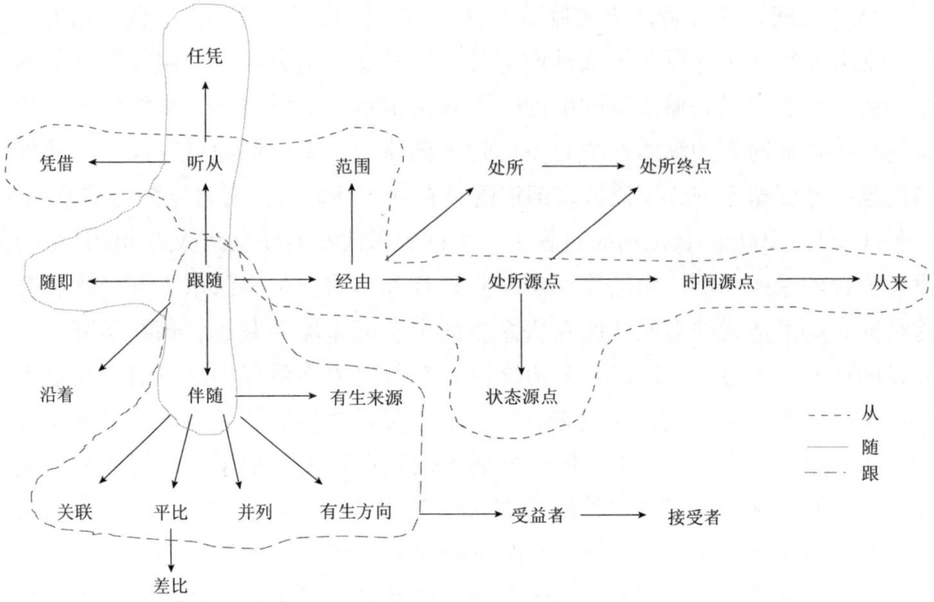

图 4-37 普通话“跟随”义语义地图

龙岗方言中“赢”有“跟随”“伴随”“平比”“关联”“有生方向”“有生来源”“受益者”“接受者”“并列”9 项语义功能。例如①：

(229) 渠赢［tɕ'i⁴⁵³］渠大人后面。（他跟在他大人后面。）（跟随）

(230) 六秀赢一个做生意个走［t'əu］。（六秀子跟一个做生意的跑了。）（伴随）

(231) 应旧年比今年个莲［tə］时分冇价钱。（跟去年比今年的莲子很没价钱。）（平比）

(232) ［ti²⁴］件事话唔定赢你有牵连。（这件事说不定和你有牵连。）（关联）

(233) 有什么事要赢大人话。（有什么事要对大人说。）（有生方向）

(234) 你赢仕群俵赊几斤莲［tə］。（你向仕群借几斤莲子。）（有生来源）

(235) 你赢渠借过乘单车。（你替他充借一辆单车。）（受益者）

(236) 赢渠打个电话，话醒渠今朝夜辰唔转去食饭。（给他打个电话，高速他今晚我不回去吃饭。）（接受者）

(237) 春娣［tə］赢德华［tə］讲来口。（春娣和德华吵了口。）（并列）

永胜方言“搭”有“跟随”“伴随”“有生方向”3 项语义功能。例如：

---

① 曾毅平. 石城（龙岗）方言的介词［M］//李如龙，张双庆. 介词. 广州：暨南大学出版社，2000：228-230.

(238) 他搭在后头走。(他跟在后面走。)(跟随)

(239) 我搭你去。(我和你去。)(伴随)

(240) 你要搭我先道喜，后开门。(你要先向我道喜，然后开门。)(有生方向)

以上方言中“跟随”义的语义地图如图 4-38 所示：

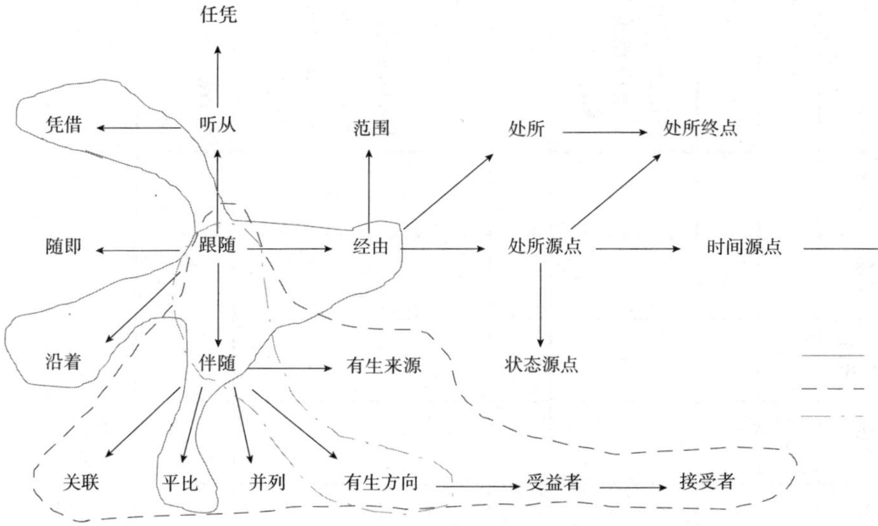

图 4-38 汉语方言“跟随”义的语义地图

二、跨语言的“跟随”义语义地图

鉴于汉语方言的语义地图让我们无法确定“跟随”义的概念空间是否合理，于是我们调查了亚洲的其他一些语言，如属于汉藏语系 · 壮侗语族 · 台语支的泰语、属于南亚语系孟 · 高棉语族佤 · 德昂语支的佤语、属于南亚语系 · 越语族 · 越语支越南语、南岛语系 · Mualang 语、日语、韩语以及克里奥尔语中“跟随”义的词汇语义功能，又参考了一些从其他学者研究中获得的语料，希望通过跨语言的比较，进一步认识“跟随”义词汇多功能语义之间的联系。吴福祥(2005)指出通过跨语言比较所概括出的共时演变模式才是人类语言演变共性作用的结果，只有在不同语言中反复出现的语义功能关联才是人类思维共性方面的语义功能之间的演变机制。① 如表 4-11 所示：

① 吴福祥. 汉语语法化研究 [M]. 北京：商务印书馆，2005：291.

表 4-11　跨语言“跟随”义词汇语义考察

语言	词汇	跟随	听从	伴随	关联	凭借	经由	有生来源	沿着	并列	语料来源
泰语	ตาม	+	+				+				笔者调查
佤语	fuot	+	+						+		笔者调查
越南语	với	+		+	+			+			刘汉武，丁崇明《汉语介词“跟”和越南语介词“với”的异同》(2012 年)
韩语	따라가다	+							+		笔者调查
日语	従う	+	+	+		+			+		笔者调查
南岛语	aba	+		+						+	Mualang 语，TJIA J《A Grammar of Mualang: An Ibanic Language of Western Kalimantan, Indonesia》(2007 年)
克里奥尔语	folem	+					+				CROWLEY T.《Bislama Rererence Grammar》

泰语中表达“跟随”义的“ตาม”“ตาม”有“跟随”“听从”“经由”3项语义功能。例如：

（241）ฉัน กำลัง เดิน ตาม หลัง แม่.

我 正在 走 跟随 后面 妈妈

（我跟在妈妈后面走着。）（跟随）

（242）เรื่อง นี้ เธอ ก็ ทำตาม เขา แล้วกัน.

事 这件 你就 随 他 吧

（这件事你就听从他的意见吧。）（听从）

（243）เรื่อง นี้ เธอ ก็ ทำตาม เขา แล้วกัน.

走 跟随 路条 这 前往 就是 家 张爷爷 了

（跟这条路往前走就是张爷爷家了。）（经由）

佤语中表达“跟随”义的词汇是“uot”“fuot”，有“跟随”“听从”“沿着”3项语义功能。例如：

（244）miʔ fuot ʔuʔ.

你 跟随 我

（你跟我来。）（跟随）

（245）fuot rhaɔm dʑhem miʔ.

听从 心 想 你

（随你的意愿吧。）（听从）

（246）fuot ʔi kra_ ʔ ʔi xah.

沿着 这 路 这个

（沿着这条路走。）（沿着）

越南语中表达“跟随”义的词汇是“với”“với”，有“跟随”“伴随”“有生来源”“关联”4项语义功能。例如①：

（247）Tại sao nên theo Chúa Giê-su？（我们为什么要跟随耶稣。）

（248）Đêm đó，tôi về nhà cùng với họ.

夜 那 我 回 家 同 跟 他们

（那一夜，我跟他们一同回家。）（伴随）

---

① 刘汉武，丁崇明. 汉语介词“跟”和越南语介词“với”的异同［J］. 海外华文教育，2012（03）：289-293.

（249）Quyền sách này anh mượn của với ai?

本　书　这　你　借　的跟　谁

（这本书你跟谁借的?）（有生来源）

（250）Tôi không liên quan với chuyện này.

我　不　关系　跟　事　这

（我跟这事没关系。）（关联）

日语中表达“跟随”义的词汇是“従う”，有“跟随”“听从”“伴随”“凭借”“沿着”5项语义功能。例如：

（251）小野さんはお母さんの後に従って歩く。

小野　妈妈的后面　跟在　走

（小野跟在后面走。）（跟随）

（252）小野さん は 川 に 従って 山 を下る。

小野　河流　沿着　山下去

（小野沿着小河下山。）（沿着）

（253）命令 に 従う。

命令　服从

（服从命令。）（听从）

（254）故郷 の 習慣 に 従って 生活する。

家乡的　习惯　按照/依据 生活

（按照家乡的习惯生活。）（凭借）

（255）仕事が進むに従って興味も増した。

工作　前进　伴随　兴趣　增强

（随着工作的开展兴趣也增强了。）（伴随）

韩语中表达“跟随”义的词汇是“따라”，有“跟随”“沿着”2项语义功能。例如：

（256）엄마 뒤를 졸졸 따라가다.

妈妈 后面（助词）跟着 去

（紧紧地跟在妈妈后边。）（跟随）

（257）그 길을 따라 쭉 걸어가면 도착한다.

那 道路　跟着 一直　走过去　到达

（沿着那条路一直走就到了。）（沿着）

以上语言“跟随”义的语义地图如图 4-39 所示：

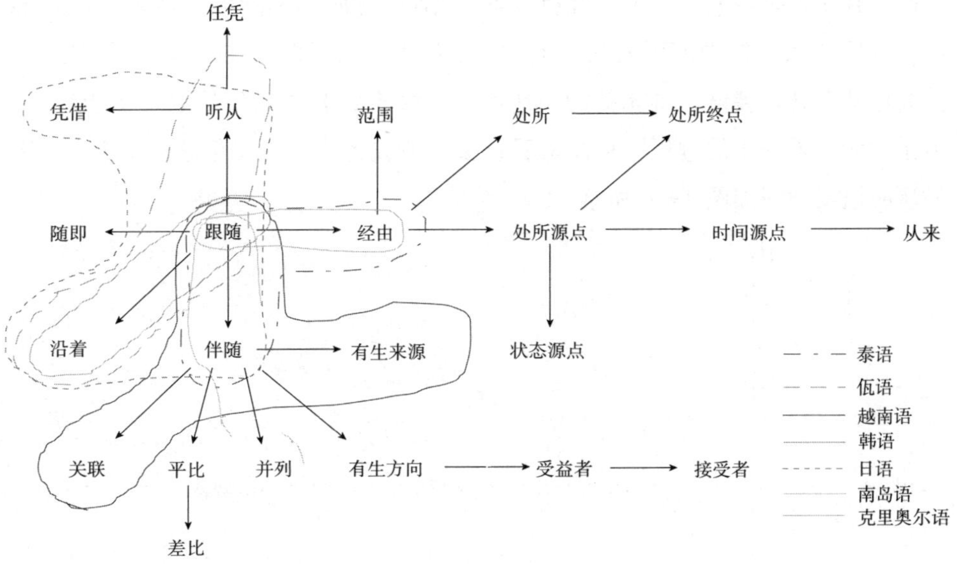

图 4-39 跨语言“跟随”义语义地图

虽然在泰语、佤语、越南语、韩语、日语中“跟随”义词汇的语义功能并不像汉语那么丰富，但是它们的语义地图验证了“跟随”义相关概念空间的有效性。而汉语“跟随”义概念空间的其他功能在这些语言中都由另外的词来承担，这些词的语义功能多与“跟随”概念场的语义功能或交叉或互补。如泰语中“กับ”有“伴随”“平比”“关联”“有生来源”“并列”功能；佤语中“mai̱”有“伴随”“有生方向”“并列”功能，“to̱m”表示“处所源点”“时间源点”“状态源点”“范围”。

第四节 本章小结

汉语史上动词“跟随”概念场主导词经历了“从”“随”“跟”的历史兴替，上古汉语主导词为“从”，中古汉语时期被“随”取代，“随”又在明清时期被“跟”取代。

从“从”“随”“跟”的语义发展演变看，该概念场主导词的兴替和词汇语法化关系密切。“从”在上古汉语时期语法化为介词，并身兼众职，有“经由”

“处所源点”“时间源点”“状态源点”“处所”“范围”“凭借”“有生来源”等功能，到中古时期又出现了“处所终点”“有生方向”和副词“从来”的功能，唐代以后“从”的动词用法几乎消失，“跟随”义只保留在一些古语词中。众多介词功能开始萎缩，再无新的功能产生。汉语史上“从”的语义功能经历了由小到大，再到小的过程，总体来看语义功能较为稳定，变化浮动不大。“从”的历时语义地图如图 4-40 所示：

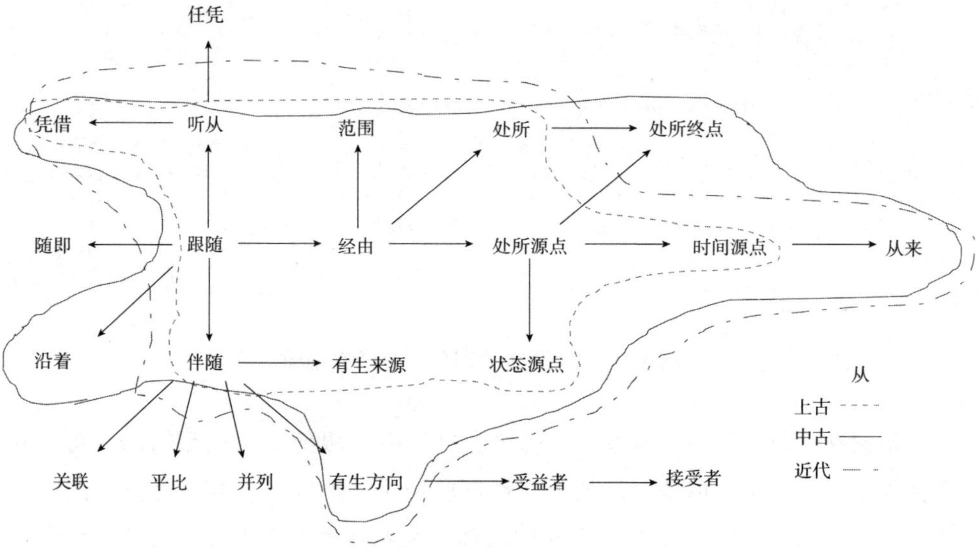

图 4-40　“从”的历史语义地图

“随”在唐宋时期语法化为介词，元代以后介词各功能用法逐渐萎缩，其核心义仍是动词“跟随”，但在口语中已经较少使用。宋代“跟”才产生动词“跟随”义，虽是后起但发展迅速，元明时期动词用例骤增，明代开始与“随”产生竞争，并最终在清代战胜“随”成为“跟随”概念场的主导词。“随”和“跟”的历史语义地图如图 4-41 所示：

从图 4-40 来看，我们推测“从”最终退出“跟随”概念场，主要是因其语义众多，虚词功能强大，语义重心转移，使得动词词义能产性降低，主要保留在一些古语词中。“随”退出主导地位的原因我们推测可能与清代北京官话的兴起有关。

王玮（2015）研究认为，在世界语言中“跟随”义动词的语法化都展示出了非常有意思的类型学特征。它既可以从“跟随”这一动作所涉及的空间关系

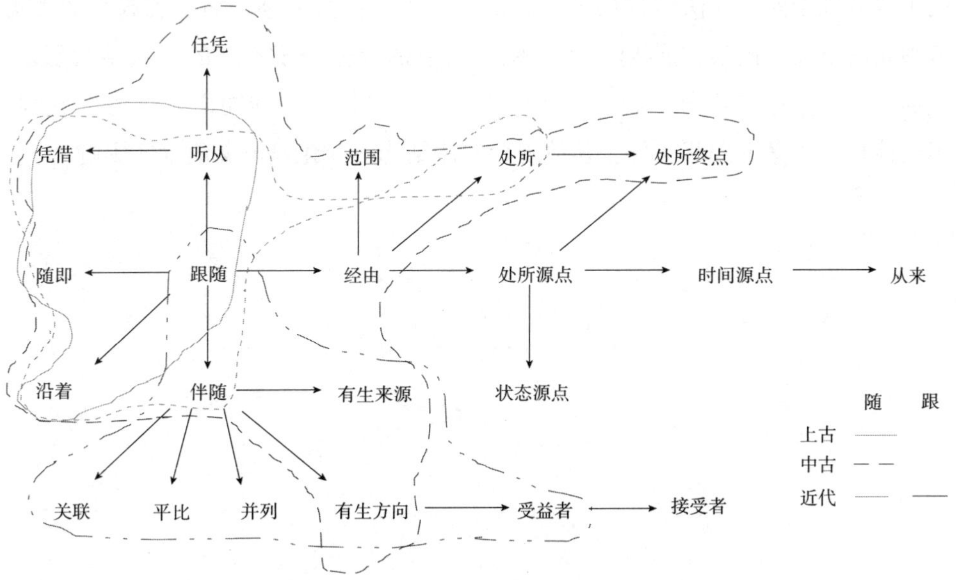

图 4-41 “随”和“跟”的历史语义地图

发展出“经由”“起点”等表示空间位移的功能，又可以从“跟随”这一动作所涉及的人际关系发展出“伴随者”“对象”等功能。从跨语言“跟随”义词汇语义功能的调查中可以看出在亚洲语言范围内普遍存在着“跟随——伴随”“伴随——并列”和“跟随——听从——凭借”等语法化模式，而这都与“跟随”语义本身的语义蕴涵有关，如：“跟随”义含有［+跟在后面］、［+共同做某事］（NP_1和NP_2之间是主从关系）、［+运行］、［+位移］、［+路径］5个义素，其中一些义素凸显一些义素衰弱时语义重心就改变，经过长期或高频使用，被人们习以为常后，就产生了新的语义功能，“伴随”功能凸显了［+共同做某事］（NP_1和NP_2之间是主从关系）的意思，弱化了［+跟在后面］［+运行］［+位移］［+路径］义素。“并列”功能是在“伴随”功能的基础上所连接的NP_1和NP_2的主从关系消失，NP_2的句法结构上移与NP_1平行的过程中产生的，如赵元任曾指出“语言学跟跟语言学有关的某些问题”① 中，第一个“跟”是连词，表示“并列”，第二个“跟”是表示“伴随”功能的介词，在这句话中两个“跟”不在同一结构平面上，各有自己的功能。表“并列”的“跟”所连接的

① 赵元任. 语言问题［M］. 北京：商务印书馆，2002：1.

两个成分处于同一句法结构层面，它们作为动作的共同参与者，互换位置不影响整句的语义。而表“伴随”的“跟”前后的成分处于不同的句法结构层面，前面的成分是主要成分，后面是次要成分。由“伴随”功能语法化为“并列”不仅体现了语义上的相关性，还体现了句法结构的变化对语义演变的影响。

第五章

"遗失"义动词的历时演变与语义地图

本章主要讨论"遗失"概念场常用词的历时兴替，构建"遗失"义概念空间，通过语义地图方法分析其语义演变的路径及方向、进一步探索该概念场内各词语法化的内部动因。

汉语中"遗失""抛弃""投掷"表达的都是与日常生活密切相关的基本概念。这三个概念场之间的界限并不泾渭分明，场内用词多有交叉，兼表三义的词有"丢""撂"，兼表"遗失""抛弃"二义的词有"丢""撂""掉"，兼表"抛弃""投掷"二义的词有"丢""撂""扔"。

以往的研究主要集中于"抛弃""投掷"概念场的研究，如蒋绍愚（2006）运用"概念要素分析法"对"投"进行分析；杨荣贤（2006）对"投掷""抛弃"等概念的所有用词以及词语之间演变更替的事实与规律的研究；徐时仪（2007）对"抛弃"的动词"弃" "丢" "扔"的兴替进行研究；杨荣贤（2010）对"投掷""抛弃"义词汇进行研究；刘宝霞、张美兰（2013）对近代汉语时期"丢弃"义的"丢""撂（撩）""扔"进行考察；杨振华（2016）对近代汉语"丢弃"概念场动词的历史演变进行考察。总的来看，学界对"抛弃""投掷"概念场的研究较多，对"遗失"概念场的研究较少，目前仅见杨振华（2016）在对"丢弃"义进行讨论时，涉及"遗失"的意义的论述。杨文指出：表"遗失"义的词，上古时期用"亡""遗"，中古时期用"遗""失"，近代汉语用"失""掉""丢"。

总体而言，目前尚无对"遗失"义词的系统描写和考察，且没有展现现代汉语方言中"遗失"义词的使用情况。本章将考察"遗失"义词在近代汉语阶段的历时演变，并结合其在现代汉语方言中的分布，考察它们历时和共时的分布特点，进一步追溯常用词兴替的原因。同时，将结合跨语言的词汇使用情况探讨概念间的联系。

第一节 “遗失”义词汇的共时语义功能考察

一、“遗失”义词汇的语义功能界定

（一）遗

《现代汉语词典》（第7版）第1545页，“遗”有如下义项：

❶遗失。

❷遗失的东西：路不拾~。

❸遗漏：~忘｜补~。

❹留下：~迹｜~憾｜不~余力。

❺专指死者留下的：~容｜~嘱｜~著。

❻排泄大小便或精液（多指不自主的）：~矢｜~尿｜~精

《现代汉语八百词》未收录“遗”，学界对汉语动词“遗”的研究较少，本节主要参考词典释义，进而整理了李荣主编的《现代汉语方言大词典》所列43个方言点中“遗”的语义，如：“遗”仅在西安方言中保留了“遗失”义，在东莞、杭州、贵阳、绩溪、黎川、梅县、南昌、宁波、萍乡、上海、苏州、万荣、扬州都仅有“遗留”义。最终确定“遗”的4个功能节点，如下：

A. 遗失，由于疏忽而失掉东西。

（1）你把啥遗咧，低着头寻呢？（西安方言）

B. 遗漏。

（2）刑过不避大臣，赏善不遗匹夫。（《韩非子·有度》）

C. 遗留、留下。

（3）遗腹子。

D. 抛弃。

（4）故江河决，沉一乡，父子兄弟相遗而走……不能相顾也。（《淮南子》卷十一）

（二）“失”的功能节点的界定

《现代汉语词典》（第7版）第1176页，“失”有如下义项：

❶动，失掉；丢掉（跟“得”相对）：遗~｜丧~｜~血｜坐~良机｜不

要~了信心。

❷没有把握住：~手｜~足｜~于检点｜万无一~。

❸找不着：迷~方向｜~群之雁。

❹没有达到目的：~望｜~意。

❺改变（常态）：~声｜~色｜~神。

❻违背；背弃：~信｜~约。

❼错误；过失：~误｜唯恐有~。

《现代汉语八百词》未收录“失”，李荣主编《现代汉语方言大词典》列有43个方言点中“失”的语义，本节结合词典释义和方言调查选取“失”的语义功能大体涵盖以下4项：

A. 遗失，由于疏忽而失掉东西。

（5）寻找失物。

B. 没有把握住/控制好。

（6）妈妈失手打了姐姐。

C. 失去，丧失。

（7）失信于人。

D. 过失，错误。

（8）这件事是我的过失。

（三）“丢”的功能节点的界定

《现代汉语词典》（第7版）第309页，“丢”有如下义项：

❶遗失；失去：钱包~了｜~了工作。

❷扔：不要随地~果皮。

❸搁置；放：技术~久了就生疏了｜只有这件事~不开。

《现代汉语八百词》第174—175页，“丢”有以下义项：

［动］①丢失；遗失。可带“了、过”。可带名词宾语。我~过一个钱包｜票已经~了，找不到了｜东西放好，别~了｜不小心把钢笔~了

a）否定式一般用“没”。我没~东西｜雨伞没~，在这儿。

b）用“不”否定，限于“不”后有助动词，或“不”前有“从来、向来”等表示习惯性的副词。这封信可不能~｜你放心，不会~的｜这孩子从来不~东西。

“丢”在李荣主编的《现代汉语方言大词典》所列43个方言点中23个方言

有“遗失”义用法，16 个方言点有“抛弃”义用法，在 19 个方言点中有“投掷”义用法，在 12 个方言点中有“搁置”义用法。其中在萍乡、南京、牟平、太原、成都、武汉、长沙、广州 8 个方言点中兼有“遗失”“抛弃”“投掷”3 项语义用法，以长沙方言为例：

(9) 小孩丢格了。(遗失)

(10) 咯支东西冇用哒，丢咖算哒。(抛弃)

(11) 丢色子。(投掷)

“丢”在乌鲁木齐、银川、南宁 3 个方言点仅有“遗失”“抛弃”2 项语义用法，以银川方言为例：

(12) 钱包丢了。(遗失)

(13) 丢两锹土。(抛弃)

“丢”在梅县、建瓯、崇明、贵阳 4 个方言点仅有“抛弃”“投掷”2 项语义用法，以贵阳方言为例：

(14) 把这对鞋丢了它。(抛弃)

(15) 丢眼色。(投掷)

“丢”在南通、忻州、柳州、洛阳、西宁 5 个方言点仅有“遗失”“投掷”2 项语义用法，以洛阳方言为例：

(16) 把钱丢了，找不着了。(遗失)

(17) 丢眼色儿。(投掷)

“丢”在哈尔滨、南昌 2 个方言点中仅有“遗失”义用法，以南昌方言为例：

(18) 丢了什哩东西啵？(遗失)

(19) 人走丢了。(遗失)

“丢”在金华、绩溪 2 个方言点仅有“投掷”义用法，如金华方言“丢子”是“掷色子”的意思。

从方言用例来看，“丢”的很多语义之间关联性不强，本节结合词典释义和历史语料选取“丢”的语义功能，大体涵盖以下 5 项：

A. 遗失，由于疏忽而失掉东西。

(20) 东西丢了。

B. 遗留。

(21) 我一生是个无用的人，一块土也不曾丢给你们，两间房子都没有了。

（《儒林外史》第十七回）

C. 投掷，有目的地挥动手臂，使拿着的东西离开手。

（22）七月七日之午，丢巧针①。（［明］刘侗，于奕正《帝京景物略》）

D. 抛弃，扔掉不要。

（23）该些还有用，不要丢嘎。

（24）把烦恼都也波丢，丢在脑背后。（［元］康进之《李逵负荆》）

E. 搁置，放下。

（25）我把伞丢在办公室啦。

（四）“掉”的功能节点的界定

《现代汉语词典》（第7版）第302页，“掉”分为两个字头，有如下义项：

掉[1]diào

❶动，落①：~眼泪｜被击中的敌机~在海里了。

❷动，落在后面：~队。

❸动，遗失；遗漏：钢笔~了｜这篇文章里~了几个字。

❹动，减少；降低：~价儿｜~膘。

❺用在某些动词后，表示动作的结果：扔~｜除~｜抹~｜改~坏习气。

掉[2]diào

❶动，摇动；摆动：尾大不~｜~臂而去（甩胳膊就走）。

❷动，回；转：把车头~过来｜他~过脸来向送行的人一一招呼。

❸同“调[1]”❸。

《现代汉语八百词》第171页，“掉”有以下义项：

［动］①脱离；落。可带“了、着、过”。掉落的事物可以做主语，也可以做宾语。~眼泪｜~雨点儿｜衬衫扣子~了。

掉+在。后加表示处所的成分。熟透了的杏儿都~在地上了｜水桶~在井里了｜跑了五十米他就~在后头了（=落在后面）。

②遗失；遗漏。可带“了”。可带名词宾语。这句话~了一个字｜我的钢笔~了｜别把钥匙~了。

掉+在，后加表示处所的成分。大衣~在路上了｜钢笔~在操场上了｜钱~在外边了。

---

① “丢巧针”是明代的一种风俗。在七月七日暴晒碗水，使得水出现一层膜，妇女把针投掷到水面上，观察水底的阴影。通过形状变化来判断是否祈得智巧。

③减少；降低。可带“了、过”。可带少数几个名词宾语。用于口语。药品普遍~了价儿（=降价）｜他喂的牲口从来没~过膘（=没瘦过）。

④回；转。可带“了”，可重叠。可带名词宾语。把天线~一个方向，电视就清楚了｜你~~身子，我就能过去了｜~回头来。

⑤作动结式第二成分，可插入“得、不”。

a）在及物动词后，表示去除。打~｜去~｜除~｜删~｜烧~。

b）在不及物动词后，表示离开。走~｜跑~｜逃~｜飞~｜溜~。

［动结］掉得（不）了 能（不能）掉：扣子缝得很结实，掉不了。

［动趋］掉//下去：花盆从阳台上掉下去了｜有绳子拴着，掉不下去

掉//出来：苹果从网兜里掉出来了

在李荣主编《现代汉语方言大词典》所列 43 个方言点中“掉”在 13 个方言点都有“遗失”义用法，仅在东莞、广州方言中有“抛弃”义用法。本节结合词典释义和方言调查选取“掉”的语义功能大体涵盖以下 9 项：

A. 遗失，由于疏忽而失掉东西。

（26）手巾二掉撇了。

B. 掉落。

（27）东子走楼上掉下去了。（银川方言。）

C. 遗留。

（28）我一生是个无用的人，一块土也不曾丢给你们，两间房子都没有了。（《儒林外史》第十七回）

D. 摇摆，摇动。

（29）铃铛掉。（萍乡方言。）

E. 遗漏。

（30）掉了两个字。

F. 失去，丧失。

（31）这几天太累了，掉了好几斤肉。

G. 抛弃，扔掉不要。

（32）掉敲包垃圾。（东莞方言：扔掉包垃圾。）

H. 搁置，放下。

（33）书掉啊办公桌上，唔记得拿来。（梅县方言。）

I. 动相结果，助词表示动作结果的补语标记。

(34) 吃掉、跑掉。

(五)“跌”的功能节点的界定

《现代汉语词典》(第7版)第302页,“跌”有如下义项:

❶动,摔①:~跤|~倒了又爬起来了。

❷动,(物体)落下:水位下~。

❸动,(物价)下降:金价~了百分之二。

“跌”从现代汉语语义上看并无“遗失”义,本节结合前人研究成果和方言调查,选取“遗失”义词汇的功能节点。我们选取的“跟”语义和功能大体涵盖以下16项:跟随、伴随、关联、平比、差比、有生方向、有生来源、处所、经由、处所源点、处所终点、时间源点、沿着、受益者、接受者、并列。

李荣主编的《现代汉语方言大词典》所列43个方言点中“跌”在14个方言点有“遗失”义用法,于都方言中有“抛弃”义用法。本节结合汉语史用例、词典释义和方言调查选取“失”的语义功能,大体涵盖以下6项:

A. 遗失,由于疏忽而失掉东西。

(35) 我跌咗枝钢笔。(广州方言)

B. 掉落。

(36) 跌雨点。

C. 摔倒。

(37) 跌跟头。

D. 遗留。

(38) 我一生是个无用的人,一块土也不曾丢给你们,两间房子都没有了。(《儒林外史》第十七回)

E. 回转,掉头。

(39) 跌弯:拐弯(萍乡方言)

F. 抛弃,扔掉不要。

(40) 做人不能跌大古。(于都方言:做人不能抛弃体面。)

二、“遗失”义概念空间的建立

从方言调查来看,“遗”“失”“丢”“掉”等词的语义功能在方言中具有较强的相似性。现代汉语方言“遗失”义的表达主要以双音词为主,《汉语方言词汇(第2版)》(1995)第408页中,“遗失”义20个方言点使用词分别是:北京“丢了”“掉了”，济南、西安“掉咧”，太原“丢咧”，武汉“失了”“掉了”，成都“掉啰”“蚀”，合肥、扬州“掉□①”，苏州“夺＊脱”温州“遁＊爻”，长沙“失咖” “跌咖”，双峰“□佳＊ ” “刷＊佳＊”，南昌“跌□”“落”，梅县“跌□”“失脱”“唔见”，阳江“漏都＊”“无见”，厦门“□见”“拍无”，潮州“铰＊落”“唔见”，福州“拍捫”“拍毛”，建瓯“荡＊掉”。整体来看，方言“遗失”义词汇的使用比较复杂，但概括起来有“丢”系、“掉”系，“跌”系、“失”系、“落”系，这种词汇的地域差异体现出一定的历史继承性。

本章对李荣主编的《现代汉语方言大词典》43个方言点中“遗失”义词汇的使用情况进行了统计，结果如表5-1所示。从表5-1的调查结果来看“遗失”“投掷”“抛弃”三者之间两两存在联系，关系如图5-1所示：

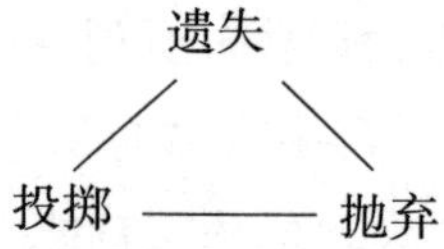

图5-1　“遗失”“投掷”“抛弃”概念联系

图5-1是语义地图所谓的“空图”（Vacuous Map），即如果一种语言，它的功能1与功能3采用同样的形式表达，而功能2采用不同于前者的另一种形式来表达，这时便会形成图5-1中所展现的概念空间。功能1、2、3的概念空间形成了环状，三者在具体语言中的关系可能是任何一种状态，功效上不具“预测”性（predication），但如果从历时语义角度来看，在功能间的连线中加上用来表示语义演变关系的箭头，则能赋予这幅“空图”新的意义。

从方言词汇使用来看，表示“遗失”义的“丢”是通语词，在各方言区都有使用，“遗”仅有西安方言使用，如：你到底把啥遗咧，低着头寻呢？“失”主要用于徽语，老湘语，“掉”主要分布在官话区，“跌”主要分布在赣语、客家话、吴语、平话、湘语中。整体来看，即使是同一方言区，不同方言点新、老程度不同，用词也有不同，如在湘语区，说老湘语的娄底“遗失”义不用“丢”“跌”，说新湘语的长沙则吸收新词汇较多，“丢”“跌”并用，“失”只用在一些固有的表达中。王维辉、秋谷裕幸（2000）指出：研究方言词汇的分布

① 此处方框（□）引原文，方言没有习用字用□表示。在现代汉语方言中，表示“遗失”的概念用“没有”或“不见”，本书研究的是表示“遗失”义的动词词，故“没有”“不见”等不纳入我们的研究范围。后同。

表 5-1 李荣主编《现代汉语方言大词典》43 个方言点中“遗失”义词的使用情况

方言区	方言点	丢				遗	失		掉		撂			跌	
		遗失	抛弃	投掷	搁置	遗失	遗失	抛弃	遗失	抛弃	遗失	抛弃	投掷	遗失	抛弃
赣语	黎川													+	
	南昌	+												+	
	萍乡	+	+	+	+		+							+	
徽语	绩溪						+							+	
冀鲁官话	济南	+													
江淮官话	南京	+	+	+			+		+		+				
	南通	+		+								+		+	
	扬州	+			+				+			+			
胶辽官话	牟平	+	+	+					+						
晋语	太原	+	+	+	+				+						
	忻州	+		+	+						+			+	
客家话	梅县		+	+					+					+	
	于都													+	+
兰银官话	乌鲁木齐	+	+		+				+			+			
	银川	+	+												
闽语	福州			+											
	海口						+								

续表

方言区	方言点	丢				遗	失		掉		撂			跌	
		遗失	抛弃	投掷	搁置	遗失	遗失	抛弃	遗失	抛弃	遗失	抛弃	投掷	遗失	抛弃
闽语	建瓯		+	+										+	
	雷州						+								
	厦门						+								
平话	南宁	+	+		+									+	
吴语	崇明		+	+											
	丹阳		+						+			+	+		
	杭州													+	
	金华			+			+								
	宁波						+							+	
	上海														
	苏州						+								
	温州														
西南官话	成都	+	+	+			+		+						
	贵阳		+	+	+				+						
	柳州	+		+	+							+			
	武汉	+	+	+					+						

续表

方言区	方言点	丢				遗	失		掉		撂			跌	
		遗失	抛弃	投掷	搁置	遗失	遗失	抛弃	遗失	抛弃	遗失	抛弃	投掷	遗失	抛弃
湘语	娄底						+								
	长沙	+	+	+	+		+				+			+	
粤语	东莞				+					+					
	广州	+	+	+	+					+				+	
中原官话	洛阳	+		+			+				+				
	万荣	+					+								
	西安	+				+			+			+			
	西宁	+		+					+			+			
	徐州	+							+		+	+			
东北官话	哈尔滨	+										+			

有助于厘清词汇演变的脉络和新旧词更替的线索。“遗失”义概念场用词的分布大体上呈现出南北对立的格局。这也从侧面印证了汉语词汇发展史上，表示“遗失”义的常用词具有一定的历史兴替情况，需要进一步做历史方面的考察。加之许多方言中“遗失”义动词的源义已消失，且在方言中呈现语义多，且相似，动源义不明确等特点，故无法从方言实际用法中建立各语义功能间的关系。我们在下文将通过对“遗失”义词汇的历时语义考察，结合语法化和语义演变的路径，从历时角度建立“遗失”义各功能节点的联系，然后再利用方言语料绘制共时语义地图，对历时的概念空间进行验证。

第二节　“遗失”义词汇的历时语义考察

一、上古汉语时期“遗失”义词汇的语义功能考察

上古汉语时期表达“遗失”义的常用词有“遗”“失”“亡”。

“遗”，《说文》：“亡也。”《金文形义通解》指出“遗”的本义为“遗漏”，此外金文中还有“遗留、加、益、送、人名、遗言”[①] 等义。通过语料检索，上古时期文献中“遗”出现的总频次为 580 例[②]，其中常用义项占比分别是“赠与”（39.5%）、“遗留”（16.7%）、“遗失”（7.7%）、“抛弃”（15.9%）、“遗漏”（2.2%）。例如：

（41）“飞鸟遗之音，不宜上，宜下，大吉。”（《周易·小过》）

（42）入其疆，土地荒芜，遗老失贤，掊克在位，则有让。（《孟子·告子篇》）

（43）苟持民矣，安有遗道！苟遗民矣，安有正行焉！（《晏子·内篇》）

（44）齐桓公饮酒醉，遗其冠，耻之，三日不朝。（《韩非子》第三十七篇）

---

① 张世超. 金文形义通解［M］. 日本京都：中文出版社，1996：第 0258 条.

② 本书调查依赖于中国台湾“中研院”古汉语电子语料库，分别包括：上古汉语标记语料库、中古汉语标记语料库、近代汉语标记语料库。该语料库是应汉语史研究需求而建立的，目前已含盖上古汉语（先秦至西汉）、中古汉语（东汉魏晋南北朝）、近代汉语（唐五代以后）大部分的重要语料，并已开放使用，提供在线检索。（语料网站：http：//lingcorpus. iis. sinica. edu. tw/cgi-bin/kiwi/akiwi/kiwi. sh）

(45) 黄帝游乎赤水之北，登乎昆仑之丘而南望，还归，遗其玄珠。(《庄子·天地》)

(46) 故江河决，沉一乡，父子兄弟相遗而走……不能相顾也。(《淮南子》卷十一)

(47) 诛恶而不得遗细大，诸侯不得为匹夫兴师……(《春秋繁露·王道》)

这一时期“遗”表示“遗失”义后搭配的对象，既可以是具体的动物、人、物，还可以是抽象的仁义、社稷之利等。从语义引申角度来看“遗”的“遗失”义可能来源于“遗漏”和“逃亡”。“遗漏”包含有［-自主］［+对象］［+拥有］［+疏忽］［+消失］的语义要素，其［-自主］［对象］［+拥有］［+消失］与“遗失”义的语义要素具有一定程度的相似性，可通过隐喻引申出“遗失”义。另一方面可能由“逃亡”义引申出“遗失”义，详见下文。

“失”，《说文》：“纵也。”段玉裁注：“失，一曰舍也。在手而逸去为失。”本义是“遗失、丢失”。上古汉语时期“失”出现的总频次为3041例，其中用例较多的义项依次是“失去”(61.8%)、“遗失”(19.9%)、“过失”(5.9%)、“没有把握住”(5.6%)、“错误”(3.7%)、遗漏(0.5%)、逃亡(0.3%)等。例如：

(48) 君失其道，则大臣比权重，以相举于国，小臣必循利以相就也。(《管子·法禁》)

(49) 参伍之道：行参以谋多，揆伍以责失；行参必折，揆伍必怒。(《韩非子》第四十八篇)

(50) 失火而遇雨，失火则不幸，遇雨则幸也。(《淮南子》卷十七)

(51) 孔子行游，马失，食农夫之稼，野人怒，取马而系之。(《淮南子》卷十七)

(12) 屠羊说曰：“大王失国，说失屠羊；大王反国，说亦反屠羊。”(《庄子·让王》)

(53) 贤人不用，谗人用事……不失秋毫，避患去害，不见丘山。(《说苑》卷第十七)

(54) 若夫人事则无常，过极失当，变故易常。(《皇帝四经·姓争》)

在这一时期，“失”的核心义是“失去”。“失去”与“遗失”语义侧重点不同，“遗失”更多地强调行为动作，“失去”则更侧重动作结果状态。与“失”搭配的对象也较广泛，既有具体的人、动物，也有抽象的仁义、道德等。赵平安（1998）指出：古文字资料中的“逹”“奉”读为逸或读为失，逸和失韵部相同，声母同位舌音，古音相近，常通用。本义指人或动物逃逸。从出土文献的材料来看，“失”的原始义为“逃跑”，从奴隶、动物的角度是逃跑，从主人的角度是遗失、丧失。

由此，我们对上古时期“逃亡”义常用词“亡”进行考察。《说文》：“亡，逃也。”本义为“逃亡”。“亡”字甲骨文时期已见，裘锡圭《释“无终”》一文指出：从字形来看其本意是“刀芒”，而见于甲骨文的“亡”字，全读为wú，义为“无”。季旭昇（2020）指出：直到战国文字中，才有少数读为wáng，义为“灭亡”。从上古汉语文献用例统计来看，在先秦至西汉这段时期“亡”出现的总频次为2747例，各义项占比分别是“灭亡、消亡”（78.3%）、“死亡”（5.6%）、“逃亡”（9.2%）、“遗失”（3.3%）、“无、没有”（2%）。例如：

（55）献公亡虢，五年而后举虞。（《春秋谷梁传·僖公》）

（56）周有申喜者，亡其母，闻乞人歌于门下而悲之。（《吕氏春秋·秋纪第九》）

（57）君子讥盾：“为正卿，亡不出境，反不讨贼。”（《史记·赵世家》）

（58）节（即）亡玉若人贸（易）之，视检智（知）小大以论及以赀负之。（《睡虎地秦墓竹简·法律答问》）

（59）“见兔而顾犬，未为晚也；亡羊而补牢，未为迟也。”（《战国策·楚策》）

（60）一有一亡忽微哉，斐然成章。（《说苑》卷第十八）

“亡”一样由“逃亡”引申出“遗失”义，搭配对象多为具体的动物、人及少量的物。“遗失”义一直没有成为“亡”的核心义，此时“亡”的核心义是“灭亡、消亡”。

上古汉语时期“遗失”义常用词及相关语义统计如表5-2所示：

表 5-2 上古汉语时期“遗失”义常用词及相关语义统计表

文献	遗		失	亡	文献	遗		失	亡
	遗失	抛弃	遗失	遗失		遗失	抛弃	遗失	遗失
尚书	1	1			吴子			2	
诗经		3			尉缭			2	
周易		2	12	2	六韬		1	4	1
仪礼					司马法			1	
周礼			2		慎子			4	
礼记		7	12		通玄真经				
春秋公羊传			3		通玄真经	1	4	32	1
春秋谷梁传		2	10		关尹子				
左传		3	48	3	鹖冠子			8	1
国语			16	1	邓析子	1		1	
战国策	1	1	11	8	孝经		2	1	
论语		1	2		素问		1	8	
孟子		2	4	1	灵枢			7	
墨子		1	2		孔子家语	1	7	25	1
庄子	1	8	17	3	孔丛子	1	1	8	

续表

文献	遗		失	亡	文献	遗		失	亡
	遗失	抛弃	遗失	遗失		遗失	抛弃	遗失	遗失
荀子		2	19		史记	2	7	47	13
韩非子	10	3	35	8	新语			2	
吕氏春秋	2	3	19	8	春秋繁露	1		17	1
老子			2		淮南子	5	9	70	5
商君书	1	3	6		新序			17	2
管子	1	6	44	4	说苑	5	4	26	14
晏子	5	3	10	1	新书	2		5	1
孙子					马王堆汉墓帛书	1	1	10	1
大戴		2	12		睡虎地秦墓竹简			1	9
韩诗外传	3	2	19	2	合计	25	92	305	41

由表 5-2 可知，上古汉语时期“遗失”义的主导词是“失”。这一时期“失”“遗”经常对举，如：

（61）入其境，土地荒秽，遗老失贤，掊克在位，则有让，削其地。（《说苑》卷第十九）

此外，还有 3 例“遗失”连用用例，例如：

（62）彼虽至人，能以练其精神……小大曲制，无所遗失，远近邪直，无所不及。（《鹖冠子·能天》）

（63）虽父子畴官，世世相传，其精微深妙，多所遗失。（《史记·龟策列传》）

（64）圣人察物，无所遗失，上及日月星辰，下至鸟兽草木昆虫……（《新语·明诫》）

“亡失”3 例、“失亡”13 例，主要表示“丧失、丢失”。

（65）今将军为秦将三岁矣，所亡失以十万数，而诸侯并起滋益多。（《史记·项羽本纪》）

（66）今夫大鸟兽则失亡其群匹，越月踰时，则必反铅过故乡……（《荀子·礼论》）

（67）吏当广所失亡多，为虏所生得，当斩，赎为庶人。（《史记·李将军列传》）

（68）昔上世暴王，不忍其耳目之淫……遂以亡失国家，倾覆社稷。（《墨子·非命上》）

这一时期“遗”既有“遗失”义，又有“抛弃”义，从概念要素角度来看，“遗失”与“抛弃”之间有“非主观”与“主观”的区别，“遗失”是非主观的，“遗”要表达主观意味就具有了“致使”性，即“抛弃”义。

从这一时期的语义分析来看，我们可以依据语义引申规律及“逃亡”“遗失”等共同语义建立“遗失”义的概念空间，如图 5-2：

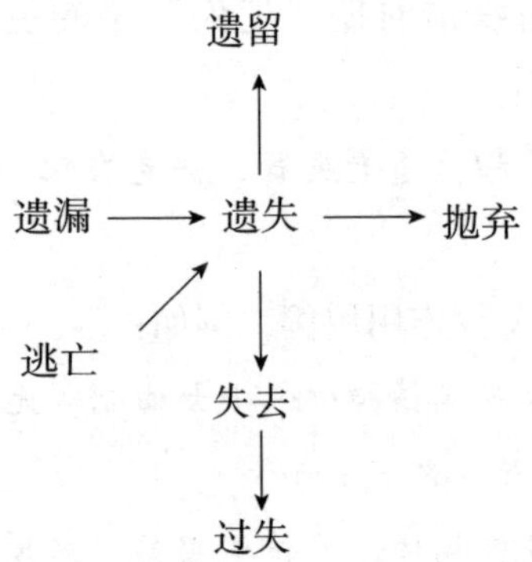

图 5-2 上古汉语时期“遗失”义概念空间

二、中古汉语时期“遗失”义词汇的语义功能考察

中古汉语时期，“遗失”概念场沿袭了上古时期的状态，这一时期“遗”出现总频次为 136 例，各义项占比分别为“赠与”（30.1%）、“遗留”（51.5%）、“遗失”（3%）、“抛弃”（2.2%）、“遗漏”（1%）。例如：

（69）狂夫童谣，圣人所择。刍荛之言，或不可遗。（《抱朴子·内篇》）

（70）故禹之趋时也，履遗而不纳……而争其得时也。（《齐民要术》卷一）

“失”的用例较多的义项依次是“失去”（64.4%）、“遗失”（18.9%）、“过失”（7%）、“没有把握住”（5.6%）、“错过”（2.5%）、遗漏（0.3%）等。

（71）座中惊起，助文引之，乃袁公路家羊也，失之七八年，不知所在。（《搜神记》卷十八）

（72）其儿父母说：“是我儿，我于某时，失在河中。”（《贤愚经》卷第五）

“亡”的文献用例中，各义项占比分别为“死亡”（68.2%）、“灭亡、消亡”（5.5%）、“逃亡”（5.5%）、“遗失”（6.5%）、“无、没有”（8.2%）。

（73）欲乘有所至，知是船终不能至，便中道坏，亡散财物。（《道行般若经》卷第五）

（74）又曰：“亡羊治牢，未为晚也。”（《齐民要术校释》卷六）

（75）二十一者、世间亡财物，菩萨化示伏藏财物，教令为道。（《如来三昧经》卷中）

中古汉语时期“遗失”义常用词及相关语义使用情况如表 5-3 所示：

表 5-3 中古汉语时期“遗失”义常用词及相关语义统计表

文献	遗		失	亡	文献	遗		失	亡
	遗失	抛弃	遗失	遗失		遗失	抛弃	遗失	遗失
抱朴子内篇	2	3	7		生经			7	1
世说新语			6		佛说普曜经				
搜神记			12	3	光赞经				
洛阳伽蓝记			2		大楼炭经			2	
颜氏家训			3	1	阿育王传				
齐民要术	1		6	2	出曜经			22	
道行般若经			9	2	大庄严论经			7	
佛说兜沙经					妙法莲华经			3	
阿门佛国经				1	悲华经			15	
佛说遗日摩尼宝经					百喻经			13	1
佛说般舟三昧经					佛本行集经			16	
般舟三昧经					佛说伅真陀罗所问如来三昧经				
文殊师利问菩萨署经			2		佛说阿阇世王经			1	
法镜经			1		道地经			11	

续表

文献	遗		失	亡	文献	遗		失	亡
	遗失	抛弃	遗失	遗失		遗失	抛弃	遗失	遗失
阿含口解十二因缘经					荆楚岁时记			7	
中本起经					贤愚经				
修行本起经				1	义足经				1
梵摩渝经					普曜经			2	1
佛说义足经					无言童子经				
大明度经			1	1	法句譬喻经			1	
佛说菩萨本业经					遗日摩尼宝经				
了本生死经					超日				
佛说四愿经					合计	4	3	163	15
六度集经	1		7	4					

中古汉语时期“遗失”连用7例，其中2例表“遗留”义，5例表“遗失”义。例如：

（76）其恶行若不足以煞其家人者，久久终遭水火劫盗，及遗失器物，或遇县官疾病，自营医药……（《抱朴子·内篇》）

（77）二子俱说，更相易夺，言无遗失。（《世说新语·夙惠》）

（78）头上天冠忽然堕落，遗失革屣，徒跣而行。（《佛本行集经》卷第二十六）

（79）于时波罗奈城有一长者，遗失铜钵，时彼长者求觅铜钵。（《佛本行集经》卷第五十九）

这一时期“亡失”连用共见35例，表“抛弃”义1例，“遗失”义3例，其余皆表“丧失、失去”义。

（80）若有菩萨有信乐、有定行……知是菩萨中道厌、便亡失名珍宝，更弃大珍宝去。（《道行般若经》卷第五）

（81）犹如商贾远涉涂路，遇贼亡失所获财宝为贼所劫。（《出曜经》卷第二十四）

（82）有所造作，当所为者……设有所得，寻复亡失。（《正法华经》卷第二）

从这一时期的语义分析来看，“遗失”义概念空间与上古汉语时期相同。

三、近代汉语时期“遗失”义词汇的语义功能考察

近代汉语时期“遗失”概念场的词汇发生变化，除“失”“遗”“亡”外，新增成员有“丢”“跌”“掉”。

这一时期“失”的用例较多，出现总频次为1554例，常见义依次是“失去”（51.6%）、“遗失”（11.6%）、“过失、失误”（11.6%）、“没有把握住”（18.6%）、“错过”（2.5%）、遗漏（0.3%）等。“遗”出现总频次为219例，语义发生变化，主要表现在各个义项比重的变化，其中“赠与”（7.3%）、“遗留”（37.4.7%）、“遗失”（18.7%）、“抛弃”（6.4%）、“遗漏”（22.4%）。“亡”出现总频次为545例，其中“死亡”（67.9%）、“灭亡、消亡”（23.1%）、“逃亡”（1.1%）、“遗失”（2.6%）、“无、没有”（2.4%）。从这三个词的义项使用情况来看，较之前变化不大，该概念场的新特点主要体现在新增成员上。

“丢”不见于近代汉语之前的文献。刘宝霞、张美兰（2013）指出“丢”为后出俗字。“丢”，宋元亦写作“颩”，宋代用例不多，在元杂剧等口语性较强的文献中“丢”的文献用例有所增加。明以后，“丢”已广泛应用，成为当时表示“投掷”“抛弃”的主导词。据本章调查，“丢”在近代汉语语料库出现总频次为 831 例，各语义占比分别为“抛弃”（45.8%）、“投掷”（11.7%）、“遗失”（23%）、“搁置”（9.3%）、“遗漏”（3%）、“遗留”（2.5%），可以看出近代汉语时期“抛弃”义是“丢”的核心义。例如：

（83）哥哥，你丢我时放仔细些，我肚子上有个疖子哩！（《关汉卿戏曲集·包待制三勘蝴蝶梦》）

（84）不知甚么人杀了梅香，丢下一把刀子。（《关汉卿戏曲集·王闰香夜月四春园》）

（85）你吃得醉了，丢了孩儿，我跟前说谎道焚了。（《元刊杂剧三十种·小张屠焚儿救母》）

（86）两个都溜将下来，却把索子丢入墙内去了。（《水浒传》第八十一回）

（87）好大圣，弯倒腰丢了碗盏，拈一撮土，往上洒去……（《西游记》第六十八回）

（88）你好人儿，今日是你个驴马畜，把客人丢在这里，你躲房里去了。（《金瓶梅》第十四回）

（89）西门庆悉把韩道国请我，见我丢了孩子，与我释闷。（《金瓶梅》第六十一回）

（90）包勇还要赶时，被一个箱子一绊，立定看时，心想东西未丢，众贼远逃，也不追赶。（《红楼梦》第一百一十一回）

那么“丢”字的来源如何？为什么在这一时期出现？章炳麟《新方言·释言》写道：《说文》“投，擿也。……今为丁侯切，俗书作丢。”章炳麟认为“丢”是“投”的音变。张涌泉《汉语俗字研究》指出：宋元以来的通俗小说中“掉”常用义同“丢”。裘锡圭先生按：“丢”可能是“掉”的分化字，“掉”音略变即成“丢”。本书从裘锡圭先生，认为“丢”的来源可能与“掉”字有关，原因有二：一是，“丢”与“掉”声母、韵母相同，从语音上有替代的可能，如《分韵撮要》记载二者皆端母朝韵；二是，语义上有一定联系，如在《字汇》中丢意为一去不还，《正字通》中丢为方言一去不还之意。失丢本音丢抛音别义同。“丢”的最初义是“抛弃”。近代汉语时期“丢”的语义众多，其核心义是“抛弃”义，此外还有“投掷”义、“遗失”义、“搁置”义，这四个概念场在语义要素上有一定的相似性，“遗失”与“抛弃”概念场都含[+对象][+位移（隐含）][+离开持有者][+起点][+终点]的语义要素。“抛弃”与“投掷”概念场除了具有杨荣贤（2006）指出的[+使离开]的相同的语义要素外，还有[+位移（隐含）][+起点][+终点]。而“搁置”概念场也具有[+对象][+位移（隐含）][+离开持有者][+起点][+终点]的语义要素，凸显的是[+终点][+停留在某处]的要素。①“遗失”“抛弃”“投掷”三个概念场词义间的联系是显而易见的，差异主要体现在：（1）主观与非主观；（2）发出动作行为的原因；（3）涉及对象离开持有者的方式；（4）动作行为的最终结果四个方面的不同。具体来说：

“遗失”义凸显的[-自主][+离开持有者][+消失]的语义要素，“抛弃”义凸显的是[+自主][+致使][+离开持有者][+因无用、不需、无能或拒绝履行义务等][+舍掉、弃除]的语义要素，“投掷”义凸显的是[+自主][+致使][+离开持有者][+竞技、攻击、让渡、宣泄情绪等][+使物脱手]的语义要素②。

《说文》：“掉，摇也，从手，卓声。”“掉”本义是“摇摆、摇动”，近代以前文献使用较少。宋代出现表“遗失”义的用例。该时期“掉”出现的总频次263例，其中“摇摆、摇动”（8.4%）、“掉落”（35.7%）、“动作的结果”（17.5%）、“回、转”（9.9%）、“遗失”（7.2%）、“遗漏”（5.7%），“搁置”（2.3%）。例如：

（91）至说到“苟能充之，足以保四海”，即掉了“扩”字，只说“充”字。（《朱子语类》卷第五十三）

（92）如此，方是道问学。若只问得去，却掉下不去做，如此，便不是道问学。（《朱子语类》卷第一百一十八）

（93）如一件器用掉在所在多年，卒乍要讨，讨不得。待寻来寻去，忽然讨见，即是元初的定底物事。（《朱子语类》卷第一百二十）

---

① “搁置”义不是本书讨论的范围，不赘述。

② 杨荣贤．汉语六组关涉肢体的基本动词发展史研究［D］．南京：南京大学，2006．“投掷”义与“抛弃”义的词义差异参考。

（94）五十两一锭的大银子散人，一个时辰就散掉了几百两。（《儒林外史》第四十七回）

（95）“这不是我那一块玉，那里就掉了呢。”（《红楼梦》第八十五回）

据此可以看出“掉”除了核心义“掉落”外，使用较多的是虚化为表示动作结果的补语标记。关于“掉”的虚化问题很多学者都有专文讨论，这里不再多谈。朴奎容（2000）指出“掉”虚化为表示语法意义的动作的结果，其词汇意义是［消失］，且“掉”前动词一定带有［+消失］的特点。“丢”的本义“一去不还”也带有［+消失］的特点。

“跌”上古已见，《说文》：“踢也，从足，失声。”“跌”本义是失足摔倒，近代以前文献用例较少。唐以后由“跌落”引申出“掉落”“摔掼（使之摔倒）”义。《中原音韵》：“掉，端母，萧豪韵。跌，端母，车遮韵。”二者声母相同，韵母音近。“跌”从“摔倒”义发展出“使摔倒”“摔掼”义、“掉落”义。结构上，“跌”可以和“失”构成双音词“跌失”，属于同义复合构词。例如：

（96）正如人跌落大水，浩无津涯，须是勇猛奋起这身……（《朱子语类》卷第十四）

（97）那大汉却待用力跌武松，怎禁得他千百斤神力，就手一扯，扯入怀来。（《水浒传》第三十二回）

（98）“妈妈！街上雪滑难行，又跌失了两文钱，只买得六个炊饼。”（《平妖传》第十九回）

（99）“只说街上泥泞，跌失了两文钱就是。”（《平妖传》第十九回）

这一时期仅见《平妖传》中的两例中“跌失”表示“遗失”义，占“跌”这一时期总频次的0.5%，总的来看“跌”是“遗失”概念场非常边缘的成员。近代汉语时期“遗失”义常用词及相关语义使用情况如表5-4所示。

结合表5-4，我们可知近代汉语时期新出现的“丢”特别强势，明代开始与“失”展开竞争，并逐渐超过“失”成为“遗失”义的主导词。但双音词的构成仍以“遗失”为主。这一时期“遗失”义的双音词有“亡失”2例、“失落”22例、“遗失”3例、“遗落”2例。如表5-4所示：

表 5-4 近代汉语时期“遗失”义常用词及相关语义统计表

文献	遗		失	亡	丢			掉	文献	遗		失	亡	丢			掉
	遗失	抛弃	遗失	遗失	遗失	抛弃	投掷	遗失		遗失	抛弃	遗失	遗失	遗失	抛弃	投掷	遗失
敦煌变文集	2	1	2						朴通事谚解							1	
祖堂集				1					水浒传			7		2	33	17	
朱子语类	29	10	91	12				2	西游记			9		24	93	28	
新刊大宋宣和遗事	1	2	1						金瓶梅			5		25	61	9	
永乐大典戏文三种	2		1						平妖传			8		1	6	2	
五代史平话			3						醒世姻缘	5		5		11	63	17	5
全相平话五种			10						儒林外史			2		4	34	2	4
关汉卿戏曲集						3	4	1	红楼梦			21		95	51	2	5
元刊杂剧三十种			5		1	1			歧路灯	2	1	9	1	28	36	15	1
老乞大谚解			1						合计	41	14	180	14	191	381	97	19

（100）韩朋意欲还家，事无因缘。怀书不谨，遗失殿前。（《敦煌变文集·韩朋赋》）

（101）“乐声也易得亡失。如唐太宗破阵乐，今已不可考矣。”（《朱子语类》卷第二十五）（102）入则是在这里，出则是亡失了。（《朱子语类》卷第五十九）

（103）武行者道：“既然二位相觑武松时，却是与我烘焙度牒、书信，并行李衣服，不可失落了那两口戒刀，这串数珠。”（《水浒传》第三十二回）

（104）“必定是那个妈妈的当票子失落了，回来急的他们找。那里得的?”（《红楼梦》第五十七回）

（105）头一件是人口混杂，遗失东西。（《红楼梦》第十三回）

（106）湘云听了，方知是他遗落的，便笑问道：“你几时又有了麒麟了?”（《红楼梦》第三十一回）

近代汉语时期，由于“遗失”概念场的词汇发生变化新增了“丢”“跌”“掉”，概念空间也随之扩大，如图 5-3 所示：

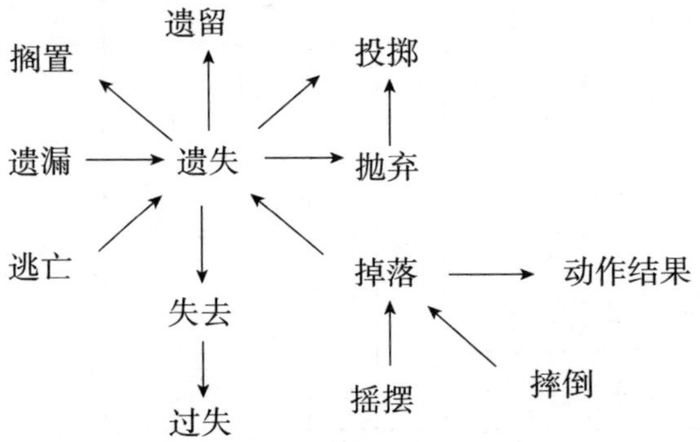

图 5-3　近代汉语时期“遗失”义概念空间

四、小结

“遗失”概念场的历时兴替不仅体现了主导词的历时兴替，还展现了一个词的各个义项也在此消彼长地竞争。中古以前表示“遗失”义的主导词是“失”，常用成员还有“遗”，“亡”属于边缘成员。这种格局一直持续到明代，才开始被“丢”取代，旧词“失”“遗”并没有消失，而是或语义发生转移，或降级成语素，构成双音节词；“失”本身的结果性比较强，所以放在V_2的位置，强调“遗失”的结果。另外，就具体的词来说，每个多义词的内部也存在语义的竞争，各概念场之间也有竞争。“遗失”义的常用词，具有“多场性”即同时兼属多个概念场，如“丢”虽后起，但涉及“遗失”“抛弃”“投掷”三个概念场。汉语史上，“遗失”义的语义地图如图5-4所示：

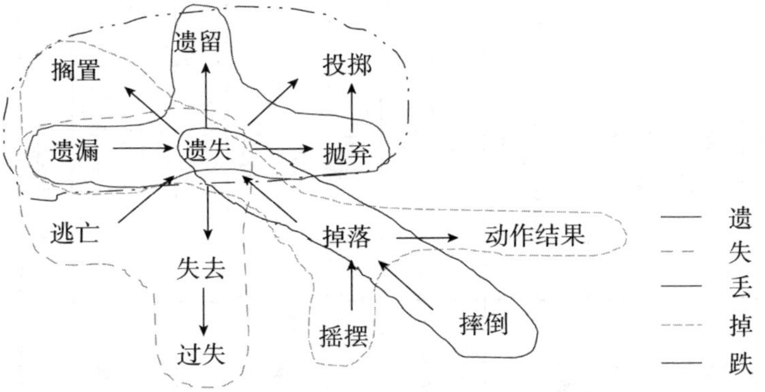

图5-4 汉语史“遗失”义的语义地图

从词汇语义交叉来看，“遗失”与“抛弃”跟“抛弃”与“投掷”概念之间联系较为紧密。从词义演变来看，“丢”的“遗失”义是由“抛弃”义发展而来。杨振华（2016）指出“丢”在“遗失”概念场中的高频出现影响了它在“抛弃”概念场中出现的频率，从而导致“抛弃”概念场中新出现的“扔”逐步替代了“丢”。现代汉语中，“丢”仍是“遗失”概念场的主导词，在“抛弃”“投掷”概念场出现频率也较高，属于常用词。

第三节 跨语言的“遗失”义及相关概念场词汇考察

吴福祥（2005）指出：通过跨语言比较所概括出的共时演变模式才是人类语言演变共性作用的结果。只有在不同语言中反复出现的语义功能关联才是人类思维共性方面的语义功能之间的演变机制。基于此我们继续调查了其他60种语言中“遗失”“抛弃”“投掷”3个概念场的词汇表达，希望通过跨语言的比较，进一步认识这几个概念场之间的联系。结果如表5-5所示。

表 5-5　跨语言的“遗失”“抛弃”“投掷”义词汇表达①

语言	词汇	遗失	抛弃	投掷	语言	词汇	遗失	抛弃	投掷
藏族语	དབྱུག་ juʔ^{52}		+	+	佤族语	ti̠k		+	
	ཀླག་ laʔ^{52}	+				taiŋ			+
门巴族门巴语	ɔt^{35}		+			grai̱	+		
	ɔt^{35}thoʔ^{53}			+	德昂族语	r̥at		+	
	ɔt^{35}ne^{35}	+				lom			+
门巴族仓洛语	kem^{13}		+			a΄mah	+		
	wa^{13} kem^{13}			+	布朗族语	tik^{1}		+	+
	man^{55}kem^{13}	+				tɛŋ^{2}			+
景颇族语	kǎ^{1}pai^{31}		+	+	京族语	gɹai^{1}	+		
	ʃǎ^{1}mat^{31}	+				vət^{45}		+	
独龙族语	tɕat^{55}，tɔɹ^{55}		+	+		nɛm^{45}			+
	ɑ^{31}mǎŋ^{55}	+				jəːi^{33}	+		
珞巴族博嘎尔语	oraŋ		+		马来语	hilang	+		
	or			+		buang		+	
	ȵeːȵok	+				Jatuhkan		+	

① 关于表 5-5 语料来源的说明：韩语、马来语、泰语、哈萨克语、日语、壮语词汇语料为笔者调查；英语、俄语、法语、西班牙语词汇语料均参考中外双语词典，少数民族语言词汇语料均参考中国少数民族语言简志丛书（1—6 卷），由于篇幅所限详见参考文献。

续表

语言	词汇	遗失	抛弃	投掷	语言	词汇	遗失	抛弃	投掷
阿昌族语	tɔk^{55}		+	+	马来语	buangkan	+		
	phju^{51}	+			高山族阿眉斯语	falah		+	
景颇族载佤语	tu^{55}		+	+		təkul			+
	loʔ^{55}phjuʔ^{55}	+				hiɬaj	+		
羌族语	χdʒi^{31}		+		布农族语	ɬabatu			+
	tʂhi^{33}			+		matakunav		+	
	dʑya^{31}	+			高山族排湾语	vənrits		+	
普米族语	khə^{13}sbɑ^{55}		+			vənuluʔ			+
	nə^{13}sdi^{13}			+		səvərits	+		
	thə^{13}mi^{55}	+			撒拉族语	dʒaʁɑ-		+	
彝族语	lo^{33}		+			vur-			+
	lo^{33}ŋgɯ^{21}			+		jɑlɑt-	+		
	lo^{33}tshɿ^{21}	+			塔塔尔族语	taʃla-		+	
白族语	liou^{44}		+	+		ərʁət-			+
	tshi^{55}	+				ɑt -			+
傈僳族语	lo^{44}		+	+		joʁɑlt-	+		
	phi^{44}ʒe^{44}	+			柯尔克孜族语	taʃta-		+	
土家族语	ɕe^{35}		+	+		ərʁət-			+
	le^{13}lo^{55}	+				dʒoʁot-	+		

续表

语言	词汇	遗失	抛弃	投掷	语言	词汇	遗失	抛弃	投掷
哈尼族语	tse^{33}		+	+	西部裕固族语	tarda−		+	+
	phi$_{-}^{31}$	+				tajda−		+	+
怒族怒苏语	uɛ^{35}		+	+		baht−	+		
	phiu^{53}	+			哈萨克族语	жоғалды		+	
拉祜族语	ba^{31}		+	+		лақтыр		+	+
	mɛ^{35}	+				қоясал	+		
纳西族语	ku^{55}		+	+	维吾尔族语	tʃatʃ−		+	
	phi^{55}	+				at−			+
基诺族语	və^{42}		+			joqal−	+		
	tsø^{33}			+	乌兹别克族语	tæʃlæ−		+	
	m̩^{42}phi^{55}	+				irʁit−			+
壮族语	vut		+			joqʌlt−	+		
	gveng			+	蒙古族语	xajĭn		+	+
	doek	+				aldăn	+		

续表

语言	词汇	遗失	抛弃	投掷	语言	词汇	遗失	抛弃	投掷
布依族语	vit^{8}		+	+	鄂伦春族语	nɔɔdaa-		+	
	to$ʔ^{7}$	+				garʊndaa-			+
傣族语	vut^{8}pɛt^{8}		+			əməən-	+		
	vut^{8}			+	鄂温克族语	nʊdran		+	
	tok^{8}haːilse^{1}	+				dʒɔldɔran			+
泰语	ทิ้งขยะ		+			əməənən	+		
	ขว้างระเบิด			+	锡伯族语	vialim		+	
	เงินหายไป	+				Xaçaləm			+
侗族语	tap^{8}		+			vialivəm	+		
	peŋ^{5}			+	赫哲族语	maqta-		+	+
	tok^{7}	+				uliabt-	+		
仫佬族语	pət^{8}		+		韩国语	분실하다	+		
	ŋwaːk^{7}			+		잃다		+	
	pγø^{8}	+				던지다			+

续表

语言	词汇	遗失	抛弃	投掷	语言	词汇	遗失	抛弃	投掷
黎族语	fet^{7}		+		英语	lost	+		
	pheːŋ^{3}		+			throw		+	+
	kaːi^{3}			+		drop		+	+
	thok7	+			德语	verlieren	+		
	fat^{7}	+				wegwerfen		+	+
苗族语	ε^{44}		+	+		werfen		+	+
	ʐε^{31}	+			法语	lancer			+
畲族语	vaŋ^{1}		+	+		perdre	+		
	ti^{4}	+				rejeter		+	+
瑶族勉语	djou^{5}		+		西班牙语	descartar	+	+	
	top^{8}			+		expulsar	+	+	+
	tsit^{8}	+				abandona		+	

续表

语言	词汇	遗失	抛弃	投掷	语言	词汇	遗失	抛弃	投掷
瑶族布努语	fiŋ^{5}		+	+	俄语	потерять	+		
	nzjen^{4}	+				бросить		+	+
瑶族拉珈语	hwit^{7}		+			выбросить		+	+
	kjiːp^{8}			+	塔吉克族语	bɯnak		+	
	set^{7}	+				bɯng			+
仡佬族语	tsəɯ^{33}		+	+		nɯsn	+		
					日语	落とす	+	+	+
	t´a^{44}tau^{24}	+				舍てる	+	+	
						投げる		+	
						弃てる		+	+

从表 5-5 统计的不同语言词汇使用情况来看，在侗语、壮语、韩国语等 27 种语言中，“遗失”“抛弃”“投掷”概念分别由不同的词汇形式承担，且各词汇之间没有意义的交叉。在藏语、景颇语、英语、德语等 29 种语言中都存在由同一形式承担“抛弃”“投掷”的共词化现象；日语、西班牙语有“遗失”“抛弃”共词化的现象；仅日语和汉语一样有同一词形承担“遗失”“抛弃”“投掷”3 个概念的情况。Alexander Francois（2008）指出不同语言中某些义项由同一语言形式表达，不是偶然的，而是反映了共同概念空间的存在。通过跨语言的比较我们发现“抛弃——投掷”概念的共词化蕴含了一些人类普遍的词汇语义概念认知模式。这种跨语言的比较从深层次上体现了不同地域、民族人类思维认知的相似性。

第四节　本章小结

现实语言中概念场的边界不是清晰的，场与场之间常常会有交叉重叠。汉语中“遗失”义与“抛弃”“投掷”概念之间在语义上多有交叉。从语义要素角度来看，“遗失”义含有［-自主］［+消失］［+对象］［+位移（隐含）］［+离开持有者］［+起点］［+终点］［+消失］［+状态］的语义要素，属于状态类动词。“抛弃”义含有［±自主］［+失去］［+致使］［+对象］［+位移（隐含）］［+离开持有者］［+起点］［+终点］的语义要素，属于动作行为动词。“投掷”义含有［+自主］［+挥动手臂］［+致使］［+对象］［+抛出］［+位移（隐含）］［+离开持有者］［+确定的方向］［+起点］［+终点］，属于动作行为动词。对比语义要素能够看出三个概念场交叉的特征，三个概念场的共同义素是［+对象］［+位移（隐含）］［+离开持有者］［+起点］［+终点］，但是即使有共同的语义要素，在大多数语言中人们仍习惯用不同的词汇来表示这些概念。通过跨语言比较可以看到，在多数语言中都存在“抛弃”“投掷”的共词化模式，这两个场在语义要素和动作行为上具有相似性，所以在一些语言中可以用共同的词形来表达。而状态动词和动作行为动词语义差别较大，在一些语言中不具备语义引申的可能，仅在少数如汉语、日语等语言中发生共词化的情形，通过对汉语“遗失”义词汇的历时演变考察，我们认为这主要有三个原因：一是动词词源义的影响；二是同一概念场词汇的相互影响；三是相关概念场间之间的词汇竞争的关系。汉语中，最初"遗失"义由"逃跑"义动词引申而来，如从出土文献的材料来看，"失"的原始义为"逃跑"，从奴隶、动物的角度是逃跑，从主人的角度是遗失、丧失，又经历"主观化"产生了"抛弃"义。这是最初的演变路径。后来出现的词进入同义概念场后在家族性的影响下引申出相关概念，如近代后起的"丢"在进入"抛弃"概念场后，受"抛弃"概念场的影响，产生了"遗失"义。

此外，语言中完全独立封闭的概念场并不多见，大多概念场的边界是开放的。在词汇历时演变中同一概念场内的词往往会有相同或相似的发展路径，因为同一场内的词往往有着共同的义素，所以会发生相同的变化，具有相似的组合关系，每个概念场的词汇的消长，也会对相邻概念场的词汇地位变化产生影响。如"遗失"概念场的主导词中古是"失"，常用成员还有"遗"，明清以后被"丢"战胜，一直持续到现代汉语中。杨荣贤（2006）指出："投掷"概念场常用词上古至晋用"投"，南朝至晚唐用"掷"，晚唐至明代用"抛"，明代至清用"丢、摔、撂"，现代汉语中用"扔"。"抛弃"概念场常用词上古至唐用"弃、舍"，唐宋时期用"抛、撇"，元代用"撇、抛、丢"。明清时期用"丢、撇、扔"，现代汉语主要用"扔"。三个概念场常用词历时兴替不仅体现出同场内词汇的竞争，也体现出共词化后词汇系统本身在表意上的一种自我调节功能，在经济性原则和表意清晰度上的一种博弈。

第六章

结　语

本书以语义地图模型为框架，选取了汉语“连接”义、“代替”义、“跟随”义、“遗失”义四组词进行共时与历时考察，综合运用语言类型学和认知语言学的相关理论，对上述四个概念场的词汇的历时演变做了比较深入地分析和解释。本章分为四个部分，对全文加以总结：第一，说明语义地图模型应用于汉语词汇历时研究的意义；第二，对于语义地图模型下词汇语义功能演变的动因探析；第三，词汇家族性与场间联系；第四，总结本研究不足及展望。

第一节　语义地图模型应用于汉语词汇历时研究的意义

语义地图是类型学的一个新的方法，自引入国内汉语研究领域以来，主要应用于汉语方言词汇多功能虚词的研究，揭示汉语方言中各虚词功能的共性和差异。众所周知，汉语虚词多由实词语法化而来，仅从虚词功能角度来做研究，忽视了实词发展到虚词的联系。而汉语语法化的研究主要注重单个词的语法化的过程，没有将同概念场或相关概念场的词有机地纳入一个整体考察，本书选择的四个概念场的词既在实词语义上同属一个场，又具有相似的语法化路径，同时各个场之间又有功能上的交叉，我们期望在全书的研究基础上能从词汇语义演变中概括出思维共性层面的规律。

本书首先从定名学视角，以四组具体的概念为出发点，依据词典和文献语料探寻现代汉语及汉语史上表达这些概念的具体形式，然后主要依据历史的通用性及传承性，同时兼顾方言用法而选定具体研究对象。在选定研究对象之后，从具体的词出发，在方言和汉语史浩瀚的文献语料中对同一词汇的语义功能进行统计，探寻同一语义的词汇在共时和历时方面语义功能的差别和演变，在绘制语义地图时补充方言中其他词汇语义使用情况。

从研究过程来看，当词汇语义功能较为简单时，一般能根据共时语料构建出空间，基于共时比较建立的概念空间用于历时是基本可行的。但在很多情况下我们可能无法依据汉语方言语料构建共时的概念空间，例如第四章对“跟随”义词汇的共时语义功能考察，“从”在我们所调查的方言中都无“跟随”义，而且作为虚词在很多方言中都具有相当多的语义功能，“随”和“跟”的语义功能在方言中分布也不一，也无法按语义地图方法构建概念空间。之后我们又增加对方言“跟随”义其他词汇的调查，但结果也不尽理想。从汉语“跟随”义词汇的情况来看，方言只是汉语的不同地域的变体，不同方言词汇既有自己的特点，但也有汉语的共性。本书选择的四组概念是日常生活中经常用的，很多方言在词汇使用上具有相似性，这体现了汉语方言词汇的共性，但也有的方言在词汇使用也具有特殊性，如平和方言用“趁”、龙岗方言用“羸”表示“跟随”义。从研究成果来看，语义地图的研究的难点在于，选词语义功能众多时，很难根据规则建立各功能节点之间的联系，构建有效的概念空间。如本书第四章第一节在建立概念空间时无法根据汉语共时语料构建出“跟随”义的概念空间。为此我们更换研究视角，先从历时角度来构建概念空间，再利用方言语料绘制共时语义地图对历时的概念空间进行验证。从验证结果来看，汉语共时语义地图在很多节点上违反了“语义地图连续性假说”，为了进一步探寻其原因，我们增加了跨语言“跟随”义词汇的调查，从调查结果来看，虽然在所调查的其他语言中“跟随”义词汇并没有类似汉语词汇如此丰富的语义功能，但从所验证部分来看，我们构建的概念空间是有效的。至于汉语方言词汇中为何有如此多的反例，我们认为可能是汉语通语词汇在进入方言时，并不是完全进入。方言对通语词汇的语义功能进行了一轮选择，通语词汇在进入方言后受方言词汇体系和当地人们思维方式影响有了不同的发展方向，所以才会出现语义地图上的不连续性。从研究结果来看这种基于历时构建的概念空间对共时语义地图更具有指导意义和解释性。这也印证了 Van Der Auwera（1998，2008）所指出的，如果有可能，语言学家应该使用带有历时信息的语义地图，最好的语义地图应是历时语义地图。

语义地图是一种实证的方法，它直观地展现了不同语言或同一语言在不同时期的词汇语义功能间的联系，从深层次上看体现了不同历史时期人类的思维认知的演变与不同地域、民族人类思维认知的相似性与多样性。张美兰（2016）

指出词义演变具有复杂性，有通语的演变与方言的演变两条线索，这两条线索同时又交织关联，这使得古汉语常用词在不同的词汇系统中的变化并不完全同步，古今常用词的新旧替换，在不同地域变化的步调也不一致。比如在表示“跟随”义时，北方话中较多使用后起的“跟”，南方方言中常使用较早的“随”。再如宁波、温州瓯语等方言中表示“代替”义的仅有“代”没有“替”，在这些方言中，“代”还有“伴随”“受益者”“处置”等功能，而北方方言多用“替”表示代替义。

吴福祥（2005）指出：Greenberg在创立历时类型学派时，曾指出语言的共时状态是历时演变的产物，共时模式都是通过某种方式形成的，对任何共时模式的解释必须有历时维度的说明。历时方面的共性往往也体现出跨语言反复出现的演变模式。例如在对“跟随”义词汇进行共时语义功能考察后，无法从方言的实际用法来建立各功能节点间的联系，最终只能通过对“跟随”义词汇不同时期的历时语义功能考察，依据历时语料逐步建立各功能节点间的联系，最终整合出历时性概念空间。

汉语方言词汇的语义功能很多是历史语义功能的遗留，但是方言不是对词汇历史语义功能的全盘接收，而是结合方言使用特点有选择地吸收，所以在不同的方言地区同一词汇有着不同的语义功能。当然在词汇进入方言后也可能受方言的影响产生自己的发展特点，产生历史上没有过的新的语义功能。黄树先等（2019）指出：汉语多彩丰富的方言材料，非常适合做语言类型学的研究。方言规范度较低，没有使用限制，这就加快了语言的创新，语义演变的路径更广。一个通语词在进入方言系统之后，除了会按照其本身可能的路径发展外，还会根据方言语言文化特征走上独特的演变道路，比如普通话中“连”有“连接”“连续”“包括”“强调”4项功能。在甘肃地区的方言中“连”的功能特别丰富，最多的能达到14种，如酒泉方言中“连”有“连接”“连续”“包括”“伴随”“平比”“强调”“并列”功能；宁夏方言中“连”有“连接”“连续”“包括”“伴随”“平比”“有生来源”“有生方向”“强调”“并列”功能；白龙江流域方言中“连”有“连接”“连续”“包括”“伴随”“平比”“有生来源”“有生方向”“强调”“处所源点”“处所终点”“时间来源”“经由”“工具”“并列”等功能。

语言学家常常将词义的演变归结于认知和语用，但这往往仅是一种假设推理，还需要确证。通过语义地图进行历时与共时的比较，我们能得到以下结论：

首先，词汇语义功能的历时演变多是有先有后，这就能为词汇不同语义建立有方向性的连线。词按不同的特征聚合在一起形成不同的概念场，概念场之间存在交叉重叠，现实语言中很少有完全独立封闭的概念场，词义通过隐喻或转喻的思维方式产生新义，新义的产生还受词源义的制约和家族性的影响。其次，不同方言中使用的词汇差异，很大一方面体现了词汇发展演变的不同历史层次或阶段；通语词汇进入方言后的进一步发展除了会受其本来特点的影响，还可能根据方言的语言文化特征走上独特的演变道路。综合起来造成词汇语义差别的根本原因可以从人类认知方式、概念空间、家族性特征、句法位置、宾语特点、通语及方言具体社会文化习俗等方面综合考虑。最后，我们还发现同一词汇在不同的方言语义地图中可能会出现功能节点的不连续的情况，违反“语义地图联系性假说”，如“从”在不同方言中的语义地图，最典型的例子是图4-29，这样的语义地图无法体现出词汇语义功能的内在连续性和逻辑性。但这种语义地图上的不连续性多数能从语言史上找到各语义功能节点隐含的或已经消失的联系的依据。因此如果在方言语义地图中出现这样的功能节点不连续的情况，就应该尽可能地去做历时性的研究。从“连接”义、“代替”义、“跟随”义词汇的历史考察来看，任一词汇的语义功能的演变都是从概念空间上已有的功能节点向毗邻的功能节点的发展，几乎不可能从一个功能节点直接跃至与之没有直接联系的较远的功能节点上。方言中却有可能出现语义地图的不连续的情况，这种不连续可能是由于被其他词切断了，比如苏州方言中“跟随”义也用“搭”，此外“搭”还有“伴随”“有生方向”“有生来源”“受益者”“接受者”“关联”“平比”“并列”功能。通过词汇语义历时演变的分析，解释多义词的共时的语义联系，可以帮助我们澄清过去共时语言史中语义转移的原因。

第二节 语义地图模型下词汇语义功能演变的动因探析

从“连接”义、“代替”义、“跟随”义、“遗失”义四组词的历时演变来看，这四组词展现了常用词历时兴替的三种模式：第一，主导词稳固，汉语史上未发生历时替换；第二，历史上主导词之间有竞争，虽在通语中没有历时替换，但在方言中分布不一；第三，主导词在历史进程中发生历时兴替。这四组常用词历时演变的动因是什么？为什么会产生不同的演变模式？本节主要从以下两个方面来阐释。

一、思维认知与词汇概念网络

认知语义学认为一个词的多个意义功能之间一定是有关联的，这种语义功能上的联系往往反映的是人类思维认知上的关联。人的思维通过隐喻或转喻的方式构成概念认知，所以语言本身充满隐喻或转喻，通过隐喻或转喻形成的语义功能经过长期约定俗成的使用，人们逐渐习以为常，如，“随”的语义范围经历了一个由小到大，再由大到小的过程，这个过程既有隐喻的作用也有转喻的作用。

隐喻和转喻是语义演变的一种常见的思维方式。所谓隐喻，乔治·莱考夫等（1980）指出：“隐喻是一种思维方式，不仅体现于语言，而且贯穿于我们的思维和行为；它无处不在，是我们思维、语言、行为、历史、社会、文化的基础。隐喻具有系统性和相似性，它体现了一种映射关系，是我们以自身的经验和认知将抽象概念通过隐喻来具体化，从而加深对抽象概念的理解。”① 而转喻也是与隐喻同样重要的一种思维方式。转喻是用同一范畴中凸显的、易感知的部分代替整体或整体中的其他部分，也可用整体代局部。与隐喻不同的是，转喻是发生在相同的认知领域的心理认知和语义创造行为，而隐喻主要发生在不同的认知领域。在词汇语义演变过程中隐喻转喻并不是完全独立的，也有可能是相互交叉的。

Ulmann（1962）研究认为多义词的语义之间往往是具有理据性的，一个词义引申出另外的词义，一般是通过词的隐喻或转喻获得。词义的理据性既包括共时平面，即一个词的各种意义之间的联系，也包括一个词历史上的词源义和引申义之间的理据。本书通过对汉语“连接”义、“代替”义、“跟随”义、“遗失”义的历时与共时描写进一步探讨了隐藏在词汇形式背后的认知与思维过程。例如：“从”本身蕴含［+跟在后面］、［+共同做某事］（NP_1和NP_2之间是主从关系）、［+运行］［+位移］［+路径］的义素。因此基于［+共同做某事］义素经隐喻产生“伴随”和“并列”功能。又因蕴含［+跟在后面］的义素，由实际行为方面的［+跟在后面］通过相关性转喻出主观意愿上的“跟随”别人的意见做某事的概念，产生“听从”语义；而“听从”中［+依从］［ +遵

① ［美］乔治·莱考夫，马克·约翰逊. 我们赖以生存的隐喻［M］. 何文忠，译. 杭州：浙江大学出版社，2015.

循］义素凸显，经隐喻产生了“凭借”功能。正是这种词汇语义层面的蕴含关系和相似关系，才使得一个词能够通过转喻和隐喻的方式产生新的语义功能。

通过相同的义素可以把词汇聚合在一起形成一个概念场，每个场内既有核心成员又有边缘成员，核心成员共同义素凸显，使用频率高；边缘成员共同义素隐含，较少使用。但这种隐含的义素特征，在一定的句法或语境下可能被触发，从其他众多义素中凸显出来，这样就产生了新的语义功能。隐喻的过程既有人类思维认知的共性又有特性。而转喻的过程则更多需要相同的社会经验和普遍认知的支持，不同民族在转喻上表现出不同的特性。

人类思维的概念结构和认知方式是具有普遍性的，通过类型学的比较和词汇历时演变的研究，我们能通过概念的变化概括出具体的人类认知概念模式。人类思维模式既具有共性，又具有多样性，概念空间反映的就是人类思维的共性，而不同语言的语义地图则反映的是不同地域、民族人们思维模式的特性，同一语言不同时期的语义地图反映的是不同时期人们的思维模式。在采用语义地图模型对“连接”义、“代替”义、“跟随”义、“遗失”义进行历时与共时考察的基础上，我们利用共同功能节点的联系，对“连接”义、“代替”义、“跟随”义概念空间整合，构建了一个更广泛的汉语的概念空间，如图 6-1 所示：

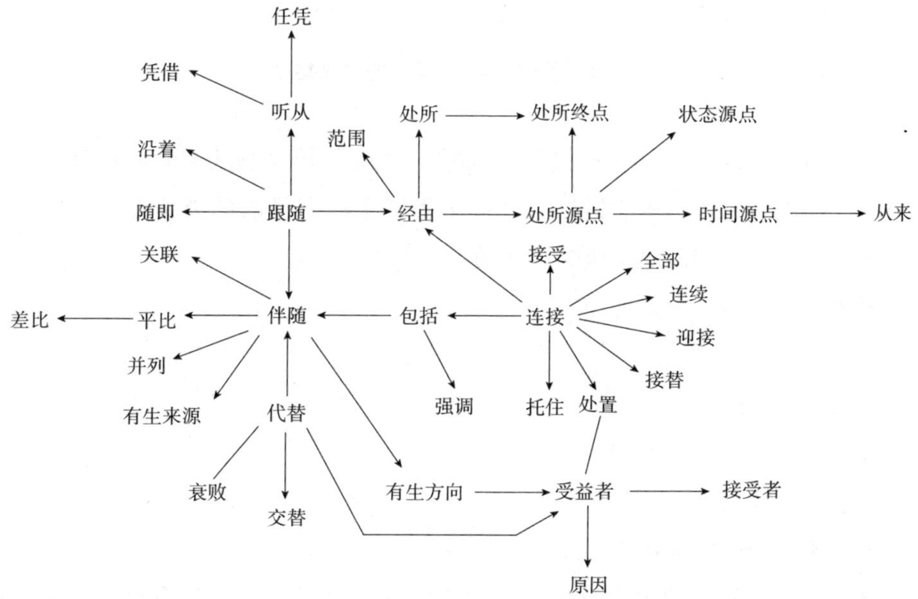

图 6-1 概念整合后的概念空间

当然这个概念空间还需要通过更多的语言去验证。本书第二章第一节在讨论“连接”义时未对苏州方言“搭”的“关联”“受益者”“接受者”功能进行论述，因为对“连接”义其他词汇考察时并没有发现类似这3项功能的用例，所以我们在绘制“连接”义语义地图时没有绘制这三例。现将苏州方言“搭”的完整语义地图呈现如图6-2所示：

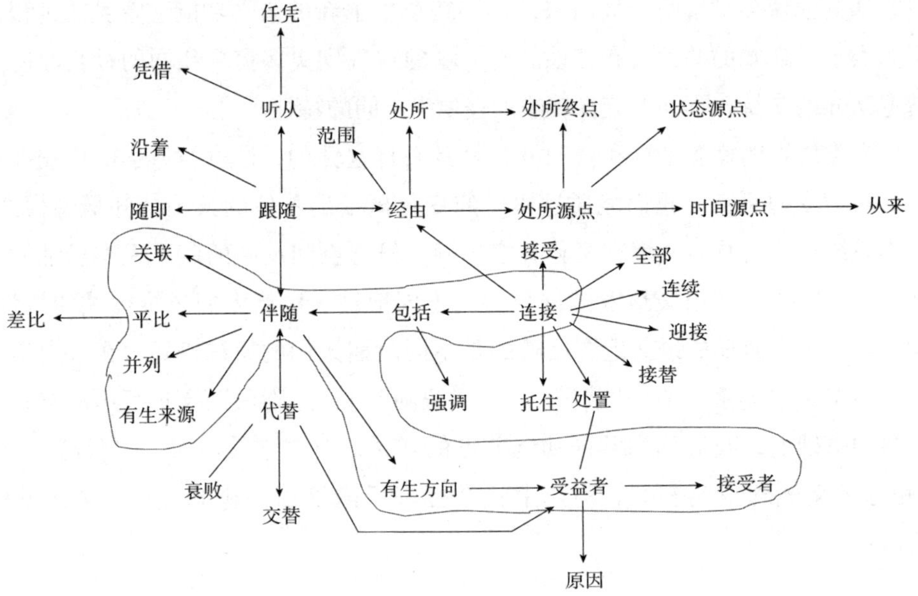

图6-2　苏州方言“搭”的语义地图

虽然图6-1仅是根据“连接”“代替”“跟随”语义场共同的功能节点整理得出的汉语概念构建的概念网络，其中多组联系具有汉语的独特性，但也蕴含了一些人类共有的词汇语义概念认知模式，例如：

跟随——伴随——并列

代替——伴随

包括——伴随

代替——受益——原因

听从——凭借

处所源点——时间源点

张敏（2011）指出同一形式在不同的语言或方言里能负载不同的意义或功能，各语义功能间的关联绝非偶然，它们反映的是人类语言在概念层面的一些共性。语义地图的优点不仅在于能将不同地域、不同时期语言之间功能关联模式的相似性和差异性更直观而清晰地展现出来，还在于概念空间所展现的词汇语义功能上的联系能更深层次地反映是人类思维模式上的关联。隐喻的过程一般是有方向性的，越处于末端意义越抽象，所以隐喻的过程也是一个语法化程度不断加深的过程。转喻也不是任意的，是与人们的思维和概念化世界的方式息息相关的，实词意义的引申往往是通过转喻的方式实现。总之，人类的思维认知不是零散的，许多概念之间都有联系，语义之间概念网络完全封闭独立的概念场并不多见。词汇的语义功能就反映了这种概念网络，可以说图6-1 既是词汇语义网，也是一个人的认知概念网。

二、词源义的制约与句法位置的催化

常用词历时语义功能演变的机制主要有显性和隐性两种：隐性方面受思维认知影响，显性方面有词源义的制约和句法位置的催化两方面的影响。词汇语义的历时演变并非毫无边际，而是有一定限制的，那么处于概念场中的词汇为什么会发生不同的历时演变呢？同样处在概念网络中，为什么有的词发生了这样的变化有的词发生了那样的变化？我们认为是受到词源义[①]的制约，词源义在语法化的各个阶段都起着重要作用。江蓝生（2012）指出：实词的源头义往往决定着它们语法化的起点和方向。比如“连接”义、“代替”义都有“伴随”功能，但“连接”“代替”概念场的词汇并没有产生“跟随”义的“处所源点”“处所”“时间源点”等时空类功能，“连接”概念场的“包括”功能是其他概念场都没有的；“代替”义因为其本义可直接引申出“受益者”的功能，而“连接”义、“跟随”义词汇，都经由“伴随”功能、“有生方向”功能间接产生了“受益者”功能。这些语义变化的不同主要与其词源义有关，“代替”义含有［+实施者］［+受事者］［+替换］［+服务］义素，经常用于NP_1+代/替+NP_2+V_2+（O）句式，［+替换］义素弱化至消失，隐含义素［+服务］义素凸显，产生NP_1为NP_2做某事的意思，NP_2由被代替的对象转变为施事所服务、施惠的对象。而“连接”义含有［+相连］［—阻断］义素，其中［+相连］义素引申出［+连带］义素，进一步发展产生［+连带］［+包含］［+总括］义素，继而产生了“包括”功能。“跟随”义含有［+跟在后面］［+共同做某事］

① 这里所说的“词源义”不是词的最原始意义，而是一个词最常使用的核心义。

（NP_1和NP_2之间是主从关系）、［+运行］［+位移］［+路径］的义素。［+共同做某事］凸显产生“伴随”功能，当NP_1和NP_2地位平等后，产生“并列”功能，［+共同做某事］还蕴含［+有生命］特征，［+跟在后面］隐含［+方向］特征，而［+运行］［+位移］［+路径］义素隐含“经由”功能，在“经由”的基础上又进一步产生［+起点］特性。在词汇的历时演变中，语义不断发展，有的义素凸显，有的义素进一步发展，有的义素弱化乃至消失，这就造成了整个词汇的语义多样化的发展特点。不过最终制约着词汇产生哪些功能的还是词源义。那么词源义会一直保留在词汇中吗？答案是不一定，在我们的研究中，“跟随”概念场的“从”作为上古汉语时期“跟随”概念场的核心成员，在甲骨文中就已经语法化，随着其语义功能的不断丰富，最终成为一个多功能介词，发生核心词义的转移，词源义几乎消失，仅保留在一些古语词中，如“从军”“从业”。

在词汇历时演变中句法位置为词汇语法化提供可能，催化其语法化的进程。但即使同一概念场内的词处于同一句法位置也不是一定都会发生语法化。如：在“代”与“替”的历时兴替过程中，“代”也经常处于V_1V_2这样的连动结构中，可以说“代”具备了语法化的条件，但最终未发生语法化是因其动词源义太强，且由于表达相同语义的“替”语法化，分担了“代”的介词功能。

第三节　词汇家族性与场间联系

词汇并不是一盘散沙，从词汇的实际来看，词汇内部是有系统性的。张永言（1982）指出：“任何一个词无论在语言里或言语里都不是孤立的，而是跟别的有关词彼此联系着的。”[①] 从根本上说，无论是词汇还是语法，甚至是语言本身都是思维认知的体现。人的思维认知不是孤立存在的，从语言比较中能概括出概念间不同的联系，这也让词义有了研究的可能性。蒋绍愚（2007）指出：“词汇表达概念，各种语言的词汇系统不同，但概念场大体上是人类共同的，把不同系统的词汇放到概念场的背景上，就有了一个共同的坐标，这就可以互相比较。所以，以概念场为参照背景来分析词义，进而对不同语言或不同历史时期语言的词汇系统进行比较，是一个可行的办法。”[②] 李葆嘉（2003）研究认

---

① 张永言. 词汇学简论［M］. 武汉：华中工学院出版社，1982（1）：58.

② 蒋绍愚. 打击义动词的词义分析［J］. 中国语文，2007（05）：387-401，479.

为："应重视不同义场之间的结构关联或相关义场的横向组合性和交错网络性。对于语义的解释，不应局限于同一义场内部的义征聚合性或上下义场之间的纵向层级性词类义场，还应重视不同义场之间的结构关联或相关义场的横向组合性和交错网络性句法义场。"① 在具体的词汇研究中可以把一个概念场看成一个家族，同一概念场内的词往往有着家族性的特征。现实语言中概念场的边界不是清晰的，场与场之间常常会有交叉重叠。如"连接"义、"代替"义、"跟随"义在"伴随""并列""有生来源"等语义功能上多有交叉。语言中完全独立封闭的概念场并不多见，大多概念场的边界是开放的。在词汇历时演变中同一概念场内的词往往会有相同或相似的发展路径，因为同一场内的词往往有着共同的义素，所以会发生相同的变化，具有相似的组合关系，如果其中某个核心词的词义发生变化，就可能会导致同场的其他词的词义发生类似的变化。如"跟随"概念场的"从"因语法化产生众多语义功能，在中古时期"跟随"义主导地位弱化，让位给"随"，又经长期发展"随"也受"从"的影响发展出了多种介词功能，最终被"跟"取代。"代替"概念场中"代"虽具备语法化的条件，但被同家族的"替"分走了介词用法，也正是因为这样近代汉语时期"代替"概念场的主导词仍然是"代"。

蒋绍愚（2018）指出：词汇研究应以概念场为背景，不仅要关注词汇本身，还应关注词与词之间的联系，以及词汇的系统。以概念场为背景进行历时词汇研究，可以厘清不同历史时期的词汇系统的演变情况。处于同一概念场中的若干词虽地位不同，但相互联系相互影响。以往的汉语常用词研究常集中于单个词或单个概念场本身，我们认为常用词研究在以"概念场"为基础的同时，还应关注各概念场之间的联系。各概念场之间不是独立存在的，词义之间的关联是多线性以及场间交互性的，要关注同义词汇的多场性问题。词义概念是人的思维的体现，词汇是思维外化的载体。概念场反映了人思维的联系，从深层来说概念场就是一个具备各种联系的概念网络，语言的经济性原则要求词汇表义要清晰，每个概念场内只有少量的核心词，否则该概念场就不具备稳定性。同样一个词若载负众多语义功能，也会造成表义的困难，这样就会出现语义的精简。例如"跟随"概念场中，"随"在近代汉语时期很多介词语义功能发生萎缩。

家族性的另外一个体现是词义的联动。赵一农（1999）指出：同一概念场

① 李葆嘉. 汉语的词语搭配和义征的提取辨析［J］. 兰州大学学报，2003（06）：1-9.

内的词汇变化具有联动性。如果其中一个词的词义发生了变化，其他词汇的词义也会随之发生变化。“跟随”概念场内“随”受“从”的影响，在中古时期也出现了“经由”“有生来源”“凭借”等功能，“从”又被“随”影响产生“随即”功能，可以说这种影响是相互的，牵一发而动全身。

从四组词的语法化过程来看，我们能发现任何一个词的发展都不是孤立的，而是在词义家族、句法、语境等各种因素的综合作用下不断发展演变的，比如同一个动词，其后所跟的宾语成分性质不同，动作性的强弱也会不同，所以造成词义演变的原因往往是多方面的。综合来看，动词的词源义就是其发展演变的基础，也是它成为某个家族成员的主要凭证。在动词词源义的基础上，一个动词会随它家族、句法环境而逐渐发展出新的意义。而不同动词在不同意义上又相互关联，一个词可属于多个家族，且在不同家族内地位不同，这就形成了一个非常复杂的词汇语义网络。

第四节　研究的不足与展望

本书尝试用语义地图模型对“连接”“代替”“跟随”“遗失”四个概念场的词汇进行历时与共时方面的考察，通过比较分别从方言或历时角度绘制了四个概念场主要词汇的语义地图，并分析了词汇语义功能历时演变的动因，最终通过概念场的交叉性特征整合了覆盖这四组词的更大概念空间。一词多义，反映的是一系列的相关语义构成的认知概念网络，这个网络由一个个的场组成，每个场内各成员地位不同，有核心成员，也有边缘成员。汉语词汇具有多义性，我们认为利用语义地图方法对一组组词进行研究，最终将能建立出一个人类的概念认知网络。这样的研究不仅是对词的概念形成的理论性思考，同时也是对人类概念与认知的探索。但囿于时间和个人精力，本书只研究了汉语四个概念场的词汇，如果能将研究范围扩大，对一些方言词汇现象做进一步深入解释说明，应该会更有意义。

附录　已发表学术论文与研究成果

已发表学术成果

庄卉洁. 汉语动词“代”与“替”的历时演变研究［J］，语文研究 . 2018（03）.（CSSCI）

庄卉洁. 睡醒义常用词历时演变研究，清华大学学报［J］，2016（S1）.（CSSCI）

张美兰，庄卉洁. 清代口语文献中的异形字［J］. 汉字研究，2016（15）.（韩国核心）

庄卉洁，张美兰. 汉语常用动词历时演变研究的现状与展望［J］. 海外华文教育，2019（03）：28-40.

Zhuang Huijie. Research on the Diachronic Semantic Map of Chinese Verbs Lian（连）and Jie（接）［J］. The International Journal of Knowledge and Language Processing（IJKLP），2020（11）.

庄卉洁. 汉语“代替”义词汇的语义地图研究［J］. 汉字研究，2021（2）.（韩国核心）

参考文献

中文参考文献：

译著：

［1］［美］乔治·莱考夫，马克·约翰逊. 我们赖以生存的隐喻［M］. 何文忠，译. 杭州：浙江大学出版社，2015.

［2］［日］太田辰夫. 中国语历史文法［M］. 蒋绍愚，徐昌华，译. 北京：北京大学出版社，2003.

［3］［法］拉鲁斯. 法汉双解词典［M］. 薛建成，等译. 北京：外语教学与研究出版社，2001.

著作：

［1］北京大学中国语言文学系语言学教研室. 汉语方言词汇［M］. 第2版. 北京：语文出版社，2005.

［2］毕玉德. 韩汉汉韩词典［M］. 北京：外语教学与研究出版社，2017.

［3］冯春田. 近代汉语语法问题研究［M］. 济南：山东教育出版社，1991.

［4］高佑梅. 语言符号"非任意性"研究：认知语言学框架下的多模态语言分析［M］. 天津：南开大学出版社，2014.

［5］何乐士，敖静浩，王克仲，等. 古代汉语虚词通释［M］. 北京：北京出版社，1982.

［6］胡壮麟. 新世纪英汉大词典［M］. 北京：外语教学与研究出版社，2018.

［7］蒋冀骋，吴福祥. 近代汉纲要［M］. 长沙：湖南教育出版社，1997.

［8］蒋冀骋. 近代汉语词汇研究［M］. 长沙：湖南教育出版社，1991.

［9］蒋绍愚. 古汉语词汇纲要［M］. 北京：北京大学出版社，1989.

[10] 李荣. 现代汉语方言大词典 [M]. 南京: 江苏教育出版社, 2002.

[11] 李如龙, 张双庆. 介词 [M]. 广州: 暨南大学出版社, 2000.

[12] 李如龙. 词汇学理论与实践 [M]. 北京: 商务印书馆, 2001.

[13] 李小凡, 张敏, 郭锐. 汉语多功能语法形式的语义地图研究 [M]. 北京: 商务印书馆, 2015.

[14] 李宗江. 汉语常用词演变研究 [M]. 上海: 汉语大词典出版社, 1999.

[15] 吕叔湘. 现代汉语八百词 [M]. 北京: 商务印书馆, 1999.

[16] 吕叔湘. 中国文法要略 [M]. 北京: 商务印书馆, 1982.

[17] 毛金里. 现代西汉汉西词典 [M]. 北京: 外语教学与研究出版社, 1991.

[18] 裘锡圭. 释"无终". 裘锡圭学术文化随笔 [M]. 北京: 中国青年出版社, 1990.

[19] 全明吉, 等. 中韩辞典 [M]. 第1版. 哈尔滨: 黑龙江朝鲜民族出版社, 2012.

[20] 松村明, 佐和隆光, 养老孟司, 等. 新世纪日汉双解大辞典 [M]. 北京: 外语教学与研究出版社, 2009.

[21] 孙锡信. 汉语历史语法要略 [M]. 上海: 复旦大学出版社, 1992.

[22] 汪维辉. 东汉——隋常用词演变研究 [M]. 南京: 南京大学出版社, 2000.

[23] 王凤阳. 古辞辨 [M]. 长春: 吉林文史出版社, 1993.

[24] 王海棻, 赵长才, 黄珊, 等. 古汉语虚词词典 [M]. 北京: 北京大学出版社, 1999.

[25] 王彤伟. 《三国志》同义词及其历时演变研究 [M]. 成都: 巴蜀书社, 2010.

[26] 王云路, 方一新. 中古汉语语词例释 [M]. 长春: 吉林教育出版社, 1992.

[27] 吴福祥. 汉语语法化研究 [M]. 北京: 商务印书馆, 2005.

[28] 谢智香. 汉语手部动作常用词演变研究——以《世说新语》语料为中心 [M]. 北京: 中国社会科学出版社, 2011.

[29] 徐时仪. 古白话词汇研究论稿 [M]. 上海: 上海教育出版社, 2000.

[30] 姚乃强. 柯林斯高阶英汉双解词典 [M]. 北京: 商务印书馆, 2008.

[31] 叶本度. 朗氏德汉双解大词典 [M]. 北京：外语教学与研究出版社，2000.

[32] 俞彭年，等. 现代日汉双解词典 [M]. 上海：上海外语教育出版社，2012.

[33] 张赪. 汉语介词词组词序的历时演变 [M]. 北京：北京语言文化大学出版社，2002. 张美兰. 清末汉语介词在南北方官话中的区别特征——以九江书局改写版《官话指南》为例 [M] //陈燕，耿振生. 继往开来的语言学发展之路. 北京：语文出版社，2008.

[34] 张美兰. 官话指南. 日本明治时期汉语教科书汇刊 [G]. 桂林：广西师范大学出版社，2011.

[35] 张世超，孙凌安，金国泰，等. 金文形义通解 [M]. 日本京都：中文出版社，1997.

[36] 张涌泉. 汉语俗字研究 [M]. 北京：商务印书馆，2010.

[37] 张志毅，张庆云. 词汇语义学 [M]. 北京：商务印书馆，2001.

[38] 赵元任. 语言问题 [M]. 北京：商务印书馆，2002.

[39] 中国少数民族语言简志丛书编委会. 中国少数民族语言简志丛书 [M]. 北京：民族出版社，2009.

[40] 中国社会科学院语言研究所词典编辑室. 现代汉语词典 [M]. 第7版. 北京：商务印书馆，2012.

[41] 朱德熙. 语法讲义 [M]. 北京：商务印书馆，1982.

期刊：

[1] 贝罗贝，曹茜蕾，曹嫄. 汉语方位词的历时和类型学考察 [J]. 语言学论丛，2014 (02).

[2] 贝罗贝，吴福祥. 上古汉语疑问代词的发展与演变 [J]. 中国语文，2000 (04).

[3] 蔡维天. 谈“只”与“连”的形式语义 [J]. 中国语文，2004 (02).

[4] 曹晋. 语义地图理论及方法 [J]. 语文研究，2012 (02).

[5] 曹茜蕾. 多样性与历史演变：以乡话（湘西）的名量词系统爲例 [J]. 历史语言学研究，2014 (02).

[6] 陈保亚. 从核心词分布看汉语和侗台语的语源关系 [J]. 民族语文，1995 (05).

[7] 陈昌来. 汉语介词的发展历程和虚化机制 [J]. 柳州职业技术学院学报, 2002 (03).

[8] 陈虎, 崔永东. 甲骨文字虚词释例 [J]. 清华大学学报 (哲学社会科学版), 1990 (01).

[9] 陈梦家. 殷代卜人篇——甲骨断代学丙篇 [J]. 考古学报, 1953 (01).

[10] 崔希亮. 试论关联形式"连……也/都……"的多重语言信息 [J]. 世界汉语教学, 1990 (03).

[11] 崔宰荣. 唐宋时期的特殊"被"字句 [J]. 语文研究, 2001 (04).

[12] 戴昭铭. 弱化、促化、虚化和语法化——吴方言中一种重要的演变现象 [J]. 汉语学报, 2004 (02).

[13] 董秀芳. 词语隐喻义的释义问题 [J]. 辞书研究, 2005 (04).

[14] 范晓蕾. 语义地图的解析度及表征方式——以"能力义为核心的语义地图"为例 [J]. 世界汉语教学, 2017, 31 (02).

[15] 方梅. 汉语对比焦点的句法表现手段 [J]. 中国语文, 1995 (04).

[16] 高育花. 近代汉语"和"类虚词研究述评 [J]. 古汉语研究, 1998 (03).

[17] 龚波. 先秦同源多功能语法形式"若""如"考察——从语义地图和语法化的角度 [J]. 北京师范大学学报, 2017 (02).

[18] 郭家翔. 随行义动词"从、随、跟"的演变模式 [J]. 求索, 2013 (09).

[19] 郭锐. 概念空间和语义地图: 语言变异和演变的限制和路径 [J]. 对外汉语研究, 2012 (01).

[20] 郭锐. 共时语义演变和多义虚词的语义关联 [J]. 山西大学学报, 2012, 35 (03).

[21] 何洪峰, 张文颖. 汉语依凭介词的语义范畴 [J]. 长江学术, 2015 (01).

[22] 何洪峰. 动词介词化的句法语义机制 [J]. 语文研究, 2014 (01).

[23] 何金松. 单字的形义及有关训诂问题 [J]. 古汉语研究, 1994 (03).

[24] 洪波, 意西微萨·阿错. 汉语与周边语言的接触类型研究 [J]. 南开语言学刊, 2007 (01).

[25] 洪波. "给"字的语法化 [J]. 南开语言学刊, 2004 (2).

［26］洪波．“连”字句续貂［J］．语言教学与研究，2001（02）．

［27］胡云晚．洞口方言的介词“帮 1”“等 1”“跟 1”“替 1”和“捉 1”［J］．韶关学院学报，2007（05）．

［28］黄树先，吴娟．论汉语方言的语义类型学意义——兼谈语义类型学视野下汉语方言大型词典的编纂［J］．语文研究，2019（04）．

［29］黄伟嘉．甲金文中“在、于、自、从”四字介词用法的发展变化及其相互关系［J］．陕西师大学报，1987（01）．

［30］黄亚芳．江西九江话介词“跟”的研究［J］．艺术科技，2014，27（06）．

［31］季旭昇．从甲骨文谈“亡”字的词义演变——兼谈诗经《葛生》的“予美亡此”［J］．甲骨文与殷商史，2020（01）．

［32］江蓝生．汉语连—介词的来源及其语法化的路径和类型［J］．中国语文，2012（04）．

［33］姜淑珍，池昌海．从视觉动词到处置介词——温州方言“望”的语法化和语义地图［J］．汉语史学报，2018（02）．

［34］蒋绍愚．词汇、语法和认知的表达［J］．语言教学与研究，2011（04）．

［35］蒋绍愚．词义和概念化、词化［J］．语言学论丛，2014（02）．

［36］蒋绍愚．打击义动词的词义分析［J］．中国语文，2007（05）．

［37］蒋绍愚．汉语词义和词汇系统的历时演变初探——以“投”为例［J］．北京大学学报，2006（04）．

［38］蒋绍愚．汉语史的研究和汉语史的语料［J］．语文研究，2019（03）．

［39］蒋绍愚．近代汉语研究的新进展［J］．陕西师范大学学报，2018，47（03）．

［40］金昌吉．谈动词向介词的虚化［J］．汉语学习，1996（02）．

［41］金小栋，吴福祥．汉语方言多功能虚词“连”的语义演变［J］．方言，2016，38（04）．

［42］金小栋，吴福祥．汉语方言多功能语素“跟”的语义演变——兼论“跟随/伴随”义语素的几种语义演变模式［J］．语文研究，2018（03）．

［43］匡鹏飞．时间副词“从来”的词汇化及相关问题［J］．古汉语研究，2010（03）．

[44] 李葆嘉. 汉语的词语搭配和义征的提取辨析 [J]. 兰州大学学报, 2003 (06).

[45] 李崇兴.《元曲选》宾白中的介词“和”“与”“替”[J]. 中国语文, 1994 (02).

[46] 李静波. 致使动词的语义地图 [J]. 东北亚外语研究, 2017, 5 (01).

[47] 李蓝, 曹茜蕾. 汉语方言中的处置式和“把”字句 (上) [J]. 方言, 2013 (01).

[48] 李蓝, 曹茜蕾. 汉语方言中的处置式和“把”字句 (下) [J]. 方言, 2013 (02).

[49] 李如龙. 论常用词的比较研究——中古、近代汉语词汇史读书札记 [J]. 中文学术前沿, 2013 (01).

[50] 李炜, 和丹丹. 清中叶以来北京话的“跟”及相关问题 [J]. 安徽大学学报, 2010, 34 (06).

[51] 李炜, 石佩璇. 北京话与事介词“给”“跟”的语法化及汉语与事系统 [J]. 语言研究, 2015, 35 (01).

[52] 廖斯吉. 试谈关联词语“连……也/都……”的功用 [J]. 西北师大学报, 1984 (01).

[53] 林艳. 词汇类型学视野下“呼吸”概念的语义地图 [J]. 国际汉语学报, 2016 (07).

[54] 刘宝霞. 程高本《红楼梦》异文与词汇研究 [J]. 红楼梦学刊, 2012 (03).

[55] 刘宝霞, 张美兰. 近代汉语“丢弃”义常用词的历时演变与地域分布 [J]. 古汉语研究, 2013 (02).

[56] 刘宝霞, 张美兰. “迎接”义动词的历时演变和地域分布 [J]. 语文研究, 2014 (03).

[57] 刘丹青, 徐烈炯. 焦点与背景、话题及汉语“连”字句 [J]. 中国语文, 1998 (04).

[58] 刘丹青. 语言类型学与汉语研究 [J]. 世界汉语教学, 2003 (04).

[59] 刘汉武, 丁崇明. 汉语介词“跟”和越南语介词“với”的异同 [J]. 海外华文教育, 2012 (03).

[60] 刘坚, 曹广顺, 吴福祥. 论诱发汉语词汇语法化的若干因素 [J]. 中

国语文，1995（03）.

[61] 刘子瑜.《朱子语类》中的“从”字介宾结构研究——兼论介词“从”的起源和发展 [J]. 语言学论丛，2013（01）.

[62] 陆丙甫，屈正林. 时间表达的语法差异及其认知解释——从“年、月、日”的同类性谈起 [J]. 世界汉语教学，2005（02）.

[63] 马贝加，陈伊娜. 瓯语介词“代”的功能及其来源 [J]. 汉语学报，2006（03）.

[64] 马贝加，徐晓萍. 时处介词“从”的产生及其发展 [J]. 温州师范学院学报，2002（05）.

[65] 马贝加.“望”介词义补说 [J]. 温州师范学院学报，1993（04）.

[66] 马贝加. 介词“沿、往、望、朝”的产生 [J]. 温州师范学院学报，1987（01）.

[67] 马云霞.“进”对“入”的历时替换补说 [J]. 山西大同大学学报，2009, 23（04）.

[68] 倪宝元，林士明. 说“连” [J]. 杭州大学学报，1979（03）.

[69] 聂志军，唐亚慧. 程度副词“顶”进入现代汉语的过程 [J]. 重庆工商大学学报，2011，28（01）.

[70] 牛彬. 基于汉语方言的直指趋向“来”语义地图 [J]. 科学经济社会，2014，32（04）.

[71] 潘秋平，张家敏. 从语义地图看五味之词的语义演变 [J]. 语言学论丛，2017（01）.

[72] 潘秋平，张敏. 语义地图模型与汉语多功能语法形式研究 [J]. 当代语言学，2017（04）.

[73] 朴奎荣. 谈“V 掉”中“掉”的意义 [J]. 汉语学习，2000（05）.

[74] 饶春.“给予”义动词语义地图研究 [J]. 现代语文，2016（05）.

[75] 邵敬敏.“连 A 也/都 B”框式结构及其框式化特点 [J]. 语言科学，2008（04）.

[76] 史冬青. 两汉魏晋方所介词“从”的历时演变 [J]. 山东社会科学，2008（05）.

[77] 孙文访.“有（have）”的概念空间及语义地图 [J]. 中国语文，2018（01）.

[78] 孙叶林. 邵东方言的“连”字研究 [J]. 湘南学院学报，2004 (03).

[79] 唐浩. 处置标记“跟”源自受益者标记的方言补证 [J]. 淮海工学院学报，2017，15 (09).

[80] 汪维辉，秋谷裕幸. 汉语“站立”义词的现状与历史 [J]. 中国语文，2010 (04).

[81] 王华，商怡. 核心语义特征对动词“迎”和“接”语义更替现象的制约 [J]. 语文研究，2016 (01).

[82] 王娅玮，吴福祥. 基于汉语史的与连接范畴相关的概念空间 [J]. 当代语言学，2017，19 (04).

[83] 王用源，徐郁文，张家文.《真诰》“从”字研究 [J]. 兰州教育学院学报，2012，28 (09).

[84] 王玉红.《世说新语》中“从”字的用法 [J]. 齐齐哈尔师范高等专科学校学报，2012 (01).

[85] 魏红. 从肢体行为到言说行为——试析明清山东方言里一类词义的演变 [J]. 泰安教育学院学报岱宗学刊，2006 (03).

[86] 吴波. 动词“随”的虚化过程 [J]. 温州大学学报，2012，25 (04).

[87] 吴福祥，张定. 语义地图模型：语言类型学的新视角 [J]. 当代语言学，2011，13 (04).

[88] 吴福祥. 汉语伴随介词语法化的类型学研究——兼论SVO型语言中伴随介词的两种演化模式 [J]. 中国语文，2003 (01).

[89] 吴福祥. 汉语语法化演变的几个类型学特征 [J]. 中国语文，2005 (06).

[90] 吴福祥. 关于语言接触引发的演变 [J]. 民族语文，2007 (02)

[91] 吴福祥. 多功能语素与语义图模型 [J]. 语言研究，2011，31 (01).

[92] 吴福祥. 关于语法演变的机制 [J]. 古汉语研究，2013 (03).

[93] 吴福祥. 汉语语义演变研究的回顾与前瞻 [J]. 古汉语研究，2015 (04).

[94] 吴福祥. 导语：语义地图模型与汉语语义研究 [J]. 当代语言学，2017，19 (04).

[95] 吴世雄，陈维振. 论语义范畴的家族相似性 [J]. 外语教学与研究，1996 (04).

[96] 伍莹. 普通话和湘语“连”的语法化研究 [J]. 湖南科技大学学报，2017, 20 (04).

[97] 武振玉.《儿女英雄传》中的程度副词述评 [J]. 绥化师专学报，2003 (04).

[98] 夏先培. 铜官话介词“替”与《元曲选》宾白中几个介词的比较 [J]. 长沙水电师院社会科学学报，1995 (02).

[99] 徐丹. 古汉语里的纵向时间表达 [J]. 语言科学，2016, 15 (01).

[100] 徐曼曼.“替”的常用义演变浅析 [J]. 盐城师范学院学报，2010, 30 (04).

[101] 徐时仪. 乳、湩与奶及弃、丢与扔的兴替考 [J]. 南京师范大学文学院学报，2007 (04).

[102] 徐通锵. 结构的不平衡性和语言演变的原因 [J]. 中国语文，1990, (01).

[103] 杨琳.“抬杠”与“顶缸”考源 [J]. 文化学刊，2015 (12).

[104] 杨振华. 近代汉语“丢弃”概念场动词的历时演变考察 [J]. 语文研究，2016 (01).

[105] 殷晓杰，宋小磊.“抬类词”共时分布的历时考察 [J]. 浙江师范大学学报，2012, 37 (04).

[106] 于江. 近代汉语“和”类虚词的历史考察 [J]. 中国语文，1996 (06).

[107] 张定.“穿戴”动词语义地图 [J]. 当代语言学，2017, 19 (04).

[108] 张定.“追逐”动词语义地图 [J]. 当代语言学，2016, 18 (01)

[109] 张美兰，穆涌. 称谓词“弟兄”的历时发展与地域分布 [J]. 语言研究，2015, 35 (01).

[110] 张美兰，穆涌. 称谓词“兄弟”历时演变及其路径 [J]. 中国语文，2015 (04).

[111] 张美兰. 常用词的历时演变在共时层面的不平衡对应分布——以《官话指南》及其沪语粤语改写本为例 [J]. 清华大学学报，2016, 31 (06).

[112] 张玉金. 出土战国文献语法研究的回顾与展望 [J]. 华南师范大学学报，2007 (06).

[113] 赵川兵. 连词“和”的来源及形式 [J]. 古汉语研究，2010 (03).

[114] 赵军. 程度副词“顶”的形成与分化 [J]. 云南师范大学学报, 2005 (02).

[115] 赵一农. 概念场内的词义联动现象 [J]. 解放军外国语学院学报, 1999 (04).

[116] 真大成. 论常用词“替”之替代义的产生时代及其唐代用字——以《匡谬正俗》卷八“替”条为中心 [J]. 古汉语研究, 2014 (02).

[117] 钟明立. 汉语“持拿”义概念场的历时演变 [J]. 汉语史学报, 2013 (01).

[118] 钟兆华. 汉语牵涉介词试论 [J]. 中国语文, 2002 (02).

[119] 周颜丽. 上古“欺骗”类动词的历时演变 [J]. 中国校外教育, 2013 (24).

[120] 庄初升. 闽语平和方言的介词 [J]. 韶关大学学报, 1998 (04).

[121] 曾晓渝. 论壮傣侗水语古汉语借词的调类对应——兼论侗台语汉语的接触及其语源关系 [J]. 民族语文, 2003 (01).

[122] 学位论文:

[123] 崔宰荣. 汉语“吃喝”类词群的历时演变 [D]. 北京: 北京大学, 2001.

[124] 杜翔.《支谦译经》动作概念场及其演变研究 [D]. 北京: 北京大学, 2002.

[125] 焦毓梅.《十诵律》常用动作概念场词汇研究 [D]. 成都: 四川大学, 2007.

[126] 李恒. 从语义地图看“否则”类连词的虚化轨迹 [D]. 西安: 陕西师范大学, 2013.

[127] 栗会芳. 上古“手持类动词”词义系统研究 [D]. 石家庄: 河北师范大学, 2010.

[128] 吕传峰. 汉语六组涉口基本词演变研究 [D]. 南京: 南京大学, 2006.

[129] 时昌桂. “替”的虚化历程及相关问题 [D]. 南宁: 广西民族大学, 2009.

[130] 谭代龙.《义净译经》身体运动概念场词汇研究 [D]. 北京: 北京大学, 2005.

[131] 唐贤清. 朱子语类副词研究 [D]. 长沙: 湖南师范大学, 2003.

[132] 汪智云. 现代汉语程度副词的来源研究 [D]. 长沙：湖南师范大学，2009.

[133] 王菲宇. 从语义地图看汉语“和”类词 [D]. 北京：北京大学，2012.

[134] 王玲. 从语义地图模型看古代汉语测度句的产生和发展 [D]. 上海：上海师范大学，2012.

[135] 王彤伟.《史记》同义常用词先秦两汉演变浅探 [D]. 西安：陕西师范大学，2004.

[136] 杨荣贤. 汉语六组关涉肢体的基本动词发展史研究 [D]. 南京：南京大学，2006. 于飞. 两汉常用词研究 [D]. 长春：吉林大学，2008.

[137] 曾仪菲. 汉语“从”的语法化研究 [D]. 武汉. 华中科技大学，2012.

英文参考文献：

[1] ANDERSON L B. *The "perfect" as a universal and as a language-particular category*[M]//HOPPER P J. Tense-aspect: between semantic and pragmatics. Amsterdam: Benjamins, 1982: 227-264.

[2] CROFT W. *Radical Construction Grammar*[M]. Oxford: Oxford University Press, 2001.

[3] CROFT W. *Typology and Universals*[M]. Second edition.Cambridge: Cambridge University Press, 2003.

[4] CROWLEY T. *Bislama Reference Grammar*[M]. Honolulu: University of Hawaii Press, 2004.

[5] HASPELMATH M. *From Space to Time: Temporal Adverbials in the World's Languages*[M]. München: LINCOM Europa, 1997.

[6] HASPELMATH M. *Coordinating Constructions*[M]. Amsterdam: Benjamins, 2004:3-39.

[7] HASPELMATH M. *Indefinite Pronouns*[M]. Oxford John: Clarendon, 1997.

[8] HASPELMATH M. *The Geometry of Grammatical Meaning: Semantic Maps and cross - linguistic comparison* [M] //TOMASELLO M. *The new psychology of language*(Vol. 2). New York: Erlbaum, 2003: 211-242.

[9] STASSEN L. *Intransitive Predication: an Essay in Linguistic Typology*[M]. Oxford: Oxford University Press, 1997.

[10] ULLMANN S. *Semantics: an Introduction to the Science of Meaning*[M]. Oxford:Basil Blackwell, 1962.

[11] VAN DER AUWERA J, CEYHAN T. *Semantic maps*[M] //BROWN K. *Encyclopedia of Language and Linguistics*. 2nd edition. Oxford: Elsevier, 2006.

[12] KORTMANN B. *Adverbial Subordination: a Typology and History of Adverbial Subordinators based on European Languages* [M]. Berlin: De Gruyter Mouton, 1997.

[13] DEHAAN F. *Building a Semantic Map: Top-Down versus Bottom-Up Approaches*[J]. *Linguistic Discovery*, 2010, 8(01).

[14] JANDA L A. *Aspectual Clusters of Russian Verbs*[J]. Studies in Language, 2007, 31(03).

[15] NARROG H. *A Diachronic Dimension in Maps of Case Functions*[J]. *Linguistic discovery*, 2010, 8(01).

[16] NARROG H, ITO S. *Re-Constructing Semantic Maps: the Comitative-Instrumental Area*[J]. *Language Typology and Universals*, 2007, 60(04).

[17] VAN DER AUWERA J, PLUNGIAN V A. *Modality's semantic Map*[J]. *Linguistic Typology*, 1998, 2(01).

[18] VAN DER AUWERA J. *In Defense of Classical Semantic Maps*[J]. *Theoretical Linguistics*, 2008, 34(01).

[19] TJIA J. *A Grammar of Mualang: An Ibanic Language of Western Kalimantan, Indonesia*[D].Leiden: University of Leiden, 2007.

后 记

本书是在本人博士学位论文的基础上，修改扩展而成。学术研究是一条对真理的孤独探索道路，尤其是在博士生阶段，既要在学术上不断追求，又要兼顾生活，非常不易。走到现在首先要感谢的是我的导师张美兰教授，自读博起张老师手把手教我做文献语料，写论文。现在依然怀念博士一、二年级时每天朝九晚十在新斋和张老师一起做研究的日子，那时是多么地充实快乐。张老师严谨的治学态度，广阔的学术视野，对我影响颇深。她在百忙之中多次对我的论文细节进行修改，并对本书提出了许多中肯且宝贵的意见，也正是因此本书才得以成型。

博士论文得以顺利完成，要感谢众多老师对我的关心与帮助。这里要特别感谢蒋绍愚先生对我的关心，在张老师远赴香港讲学期间蒋先生主动发来短信关心我的论文进展，多次指出论文写作中如遇问题可随时找他探讨，先生的关怀是我前进的动力，稍微地懈怠都让我觉得有愧先生的关爱。此外，还要感谢董秀芳、郭锐、范晓蕾、邱冰、吴福祥、张博、张赪、张定等几位老师在我的论文开题、中期考核及预答辩时提出的宝贵意见。

感谢我的同门穆涌、颜玉君、李菲、任鹏波、李沫、战浩等兄弟姐妹，与你们一起学习读书使我获益匪浅。感谢我的硕士师姐叶黑龙、学妹伙世钰为我提供的佤语、泰语例证。感谢中华字库的刘棋琴和王雪涛编辑对我论文的细心校对。

当然还要感谢清华园，正是在这里我真正意义上的走上了学术道路，也是在这里认识了我的丈夫，还拥有了一个可爱的女儿。特别感谢我的家人，是你们的爱和支持，才能让我在求学之路上继续奋斗。